한국을 바꾼 위대한 그리스도인 16인

| 최정원 지음 |

쿰란출판사

머리말

상해임시정부의 주석을 지낸 김구(1876-1949) 선생은 평생을 독립운동에 헌신하였다. 그가 평소에 애송하며 주위 사람들에게 들려주곤 하였던 글 중의 하나가 아래와 같다.

"눈 덮인 들길을 걸을지라도
이리저리 함부로 걷지 말라.
오늘 내가 걸어간 발자국을
뒤따라오는 후진들이 이정표로 삼고 따라온다."

그렇지!! 함부로 걸어서는 안 되지. 함부로 살아서도 안 되지. 함부로 말해서도 안 되고. 그것은 하나님이 내 삶을 보고 있기 때문이다. 그리고 사람들이 나를 바라보고 있기 때문이다. 그래서 잘살아야 하고 잘 걸어가야 한다. 어느 민족 어느 나라이든 큰 거목들은 공통점이 있다. 자기 삶의 철학이 있다. 그 철학은 진실되고 역사에 기억될 만하며 후진들에게 감동을 준다.

　오래전 대학원을 다닐 때 한 학기를 마칠 즈음 학생들이 교수님을 모시고 어느 회사의 연수원으로 1박2일 MT를 갔다. 저녁에 도착해서 주변을 볼 수 없었는데 아침이 되자 넓은 공간과 신선한 공기가 마음과 정신을 깨워주었다. 그때 눈에 들어온 사훈(社訓)이 "하나님을 기쁘시게! 사람을 기쁘게!"였다. 나는 벽에 걸려 있는 그 문장을 가슴에 담았다. 그리고 그곳에서 "하나님을 기쁘시게! 사람을 행복하게!"라는 목회의 평생 표어를 찾았다. 하나님이 우리에게 원하는 것은 "하나님을 기쁘시게 하고 사람을 행복하게"하는 사람이리라. 그래서 나의 작은 목회도 그것이 되었고 나의 작은 삶도 그것이 되었다.

　성경은 온통 사람들의 이야기이다. 그래서 나는 사람에게 관심이 많다. 특히 히브리서 11장은 우리와 같은 성정을 가진 사람의 이야기로 가득하다. 그것도 믿음으로 살다가 믿음으로 이 세상을 떠난 사람들의 이야기이다. 하나님이 인정하셨고 하나님으로부터 상을 받는 그래서 오래전에 죽었으나 살아 오늘도 믿음으로 말하는 사람들의 이야기이다. 나도 그렇게 살고 싶어서 그 사람들에게 관심이 많은 것이다.

믿음의 선배들 가운데에는 눈 덮인 들길을 함부로 걷지 않고 따라오는 후진들이 이정표로 삼을 만한 삶을 산 사람들이 많다. 그래서 그 사람들에 대한 생각을 하고 있을 즈음 〈실로암선교신문〉과 연락이 되어 2년 동안 연재를 하게 되었다. 2년 동안 매주 연재를 한다는 것은 실로 쉬운 일은 아니었다. 그러나 그 산고의 진통이 있었기에 한 권의 책이 빛을 보게 된 것이 아닐까. 좋은 기회를 준 〈실로암선교신문〉의 김선우 전도사님에게 감사를 전한다.

책이 나오기까지 기도해주시고 격려해주신 광주소망교회의 사랑하는 우리 장로님들과 성도님들, 그리고 부족한 책을 출판해주신 쿰란출판사에도 감사드린다. 또한 위대한 전도자 '찰스 피니'의 곁을 지킨 중보 기도자 '다니엘 내쉬' 같은 사랑하는 아내에게도 사랑의 향기를 담아 감사를 전한다.

하나님을 기쁘시게! 사람을 행복하게!

2016년 8월
내 영혼의 쉼터 목양실에서 최정원 목사

 차례

머리말 … 2

부흥의 새벽을 연 영계(靈溪) 길선주 목사 | 9
안악골 호랑이 김익두 목사 | 40
맹인 전도자 백사겸 | 57
백인숙 전도사 | 70
'조선의 사도 바울' 백 사도 백홍준 | 88
사랑의 원자탄 손양원 목사 | 97
하늘의 음성을 듣고 산 사람 신석구 목사 | 126
제주도 첫 선교사 이기풍 목사 | 146

말로 못하면 죽음으로 – 이성봉 목사 | 173

마부(馬夫)에서 총회장(總會長)이 된 이자익 목사 | 193

맨발의 성자 이현필 | 214

마음까지 어루만진 의사 장기려 | 234

조선의 간디 고당(古堂) 조만식 | 263

농촌운동과 신앙의 선구자 조용택 전도사 | 283

예수 천당! 최권능 목사 | 302

추양(秋陽) 한경직 목사 | 313

부흥의 새벽을 연 영계(靈溪)
길선주 목사

"2천 명 이상을 수용하는 장대현 예배당에 회중이 차고 넘치도록 모인 사경회원 전체가 성령의 휩쓸린 바 되어 혹은 소리쳐 울고 혹은 가슴 쳐 통곡하며 혹은 흐느껴 울면서 기도하고 혹은 발을 구르고 자복하며 혹은 춤을 추면서 찬미하니 소리소리 합하여 소리의 기둥은 번제단에 타오르는 불기둥같이 하늘로 떠올랐다." – 〈신학지남〉 14권 제2호

"길선주 장로의 '마음의 문을 열고 성령을 영접하라'는 열띤 설교가 시작되었다. 성령으로 충만한 그의 설교는 흐르는 시냇물같이 회중의 가슴을 촉촉이 적셨다. 설교가 끝나고 길 장로의 기도가 시작되자 감동을 받은 회중은 자기들도 모르게 '아이고 아이고' 소리를 지르며 통회 자

복했다. 장내는 금세 울음바다가 되었다. 회중들은 온몸이 불덩어리처럼 달아오르고 많은 병자가 고침을 받았다. 회중은 은혜의 도가니에 묻혀 교회당을 떠나지 않았다. 죄인을 잡으러 왔던 순포가 회개하고, 기독교를 비판하려 왔던 중이 개종하고, 신부가 은혜 받고 감격하여 염주를 길 장로에게 기념으로 주기도 했다." – 최현, 《빛을 남긴 믿음의 위인》

"그는 기도회 도중에 갑자기 일어나 큰 소리로 외치기를 '나는 아간과 같은 죄인이올시다'라고 하면서 지난날의 죄를 뉘우치면서 회개했다. 그 내용은 다음과 같다. 친구 한 사람이 죽으면서 그에게 남은 재산을 잘 처리해 달라고 부탁했다. 그는 유산을 정리하기는 하였으나 그중의 1백 원은 수고비 조로 인정하여 자기가 소유하였다. 길 장로는 기도하기를 '나는 하나님을 속였고 그 친구와 그의 부인을 속인 도둑놈입니다. 내일 아침 일찍이 그 돈을 부인에게 돌려주겠습니다' 라고 공중 앞에서 눈물과 함께 자복하였다. '나 때문에 온 회중이 은혜를 받지 못하고 있으니 나는 죄인 중의 죄인이올시다'라는 자복기도는 쉬지 않고 계속하였다. 회중은 이때 모두 마룻바닥을 치면서 회개하기를 시작하였다." – 김광수, 《한국 기독교 인물사》

"상원인 모씨는 살인 강도한 죄를 토설하여 투옥되었다가 선교사의 알선으로 방면된 후 좋은 신자가 되었다. 순검(경찰) 방은덕은 죄를 고백하는 남녀 중 형사의 저촉되는 자를 검거할 목적으로 예배당에 들어섰다가 길 선생이 '네 선 땅이 어디냐? 지옥불이 타오르는 곳이다'라고 외치자 소리를 지르고 통회하며 패검을 떼어 던지고 교인이 되어 고향 맹산으로 돌아가 맹산교회를 설립했다." - 〈신학지남〉 14권 제2호

회개의 역사가 얼마나 뜨겁고 실제적이었는가를 말해 주는 대목이다. 오늘 우리에게 회개는 이렇게 구체적이고 실제적이라는 것을 말해 주는 것 같다. 또한 부흥은 갈망하되 회개하지 않는 우리에게 부흥이 이렇게 시작된다는 것을 깨우쳐 주는 글이다.

삶의 길이에 관계없이 인생은 한 줄로 정의될 수 있다. 손양원 목사는 '사랑의 원자탄', 최권능 목사는 '예수 천당 불신 지옥', 이기풍 목사는 '한국 최초의 선교사'. 그러면 영계 길선주 목사는 뭐라고 해야 할까? 한국 최초의 목사 7인 중에 한 사람, 한국에 새벽기도회를 시작한 사람, 평양대부흥의 불씨, 민족대표 33인 중의 한 사람, 죽는 그 날까지 부흥회를 다니며 하늘 복음을 전한 부흥사. 지면이 부족할 정도의 수식어가 그를 기다리고 있다면 역시 하나님의 손에서 쓰임 받은 하나님의 사람임에 틀림없다. 이제 영계 길선주 목사의 삶을 따라가 보자.

1. 꼬마 신랑 길선주

길선주(吉善宙, 1869-1935)는 1869년 3월 15일 평안남도 안주 후장동에

서 아버지 길봉순의 둘째 아들로 태어났다. 길선주는 아버지가 노년에 얻었기에 부모의 극진한 사랑을 받고 자랐다. 한학에 조예가 깊고 정숙하고 온화했지만 자녀교육에는 엄격했던 어머니의 영향으로 네 살 때부터 한문을 배우기 시작했다. 아무리 재주가 많아도 장가가지 않은 총각은 성인 대우를 받지 못했던 그 당시의 문화적 관습 때문에 11세의 장난꾸러기 길선주는 신선달(申先達)의 외동딸인 16세의 신선행(申善行)을 부인으로 맞이하여 꼬마 신랑이 된다.

어느 날 서당에서 오전 공부를 마치고 점심 먹으러 집에 돌아온 길선주는 곧장 부엌에 들어가 솥에서 밥을 퍼 담는 아내에게 손을 내밀며 **"나 누룽지 좀 줘"** 하고 졸라댔다. 이미 상투를 틀어올린 지체 높은 가문의 서방님이 체통이 서지 않게 투정을 하자 그 아내는 부지깽이를 집어 들고 **"점잖치 못하게 이게 무슨 짓이에요?"** 하고 달려들었다. 선주는 부인을 피해 부엌 뒷문으로 도망가다가 어머니와 맞닥뜨렸다. "무슨 일이냐?" 그러자 선주는 얼른 둘러댔다. **"글쎄, 방 안의 아버님 수저를 내가 가져오겠다는데 색시가 가져온다고 이 야단이지 뭐예요."** 당시에 지체 높은 집안에서는 수저를 아름답게 수를 놓은 수저집에 넣어 안방에 따로 보관하는 것이 상례였기에 꼬마 신랑 선주가 임기응변으로 잘 둘러댄 것이다.

2. 시작한 상점이 망하다

길선주는 어릴 때부터 시(詩) 부분에 남다른 재주를 보였다. 이렇게 학문을 부지런히 연마한 길선주는 13세의 나이에 아버지의 뜻에 따라 초인직(招人職, 업무와 관련해서 사람을 부르는 직책)에 근무하게 된다. 15세까지 이 일을 했는데 충실하고 근면하여 관리로서 촉망을 받았다. 특히 관청의 기녀들이 길선주를 흠모하였으나 기생을 첩으로 둔 아버지 때문에 괴로워하던 어머니를 생각하며 바른 길에서 벗어나는 일은 없었다. 어지러운 세상에 길선주의 아버지는 가족을 데리고 평양으로 이사했다. 여기서 길선주는 평양 거상(巨商) 이재경의 점포에서 1년 동안 상도(商道)를 배워 상점을 냈는데 그의 나이 18세 때였다. 그러나 길선주의 상점은 물건 값 떼어먹고 달아나는 사람들로 인해 망하고 말았다.

3. 인생의 정답을 찾아 헤매는 길선주

인간사회에 실망과 환멸을 느낀 길선주는 분명 어딘가에 더 나은 세계가 있을 것이라는 관념에 사로잡혀 현실세계를 부정했다. 결국 그는 19세 여름에 중국의 관우, 유비, 장비, 제갈량을 숭배하는 관성교에 심취하였다. 그러다가 수십 년 동안 신선(神仙)이 되기 위해 도를 수련한 장득한을 만나 관성교를 포기하고 선도(仙道) 수련에 온 힘을 쏟았다. 길선주는 산속에 들어가서 장득한이 가르쳐 준 주문을 몇 십만 번이나 낭독하였다. 그러나 이것도 잠시뿐 여전히 마음의 번민은 가시지 않았고 원통하고 슬픈 마음 또한 풀어지지 않았다. 왜냐하면 선도를 통해서 육신의 질병은 고쳤으나 영생의 진리를 찾지 못했기 때문이었다. 그러나 길선주는 실망하지 않고 최후의 목적을 달성하기 위해 더욱 선도에 매달렸는데 이때가 그의 나이 23세였다. 드디어 그는 수련을 통해서 통나무 목침을 주먹으로 부수고, 다듬이방망이를 손으로 끊고, 웬만한 냇물은 단번에 건너뛰는 누구와도 견줄 수 없는 뛰어난 힘을 얻었다. 그래서 사람들은 그를 '호랑이', '길 장수', '길 도인'이라고 불렀다.

4. 길선주의 이상적인 인간상

구한말 우리나라는 무위도식(無爲徒食)하는 문객들과 과대망상에 걸린 방랑자들로 혼란스러웠다. 이때 길선주는 이상적인 인간상을 주장했다.

첫째, 한 사람이 완전한 인격을 갖추려면 심신의 조화를 이루는 것이 중요하다. 둘째, 성(性)을 누릴 줄 알아야 한다. 아무리 많이 배워도 성 지식이 없으면 행복을 누릴 수 없다고 생각했다. 그래서 그는 성 교육 전문가가 되어 성 문제 때문에 발생하는 많은 가정의 비극을 해결해 주었다. 셋째, 예술을 가까이할 줄 아는 사람이 되어야 한다. 끊임없는 인간의 욕구를 승화시키려면 반드시 예술이 있어야 한다고 생각했던 것이다.

5. 평양성에 나타난 마포삼열(S. A. Moffet)

길선주는 흩어진 민족의 정기를 모아 다시 일어날 방법은 오직 종교에 있다고 보았다. 그러던 어느 날 눈이 파랗고, 코가 크고, 머리 털이 빨간 이상한 사람이 평양 성에 왔다는 소문이 파다했다. 그 사람들이 양교(洋敎)라는 것을 가지고 와서 전하는데 한번 거기에 발을 들여 놓으면 혼을 뽑아서 미치고 만다는 소문도 났다. 평양에 들어왔다는 양교는 기독교이며, 괴상한 인물은 미국 북장로교 선교사로 조선에 파송된 마포삼열 선교사를 가리켜 한 말이었다. 마포삼열 선교사는 온갖 시련 속에서도 나중에 길선주에게 세례를 주는 이길함 선교사(Graham Lee)와 함께 평양 복음화에 앞장섰다.

6. 길선주에게 끊임없이 전도한 김종섭

길선주에게는 23세부터 만나기 시작한 절친한 친구 김종섭이 있었다. 두 사람은 도(道)를 닦으며 마음이 통하는 친구가 되었다. 그래서 길선주는 마포삼열 선교사에게 친구 김종섭을 소개시켜 주었는데 얼마 지나지 않아서 김종섭이 세례를 받았다는 소식을 듣고는 화가 났다. 서양도가 어떤 것인지 알아보기로 해놓고는 세례를 받았으니 길선주 입장에서는 김종섭이 서양도에 미혹되어 변심했다고 여긴 것이었다.

길선주가 평양에서 상점을 열자 김종섭은 매일같이 찾아와 예수 믿으라고 권했다. 그때마다 길선주는 듣지도 않았으나 김종섭은 찾아올 때마다 〈그리스도 신문〉이나 아편에 중독되어 방탕한 생활을 하던 중국인이 회개하고 예수 믿었다는 간증책인 《이선생전》, 기독교 신앙에 대한 두 사람의 대화록인 《장원양우상론》(張元兩友相論) 등을 전달했다. 길선주는 이러한 책을 읽으면서 어느 순간 자신이 믿어왔던 도(道)가 썩은 줄과 같다는 의심이 생겼다. 《천로역정》을 읽을 때는 감동의 눈물을 흘렸지만 번민은 더 깊어갔다. 어느 날 김종섭이 찾아와서 기도를 권유했다. 그 후 길선주는 며칠 동안 기도를 계속했다. "예수가 인류의 참 구주인지 알려 주옵소서." 그는 이런 내용의 기도를 며칠간 계속했다.

7. 하늘 음성을 듣고 회개하는 길선주

하루는 밤이 깊어 새벽 한 시쯤 되었을 때였다. 사방에서 귀뚜라미 소리가 구슬피 들려왔다. 그는 방바닥에 무릎을 꿇고 "상제님이시여, 저는 심한 번민에 빠져 헤어날 수 없습니다. 예수가 참으로 인류의 구세주인지 아닌지 분명히 가르쳐 주옵소서!" 하고 기도를 미처 마치기도 전에 천장에서 "길선주야, 길선주야, 길선주야!" 하고 세 번 크게 부르는 소리가 들려왔다. 그는 너무나 놀랐고 두려워 감히 고개를 들지 못하고 엎드린 채 "사랑하시는 아버지여, 저의 죄를 용서하시고 저를 살려 주옵소서!" 하고 기도했다. 그는 이때 비로소 마음 문이 열려 하나님을 아버지라고 불렀던 것이다. 그리고 스스로 죄인임을 깨닫고 흐느껴 울면서 회개했다. 온몸이 불덩어리처럼 펄펄 끓었다. 그는 통곡하면서 큰 소리로 계속 기도했다.

길선주의 기도는 오랫동안 계속되었다. 그는 무아지경(無我之境)에 이르러 마음에 기쁨이 용솟음치고, 감사의 눈물이 샘솟듯 하였다. 선도(仙道)의 도인(道人)이 하나님의 성도로 변모되는 순간이었다. 그는 하나님을 아버지라고 부르는 것과 때를 같이하여 그리스도의 포로가 되었던 것이다.

김종섭이 찾아와서 물었다. "상제님께 기도한 결과가 어떻게 되었소?" "이제부터 나는 예수를 구주로 믿기로 작정했어요" 하고 길선주는 그동안에 일어난 이야기를 들려 주었다. 김종섭은 너무나 기뻐서 길선주를 얼싸안고 어쩔 줄을 몰랐다. 두 사람은 그 자리에 엎드려 감사의 기도를 올렸다. 그날은 마침 일요일이었다. 길선주는 그 길로 김종섭을 따라 널다리골교회에 가서 예배에 참석했다. 길선주가 교회 안에 들어서자 교인들이 깜짝 놀라 일제히 그에게 시선을 돌렸다.

8. 처음 교회 오던 날 대표기도를 하고

예배를 인도하던 김종섭이 그에게 대표기도를 청하였다. 교인들은 다시금 깜짝 놀랐다. 교회에 처음 나온 사람에게 기도를 부탁했으니 말이다. 교인들은 혹시 길선주의 기도가 막히거나 무슨 실수라도 하지 않을까 하여 몹시 불안했다. 그러나 성령의 감동을 받은 그의 기도는 유창하고 간절하여 매우 은혜스러웠다. 그는 9년 동안이나 선도에 열중하여 여러 가지로 신비로운 체험을 하는 가운데 영생의 도리를 체득하려고 무던히 노력했으나 끝내 인간이 지닐 수 있는 최고의 욕구인 영생의 문제를 해결하지 못했다. 그리하여 예수가 참으로 인류의 구주인지 알게 해 달라고 매달린 끝에 마침내 예수 그리스도를 인격으로 대하는 순간 그의 입술은 하나님을 아버지라고 부르게 되고, 비로소 자아를 발견하기에 이르렀던 것이다. 그는 이때 자기가 죄인임을 알게 되고 속량의 의미를 깨닫고 닫혔던 생명의 길이 열렸다. 그는 그리스도 안에서 영생을 찾았다.

9. 세례를 받고 전도자가 되다

길선주는 1897년 8월 15일 조선 예수교장로회 평양성 널다리골교회에서 이길함(Graham Lee) 선교사에게 세례를 받았다. 길선주는 예수를 믿기로 결심한 징표로 상투를 잘랐다. 그리고 만나는 사람들에게 눈물을 흘리며 그리스도의 복음을 전했다. 그러나 이런 길선주를 보는 시선은 곱지 않았다. 세상 사람들의 눈에는 그야말로 미친 사람이었다. 특히 선도에 통달한 유명한 도인으로 길선주를 존경하던 사람들은 그를 서양교에 미혹된 미친 사람으로 취급하였다. 그러나 길선주는 이런 따가운 시선에 아랑곳하지 않고 만나는 사람마다 복음을 전했다.

10. 가족을 전도하고

불신자들의 영혼을 생각하면 눈물이 날 정도의 은혜를 체험한 길선주는 가장 먼저 부모님을 비롯해 가족을 전도해야겠다는 생각이 간절했다. 길선주의 아버지는 예수교를 증오했으며 선교사들을 무수히 핍박했다. 그런데 길선주가 평양에서 선도(仙道)를 버리고 예수교 신도가 되었다는 소식을 듣고 걱정이 이만저만이 아니었다. 더군다나 삭발한 아들의 모습을 보자 미치광이처럼 보였다.

길선주는 아버지에게 자신이 기독교에 귀의하게 된 동기와 체험을 이야기했다. 그리고 《장원양우상론》(張元兩友相論)이라는 전도 책자를 한 권 놓고 조용히 물러 나왔다. 이 책은 1893년에 간행된 기독교 전문 문서로 밀른(W. Milne)이 저술하고 마포삼열이 번역했다. 중국에서 한문으로 간행된 것을 한글로 번역하여 기독고 선교 초기에 가장 널리 읽혀진 전도 책자였다. 내용은 기독교인 장 씨와 유교인 원 씨 두 친구가 대화를 나누는 것으로 되어 있는데, 기독교가 유교의 부족한 부분을 채워 완성한다는 논리로 기독교와 유교의 차이와 연결 가능성을 서술했다. 그의 부친은 그날 밤으로 그 책을 다 읽고 나서 적지 않은 감동을 받았다. 이튿날 길선주가 아침 문안을 드리러 갔더니 부친이 부드러운 목소리로 말했다.

"네가 놓고 간 그 책자를 읽어 보았다. 그리고 많이 생각해 보았다. 역시 네가 가는 길이 옳다고 생각된다. 나도 이제 구주가 되시는 예수를 믿기로 작정을 했다."

이리하여 부친은 전에 아들에게서 받은 구령삼정(九靈三精) 주문을 버리고 성경을 탐독하기 시작하여 이듬해 세례교인이 되었다. 그는 말년에 노환으로 병석에 눕게 되자 벽에 성경을 붙여 놓고 읽을 정도로 기독교에 심취했으며, 1911년 83세로 세상을 떠났다.

길선주는 어머니에게도 전도했다. 그의 어머니는 후처였다. 선친의 전처는 그의 이복형 희주(喜宙)를 낳고 안주에서 세상을 떠났으며, 어머니는 후처로 들어와 선주 하나만을 낳았다. 그러므로 그는 선주에게 소망을 걸고 살아왔다. 어머니는 사랑하는 아들의 전도를 받고 "네가 믿는 교를 내가 어찌 마다하겠느냐. 나도 너를 따라 예수를 믿을란다" 하고 그 자리에서 구령삼정 주문을 버리고 예수를 믿어 1897년 7월 12일 세례를 받고, 이듬해 9월 13일 61세로 세상을 떠났다.

그는 이어서 아내에게도 전도하여 하나님 앞으로 인도했다. 1897년 7월 12일 서른다섯 살의 부인은 시어머니와 함께 세례를 받았다. 이리하여 온 식구가 가정예배로 한자리에 모여 하나님께 합심해서 기도하자 성령이 충만하게 임하여 회개와 감사의 눈물이 기쁨으로 승화되었다.

11. 가정 복음화를 이루고 가정예배를 드리다

길선주는 가정 복음화가 이루어지자 요일마다 기도 제목을 정하고 매일 오전 7시 30분에 가정예배를 드렸다. 월요일은 가족을 위하여, 화요일은 친척(신자, 불신자)을 위하여, 수요일은 친구(신자, 불신자)를 위하여, 목요일은 나라와 민족을 위하여, 금요일은 교육기관과 자선사업 단체를 위하여, 토요일은 해외동포와 혁명 유지들을 위하여, 일요일은 국내외 교회와 세계 교회를 위하여 기도했다.

또한 자녀들이 가정에서 지켜야 할 교양을 정하였는데 다음과 같았다.
 * 거짓말하지 마라. * 시간을 지키고 아껴라. * 자기가 할 일은 자기가 하라. * 기도하고 성경을 읽어라. * 학교에 성실하고 책을 읽어라. * 친구들과 잘 어울려라. * 운동을 해라.

12. 널다리골교회(장대현교회) 영수가 된 길선주

1898년 길선주는 30세에 평양 널다리골교회의 영수(목회자)가 되었다. 길선주가 영수로 시무하는 동안 널다리골교회는 크게 부흥되어 이듬해 장대현 언덕에 2천여 명을 수용할 수 있는 한식 신축건물의 기공식을 갖게 되었다. 당시 이 건물의 규모가 매우 커서 사람들은 크게 놀랐다. 지금까지 평양에서 민간인으로서 그렇게 큰 건물을 세운 적이 없었기 때문이다. 사람들은 예수쟁이들이 과연 그런 거대한 건물을 세울 수 있을까 하고 의아한 눈초리로 지켜보았다.

그런데 1900년에 웅대한 건물이 복음의 전당으로 모습을 드러냈다. 이 건물의 총 건축비는 대지값을 합쳐서 7천 원이었는데, 교회 헌금 5천 원과 미국 선교회 보조비 2천 원으로 충당되었다. 그리고 선교회 본부에서 기증한 커다란 종은 교회 서쪽 언덕에 세운 종각에 달았으며, 그 종소리는 10리 밖까지 널리 울려 퍼졌다.

13. 약국을 닫고 장대현교회 조사(助事)가 된 길선주

1902년 길선주는 장대현교회 장로 및 조사(助事, 전도사) 겸 황해도·평안도(黃海道·平安道)의 도조사(都助事)에 취임하여 활동무대가 더욱 넓어졌다. 이때 그는 매우 어려운 결단을 내려야만 했다. 조사가 되어 하나님의 일에 전념하려면 지금까지 해오던 약국을 그만둘 수밖에 없었는데, 그렇게 되면 생계를 유지하기가 난감했다. 당시에 다달이 소요되는 생계비 80원은 약국에서 올리는 수익으로 충당해 왔으며, 조사의 월급은 6원밖에 되지 않았다. 자식들의 교육비도 필요했고 지금까지의 생활 수준을 갑자기 낮추는 것은 여간 어려운 일이 아니었다. 길선주 장로가 이 일로 고민하자 부인이 말했다.

"선도(仙道)를 하실 때 가정을 돌보지 않아 식량이 떨어진 적이 한두 번이 아니었고, 집안에 우환이 겹쳐 점포가 거덜이 나도 참고 도에 정진하셨는데, 그렇게도 진리를 찾으려고 애쓰던 끝에 구원의 도리를 발견하고 하나님의 일을 하시려는 이 마당에 망설인다면 그동안의 모든 보람이 헛되지 않겠어요? 나도 참고 따르겠으니 용단을 내리시는 게 좋겠어요."

14. 교회를 분리 개척하는 장대현교회

 1893년 세워진 널다리골교회는 1900년 널다리골에서 장댓재로 옮기면서 장대현교회라고 명명했다. 장대현교회는 1903년 남문 밖에 교회를 따로 세웠는데 이것이 제2교회인 남문밖교회이다. 1905년에는 사창골 일대를 중심으로 설립된 사창골교회를 세웠다. 1906년에는 마포삼열 선교사가 집터를 기증하고 교우들이 온 힘을 다해 천여 원의 헌금을 하여 56평의 T자형 조선식 건물로 된 제4교회인 산정현교회를 세웠다. 산정현교회는 민주주의에 입각하여 남녀 세례교인에게 권리와 의무를 동등하게 부여하였다. 장로나 집사와 같은 직분을 세울 때에도 여자 성도들은 남자 성도들과 똑같은 권리를 가지고 투표에 참여하였다. 또한 산정현교회는 T자 구조로 '남녀칠세 부동석'(男女七歲不同席)이라는 관습을 깨고 남녀가 공동으로 예배드릴 수 있는 구조로 바꾸었다.

 그리고 1909년 1월 14일 또 하나의 교회가 분립되었다. 서문밖교회였다. 분립 당시 교인 400명과 장로 세 명(주공삼, 김선두, 위석창)의 교적부를 떼어 서문밖교회로 출석시켰다. 이로써 평양 성내에 제5교회가 설립되었고 장대현교회는 모(母) 교회로서의 구실을 다했다. 1893년 세워진 널다리골교회는 교회가 다섯 개로 분립되었는데 성도는 점점 늘어났다.

부흥의 새벽을 연 영계(靈溪) 길선주 목사

15. 평양신학교에 입학하다

길선주는 교회와 사회에서의 역할이 높아지면서 신학을 체계적으로 공부해야겠다는 생각에서 신학교에 입학하기로 결심했다. 때마침 마펫(마포삼열) 선교사의 주선으로 한국에서는 최초로 평양에 신학교가 설립되었다. 이 신학교는 조사(助事)를 위해 3년제 예비과를 두고 예비과를 마치고 나서 본과를 계속하게 되는 5년제로서 졸업자에게 목사의 자격을 부여했다. 그리하여 길선주, 방기창(防基昌), 김종섭(金鍾燮), 한석진(韓錫晋), 이기풍(李基豊), 송린서(宋麟瑞) 등이 추천되어 입학했다. 갓쓰고 도포를 걸친 3, 40대의 수염이 덥수룩한 아버지 신학생들의 모습은 상상만 해도 가관이지만, 영생의 도리에 눈뜬 이들의 향학열은 대단했다.

16. 역사적인 새벽기도를 시작하다

1906년, 길선주는 개인의 신앙은 물론 교회에 큰 변화가 일어나기를 기대하면서 박치록 장로와 함께 새벽기도를 시작했다. 처음 교회에는 새벽기도라는 것이 없었다. 그러나 예수를 믿기 전, 선도를 수련했던 길선주는 새벽마다 기도하는 습관이 있어서 새벽이면 종종 교회에 나와서 기도를 드렸다. 새벽마다 길선주와 박치록 장로가 모여서 기도한다는 이야기가 교회에 소문이 나면서 한두 사람씩 새벽기도에 동참하게 되었다. 이것이 우리나라 새벽기도의 시작이었다. 장대현교회에서 새벽예배를 한다는 소식이 평양에 알려지면서 각계각

층의 사람들이 구름 떼처럼 교회에 모여들었다. 그러나 그 당시 새벽기도는 정기적인 것이 아니라 교회에 큰 행사를 앞두고 있거나 특별한 사정이 있을 때만 하는 비정기적인 것이었다.

17. 기도와 성경의 사람 길선주

길선주는 기도와 성경의 사람이었다. 길선주는 일생을 통해 구약성경은 30번, 창세기와 에스더와 이사야는 540번, 신약 전권은 100번, 요한계시록은 1만 번, 요한 서신은 500번을 읽었다. 길선주는 새벽 5시와 밤 10시에 기도하고 명상했다. 기도하던 어느 날 고종 황제가 보낸 비밀 특사가 왔다. 시국을 수습하기 위해 미국 정부에 도움을 요청하는 외교 임무를 길선주에게 맡긴다는 내용이었다. 그러나 길선주는 3일을 기도하고 정중히 사양했다. 그리고 개인 전도에 힘썼다.

18. 친구 이경식을 전도하다

길선주는 예수를 믿으면서 그 지방의 세도가였던 이경식을 위해서 7년 동안 하나님께 기도했다. 그러나 이경식은 오히려 불쾌해했다. 그러나 어느 날 이경식의 동생이 갑자기 죽자 길선주는 이경식을 찾아가 복음을 다시 전했고, 이경식은 예수를 믿고 회심했다. 회심한 이경식이 얼마나 열심히 예수를 믿었던지 길거리에서 학교에서 일하는 노비를 만났는데 "형님, 세배합니다"라고 말하고는 큰절을 했다. 이에 감동을 입은 그는 그날로 열두 가족을 데리고 이경식이 다니는 교회에 등록했다. 그뿐 아니라 이경식은 밥상을 받고 있다가도 대문 앞에 지나가는 사람이 있으면 뛰어나가 전도를 했다.

19. 부흥의 밀알이 되겠다고 손을 든 길선주 장로

길선주는 매일 한 시간씩 기도를 했다. 매주 사흘씩은 금식기도를, 매년 일주일씩 금식기도를 세상 떠날 때까지 계속했다. 또한 성경을 읽고 외우는 데 하루 한 시간, 성경 연구와 집필에 평균 세 시간, 독서하는 데 두 시간을 투자했다. 길을 걸을 때에도 묵상하고 기도하며 설교를 구상했다.

1905년 영국 웨일즈 지방에서 성령의 뜨거운 불길이 일어났다는 소식은 길선주에게 자극이 되었다. 개인 구원과 함께 교회 부흥이 반드시 필요하다는 것을 다시 한 번 확인하는 계기가 되었다. 조선에 있는 선교사들도 성령의 은사를 몹시 갈망했다.

장대현교회는 1906년 8월 원산에 있는 하디(Hardie) 박사를 초청해서 일주일 동안 집회를 열어 많은 은혜를 받았으며, 다시 이들은 서울에서 존스턴(Howard Agnew Johnston) 박사를 초청해서 집회를 열어 큰 은혜를 받았다. 존스턴 박사는 이 집회를 마치고 평양을 방문하여 길선주 장로가 시무하는 장대현교회에서 설교했다. 그는 단상에서 청중을 향해 영국 웨일즈에서 일어난 성령의 역사가 인도에 번져 교회가 크게 부흥하고 있다고 말하면서 **조선에서 성령의 은총을 충**

만히 받아 교회를 부흥시킬 자신이 있는 사람은 손을 들어 보라고 **말했다.** 회중은 잠잠했다. 아무도 감히 손을 들 엄두를 내지 못했다. 그런데 **장로이며 조사이자 신학생이던 길선주가** 손을 번쩍 쳐들었다. 그러자 존스턴 박사는 앞으로 조선 교회가 크게 부흥하게 될 것이라고 예언하고, 길선주 장로와 교회를 위해 기도했다.

20. 장대현교회의 첫 부흥회에 회개의 불길이 번지다

1907년 1월 6일 주일 저녁, 평양 장대현교회에서 첫 부흥회가 시작되었다. 조선인 목사가 없으므로 부흥회 설교는 길선주 장로가 전담하고 사회는 선교사들이 번갈아 보기로 했다. 한 장소에 사람들이 다 모일 수가 없어서 장대현교회에서는 2천여 명의 남자 성도들만 모이고, 여자 성도는 다른 교회에서 모였다. 둘째 날 집회에 "아이고!" 소리와 함께 회개의 소리가 들렸다. 늙으신 어머니와 아내 그리고 어린 자식들을 먹여 살리기 위해서 길선주 장로의 집에 들어가서 이부자리와 놋그릇 몇 점을 도둑질했던 사람이 집회에 참석한 후 회개를 한 것이다.

집회 셋째 날 저녁에는 평양 영문 앞에 사는 방은덕(方恩德)이라는 순포(순경)가 길선주 장로의 집회에 사람들이 많이 모여 저마다 자기 죄를 자복한다는 말을 전해 듣고 범인을 잡기 위해 참석했다. 그런데 그는 길선주 장로의 설교에 감동되어 자기 죄를 크게 뉘우치더니 드디어 "아이고!" 하고 소리를 지르면서 그 자리에 거꾸러졌다. 그는 이마에 땀을 뻘뻘 흘리고 눈물을 글썽거리며 길 장로에게 "장로님, 나를 살려 주십시오" 하고 애원했다. 길선주 장로는 설교를 중단하고 그를 위해 기도하고 나서 회중에게 역설하기를, 죄를 회개하는 사람에게는 성령이 충만하여 성령의 은사를 받게 된다고 했다.

넷째 날 저녁에는 승복을 걸친 한 스님이 자리에서 일어나 "길 장로님!" 하고 외쳤다. 청중의 시선은 일제히 스님에게로 쏠렸다. 스님이 말하길 "저는 이 모임에서 기적이 일어났다는 말을 듣고 며칠째 참석하여 하나님이 살아 계시다는 것을 분명히 깨달았습니다. 세상에서 진정한 마음의 평화를 얻는 길은 예수를 구주로 받아들이는 데 있다고 생각합니다"라고 했다. 그리고 목에 걸었던 염주를 벗어서 길선주 장로에게 주고, 그 자리에서 기독교로 개종했다. 그는 10여 년 동안 불도를 닦은 김덕엽이라는 스님이었다. 이 염주는 지금 길선주 장로의 아들 길진경 목사가 보관하고 있다.

또 이런 일도 있었다. 길선주 장로가 집회를 인도하면서 찬송을 마치자 한 천주교 신부가 자리에서 일어나 말했다. "나는 이 집회에서 기독교의 구속의 역사(役事)를 처음으로 체험하고, 성령이 일으키는 기적을 눈으로 똑똑히 보았습니다. 나는 새사람이 되었습니다." 그도 자기 목에 걸었던 십자가 목걸이를 벗어서 이 집회에서 받은 은혜의 기념으로 길선주 장로에게 주었다.

21. 목사 안수를 받고 장대현교회의 목사가 되다

부흥운동이 전국적으로 확산되던 1907년 6월 10일, 장대현교회의 넓은 뜰에서 역사적인 평양신학교 제1회 졸업식이 거행되었다. 길선주, 이기풍, 서경조, 방기창, 양전백, 한석진, 송린서였다. 그리고 1907년 9월 17일 장대현교회 예배당에서 마포삼열 선교사와 조선교회 대표 장로들은 신학교 졸업생 일곱 명을 목사로 임직했다. 이것이 조선장로교의 제1회 노회였다. 장대현교회는 길선주 목사를 담임목사로 청빙했다. 목사 안수를 받은 날 노회는 길선주를 장대현교회 위임목사로 허락했다.

22. 길선주를 기둥서방 삼겠다는 평양 기생들

기생으로 이름난 평양을 색향(色鄕)이라고 하였다. 이 평양에 예수교가 들어와 판을 치기 시작했던 100여 년 전 예수쟁이들 때문에 장사가 안 된다고 평양 기생들이 들고 일어났다. **"큰일났다. 빨리빨리 예수쟁이들을 잡아라. 예수쟁이를 잡으려면 길선주 목사부터 잡아라"** 하며 난리법석을 피웠다. 평양 기생들은 평양을 온통 예수판으로 몰고 가는 불세출(不世出)의 전도자 길선주 목사에게 영적인 싸움을 건 것이었다.

이때 한 빼어난 기생이 길선주 목사를 잡겠다고 나섰다. **"내가 꼭 길선주 목사님을 서방님으로 모시도록 하겠습니다."** 그 기생은 그때부터 장대현교회에 나가기 시작했다. 새벽기도회에도 빠짐없이 출석하여 진실한 교인처럼 보이고 마침내 길선주 목사의 눈도장을 받는 데 성공했다.

어느 날 저녁 길선주 목사는 그 기생의 식사에 초대되었다. 아무런 의심도 없이 믿고 초대에 응해 가보니 아무도 없는 신혼방같이 곱게 꾸민 아늑한 방에서는 잔칫상같이 잘 차린 밥상 하나가 기다리고 있었다. 그리고 푸짐한 밥상 가까이에는 비단 이부자리에 머리맡에 원앙침(鴛鴦枕)까지 놓여 있었다.

모든 것을 알아차린 길선주 목사가 갑자기 누워서 뒹굴며 소리를 지르기 시작했다. **"아이구, 사람 살려……길선주 살려……나 죽는다……"** 길거리까지 울려 퍼져 나갈 정도로 구명(求命)의 절규를 했다. 결국 길선주 목사를 서방님으로 모시겠다고 장담했던 기생은 기절을 하고, 길선주 목사는 길거리를 지나가던 행인들에게 구출되어 무사히 교회로 돌아왔다. 그 후로 평양 기생들이 예수쟁이라면 고개를 설레설레 흔들었고 길선주 목사를 정말 존경하는 참한 기생들은 기생을 그만두고 교회에 나오기도 했다.

23. 전국으로 떠난 전도 여행

길선주 목사는 1908년 11월 20일, 전도 여행에 올랐다. 압록강 연안에 흩어져 있는 교회에서 길선주 목사의 설교를 듣고 싶어한다는 간절한 편지 때문이었다. 길선주 목사는 눈이 어두웠지만 집회를 인도하기 위해 길을 나섰다. 압록강 얼음 위를 소가 끄는 썰매를 타고 건너기도 하고 농촌이나 산간벽지를 갈 때는 당나귀나 우(牛) 마차를 이용하여 이동했다.

한번은 첫추위에 강물이 얼어붙기는 했지만 그리 단단하지 않아서 썰매가 물에 빠지는 사고가 일어났다. 길선주 목사는 구조되었지만 성경과 성경을 연구한 원고들이 압록강에 빠지고 말았다. 길선주 목사를 모시고 가던 일행들이 미안한 마음에 어쩔 줄을 모르고 있을 때 길선주 목사는 **"성경이 압록강에 빠졌으니 그 물을 마시는 사람은 예수님을 믿을 것이고 압록강 연안에 있는 교회는 모두 부흥될 것입니다"**라고 그들을 위로했다.

24. 큰아들 진형을 잃다

나라가 일본에 망하고 길선주 목사의 큰아들 진형은 105인 사건에 휘말려 모진 고문을 당했다. 진형은 선교사들의 도움으로 미국 캘리포니아 주립대학의 입학 허가를 받아 미국에 들어갔다. 미국에서 진형은 안창호 선생과 대학 동창들을 비롯해 미국에 망명한 친지와 제자들을 만났다. 당시에 인재가 없어 고심하던 안창호 선생은 진형을 만나 자신의 이상을 이야기하며 함께 일할 것을 제의했다. 그러나 미국에서 민족운동을 하던 진형의 병세가 위급해지자 진형은 귀국을 했다. 그리고 1918년 봄 하나님의 품에 안겼다. 나라와 민족을 위해 큰 인물이 되리라고 기대했던 맏아들의 죽음은 길선주에게 큰 고통을 안겨주었다.

25. 내가 길선주 목사요

길선주 목사는 민족대표 33인 중 한 사람으로 독립선언서에 날인할 것을 승낙했다. 길선주 목사는 눈이 어두워 여행하는 데 지장이 있었을 뿐 아니라 경찰의 감시를 받고 있어서 서울에 갈 수가 없었다. 함태영 목사와 길선주 목사는 3월 1일 서울에서 거행되는 독립선언식에 참석할 것을 약속하고 헤어졌다. 1919년 2월 21일부터 3월 1일까지 황해도 장연읍교회에서 부흥 사경회를 마친 길선주 목사는 서둘러 말을 타고 사리원까지 가서 기차를 탔다. 민족대표 33인 중 한 사람으로서 독립선언식에 참석하기 위해서였다. 그러나 서울에 도착하자 해는 이미 저물었다. 장연읍교회 부흥회 때문에 시간을 맞추지 못한 길선주 목사는 서울역에 내리자마자 곧바로 총독부로 직행했다.

"기차 시간이 맞지 않아 독립선언식에 참석하지 못했소. 지금 자수하러 왔으니 나를 감옥에 넣으시오."

"당신 누구요?"

"나는 독립선언서에 서명한 민족대표 33인 가운데 한 사람인 길선주요."

26. 고난은 축복이 되고

3·1운동 이후 만세 시위는 강제로 해산되었지만 만세운동은 계속되었다. 당시 열여덟 살이었던 길선주 목사의 둘째 아들 길진경은 등사판과 등사도구를 구해서 〈독립신문〉을 찍어냈다. 이것은 중국어 신문과 영자 신문을 입수해서 국제정세와 3·1운동 이후에 대한 보도를 근거로 만든 신문이었다. 그러나 그해 5월 길진경은 체포되어 온갖 고문을 당했다. 온몸은 상하고 헐어 구더기가 날 정도였으며 몸에서 나는 악취는 물론 감옥 옴이라고 불리는 피부병까지 겹쳐서 욥의 고난 같은 고생을 했다. 결국 길진경은 1년 6개월의 실형을 선고받았다.

길선주 목사는 2년여 동안의 수감 생활 중에 날마다 하나님과 씨름했다. 낮에는 성경을 읽었고, 성경 읽기가 여의치 않은 밤에는 요한계시록을 암송했다. 길선주 목사는 옥중에 있는 동안 '묵시록 강의'를 재정리했고 '말세학 강의'를 체계화하였다. 이것은 출감 후 순회전도를 할 때 중요한 주제가 되었다.

27. 집으로 돌아온 길선주

길선주 목사는 2년 동안의 수감 생활을 마치고 집으로 왔지만 현실은 암담했다. 105인 사건으로 큰아들을 잃고, 둘째 아들 진경은 3·1운동에 가담한 혐의로 수감 중이었고, 딸 진주와 셋째 진섭은 일본 경찰을 피해서 숨어 있었다. 길선주 목사는 석방 후 한동안은 집에서 휴양하며 오직 순회전도 계획만 세우고 기도와 성경 연구에 몰두하였다. 1922년 장대현교회는 길선주 목사 성역 15주년 기념식을 열어 길선주 목사를 위로했다.

28. 장대현교회에 불어닥친 시련의 바람

1926년 은혜롭던 장대현교회에 분규가 일어났다. 박윤근 집사가 앞장섰으며 몇몇 사회주의에 감염된 교회 청년들까지 가세하여 당회와 길선주 목사를 겨냥하여 교회를 어지럽히는 음모를 꾸몄다. 동사목사(부목사)인 변린서까지 자기 편에 끌어들여 당회와 길선주 목사의 죄목을 열거한 인쇄물을 뿌려댔다. 그러나 그들이 말하는 죄목은 도저히 납득할 수 없는 조작된 것이었다. 급기야는 길선주 목사를 강단에서 끌어내리려고 실력을 행사하기도 했다. 장대현교회의 분규가 사회적으로 얼마나 큰 파장을 일으켰는지 동아일보(東亞日報)를 비롯한 신문에서 대서특필할 정도였다.

29. 아픔을 안고 나누어지는 장대현교회

장대현교회 사건으로 동사 목사 변린서는 시골 어느 조그마한 교회로 좌천되었다. 그 뒤의 행적은 알 길이 없다. 분규에 앞장섰던 청년 이인선은 정신병으로 서울 총독부병원에 입원하여 치료받던 중 제 머리를 벽에 받아 자살했다. 길선주 목사는 주일학교 때부터 양육했던 청년들에게 당한 배신에 신음했다. 은혜의 동산이라고 불리던 장대현교회에서 상처와 차가운 기운은 좀처럼 가시지 않았다. 드디어 은혜를 사모하는 성도 500명은 길선주 목사를 모시고 장대현교회에서 분립했다. 그리고 길선주 목사가 자신의 후임으로 훈련시켰던 이유택 목사를 위임목사로 하여 이향리교회를 설립했다. 이후 이향리교회는 신현리로 장소를 옮겨 신현교회로 바뀌었다.

30. 요한계시록을 만 번 읽고 새벽마다 암송

길선주 목사는 만주와 북간도 그리고 함경북도를 비롯한 전국을 다니며 순회 전도집회를 했다. 그는 요한계시록 강의를 통해 종말론을 강조했다. 특히 말년에는 눈이 어두워 보지 못하면서도 요한계시록 전편을 만 번 읽고 새벽마다 암송했다. 집회를 인도할 교회에는 미리 기도하면서 준비하라고 시켰고 심령의 준비가 되지 않은 교회는 갔다가 그냥 되돌아오기도 했다.

그동안 둘째 아들 길진경은 평양신학교를 졸업하고 1933년 10월 10

일 평양노회에서 목사 안수를 받고 곡산읍교회로 부임했다. 이런 아들의 모습을 본 길선주 목사는 이런 기도를 드렸다.

"나를 편히 놓아주옵소서. 그러나 병석에서 죽지 아니하고 죽는 날까지 주의 말씀을 전하며 강단에서 주님의 부르심을 받게 하소서. 주님께 영광이 되게 하소서."

31. 사경회를 인도하다 하나님의 품으로

1935년 8월 길선주 목사는 평안북도 선천교회에서 사경회를 인도하다가 뇌일혈을 일으켜 단상에서 쓰러졌다. 그는 즉시 선천기독병원에 입원하여 두 주일 동안 치료를 받고 몸이 어느 정도 회복되자 집에 돌아와 요양을 했다.

1935년 11월 10일부터 26일까지 평안남도 강서군 잉차면 고창교회에서 평서노회 부흥회와 도(道) 사경회를 인도했다. 의사들은 더 요양해야 한다고 했으며 가족들도 무리해서는 안 된다고 말렸지만 **"내가 비록 병중에 있지만 어찌 성회를 폐하겠느냐. 내가 강단에서 주의 복음을 외치다가 가는 것이 마땅하지 않느냐"** 하고 집회를 인도하러 떠났다. 그리고 집회 마지막 날에는 평양 성의 멸망을 예고하면서 온 힘을 다해 설교했다. 그러나 폐회 축도를 마치고 다시 뇌일혈을 일으켜 강단에서 쓰러졌다.

급보를 받고 달려온 아들 진경을 보고 길선주 목사는 입을 열지 못하고 손가락으로 방바닥에 뭐라고 글을 썼으나 알아볼 수 없었다.

그리하여 그의 마지막 유언은 영원히 밝혀지지 못하고 말았다(엄두섭 목사는 그의 책 《좁은 길로 간 믿음의 사람들》에서 길선주 목사가 마지막 숨을 거두면서 "불입평"(不入平)이라는 세 글자를 썼다고 기록하고 있다). 1935년 11월 26일 오전 9시 10분, 친지와 신도들이 지켜보는 가운데 하나님의 사람 길선주 목사는 67세로 주님의 품에 안겼다.

32. 길선주 목사의 업적

첫 번째는 길선주 목사의 말세 신학이다.
　한국 교회의 부흥운동을 주도하며 한국적 보수신학의 기초를 놓은 사람은 길선주 목사라고 할 수 있는데, 그는 1903년 하디 선교사를 중심으로 원산부흥운동이 일어나자 평양에서 이 운동을 일으키고 주도하였다. 그는 일제 식민지 시대에 민족 구령운동과 부흥 사경회를 이끌어 한국 교회의 전도와 성장에 크게 기여했으며, 3·1운동 때에는 33인 민족대표 중의 한 사람으로 민족운동에 앞장서 구국의 의지를 드러내 보이기도 했다. 그러나 선교사들보다 더 보수적이었던 그는 '성서 중심'과 '경건 생활 중심'을 한국 교회의 신앙 형태로 성격 지어 놓은 개척자라고 할 수 있다.
　길선주의 보수신학은 말세론에 중심을 두었는데, 길선주는 주의 재림을 강조하며 이 재림 앞에서 살아야 하는 그리스도인의 긴장된 종말론적 신앙자세와 생활지침을 강조하였다. 길선주의 말세론적 보수신학은 단순히 고난의 현실을 떠난 타계지향 일변도의 신학이 아니라, 현세 속에서 현세를 극복하게 하고 영적 힘을 주는 한국적 보수신학이었다고 평가할 수 있을 것이다.

두 번째는 회개운동이다.

길선주 장로의 회개로부터 시작된 1907년 평양 대각성부흥운동을 통해서 많은 한국인들이 자신의 죄를 깊이 고백하고 크게 뉘우치는 신앙 체험을 하자 선교사들이 맨 먼저 놀랐다. 이제까지 파악해 온 바와 달리 우리도 그들과 똑같은 신앙 체험을 하였기 때문이었다. 또한 한국 그리스도인들 스스로도 이제야 비로소 참 그리스도인이 되었다고 밝혔다. 그 가운데서 어떤 이는 "내가 10년 동안 예수를 믿었는데, 오늘에 와서야 비로소 하나님의 성령과 나의 영이 서로 교통하는 것을 깨달아 알게 되었다"라고 고백하였다. 죄 고백과 회개로 깨끗하게 정화되어 맑고 순수한 신앙 심성을 가지게 된 한국 신앙인들이 이제야 비로소 참된 그리스도인이 되었다고 스스로 인식하였다. 선교사 크램(W. G. Cram)에 따르면, 신앙각성운동을 통하여 "하나님의 성령이 한국 교회의 성격(character)을 갖추게 하셨다."

1907년 평양 대각성부흥운동은 오늘의 한국 교회에서 다시 일어나야 할 신앙운동이다. 또한 그 당시는 전쟁(러일전쟁) 기간이었는데 "교회는 안전한 피난처"로 인식되었고, 지식인들은 교회가 사회의 '공적 책임'을 담당해서 국민의 윤리의식과 도덕정신을 바르게 세워 줄 수 있다는 희망을 걸었다는 점에서, 100여 년이 지난 오늘의 교회가 이 점을 깊이 헤아려야 할 것이다. 오늘의 교회는 많은 점에서 사회적 기대에 부응하지 못할 뿐만이 아니라 사회의 신망을 자주 잃고 있어 우리를 안타깝게 한다. 우리는 신앙 각성을 통한 교회의 부흥과 사회적 책임을 위해 그때의 죄 고백과 회개를 되새겨야 할 것이다.

안악골 호랑이
김익두 목사

김익두 목사에 대한 이야기는 참 많이 들었다. 그의 기적 같은 회심의 이야기나 회심하기 전 세상에서 망나니로 살 때의 모습, 그리고 그가 일으킨 부흥과 신유의 이야기들은 졸던 성도들도 눈을 뜨게 할 정도로 생생하고 재미있는 것들이었다. 이제 안악골 망나니에서 하나님의 사람으로 쓰임 받은 그의 삶을 만나 보자.

1. 출생과 방황

김익두(金益斗, 1874-1950) 목사는 1874년(고종 11년) 11월 3일 황해도 안악군 대원면 평촌리에서 농부인 부친 김응선(金應善), 모친 전익선(田益善)의 독자로 태어났다. 부친 김응선 씨는 기와집에 사는 부자였으나 불쌍한 걸인을 구제하고 동네 노인들을 잘 섬겨서 주민들에게 신임과 존경을 아울러 받아 동네 유지로 동네 발전에 크게 기여한 사람이었다. 이렇게 부유한 가정의 외아들로 태어난 그는 부친의 엄격한 교육을 받고 자랐다. 6세 되던 해부터 서당에서 한문을 공부하기 시작했는데 천재적인 총명과 재능으로 10세에 사서삼경(四書三經)을 통독하여 신동(神童) 소리를 들으며, 장래가 촉망되는 소년으로 가문과 동네 사람들의 기대가 컸다.

그는 큰 꿈을 품고 열심히 공부하여 16세에 서울에 올라가 과거(科擧)에 응시했으나 뼈아픈 낙방을 맛보았다. 아들의 과거 낙방으로 충격을 받은 부친은 심적 충격을 받고 병석에 누웠다가 별세했다. 부친은 운명하기 전에 아들에게 "사람다운 사람이 되라"고 유언을 남겼다. 과거 낙방에 이어 아버지까지 여의고 난 김익두는 어머니의 따뜻한 권고를 받아들여 경험 없는 장사에 손을 대기 시작했다. 청년 익두는 남달리 준수하고 용모가 뛰어나 딸을 가진 사람이면 누구나 사위를 삼았으면 하는 마음이 생길 정도였다. 그리하여 18세의 김익두는 마을에서 조금 떨어진 곳에 사는 16세의 김익진(金益眞)이라는 여자와 결혼하였다. 김익진은 가난한 가정에서 자라났지만 예의범절이나 가정을 돌보고 이웃을 대하는 면에 있어서 모든 사람에게 칭찬을 받는 여자였다.

김익두는 부친을 여의고 나서 시작한 사업마저 별 성과를 거두지 못하고 있을 때 친구의 보증을 서 준 것이 화근이 되어 아버지로부터 물려받은 전토(田土)를 다 팔아야 했다. 그래도 진 빚을 다 갚을 수가 없었다. 하루아침에 빈손이 된 그는 자포자기하며 술을 마시지 않고는 길을 걸을 수가 없었다. 하루하루 술을 마시며 노름을 하고 주변 사람들이 두려워하는 깡패의 생활을 시작한 것이다.

술에 취하면 그는 길바닥에 용변을 보며 "이놈들, 내 주먹 아래 안 들어오는 놈이 누구냐? 이놈들!" 하고 마구 떠들었고, 사람을 만나면 그의 바짓가랑이 밑으로 지나가라고 시비를 걸고 그에 응하지 않으면 싸움질을 하였다. 그는 악명 높은 불량아로서 안악군 일대에서 그 이름을 모르는 사람이 없을 정도였다. 누구든 그에게 대항하면 모조리 때려 눕히는 완력가인지라, 그를 아는 사람들은 시장에 가는 도중에 서낭당 앞을 지나면 오늘 김익두를 만나지 않게 해달라고 빌었다고 한다. 그는 안악시장에서 술을 외상으로 마시거나 냉면을 외상으로 먹고 갚지 않은 것은 예사였다. 그렇다고 해서 잘못 건드렸다가는 무슨 변을 당할는지 모르기 때문에 한마디도 그에게는 독촉하지 못하였다.

그러나 안악골 호랑이 김익두에게도 인생에 대한 궁극적인 고민이 있었다. 그의 마음 한구석에는 '인간은 죽으면 어떻게 되는가?', '인간은 무엇 때문에 사는가?', '어째서 인간은 죽어야만 하는가?' 하는 등의 의문이 잇달아 일어난 것이다.

2. 안악골 호랑이의 회개

그의 나이 27세 되던 어느 날 그는 장터에 나갔다가 여자 서양 선교사가 전도하는 것을 보았다. 그는 전도지를 받아쥐고는 그 자리에서 코를 풀고 그 종이를 돌려주며 선교사를 희롱하였다. 그러자 여선교사가 "청년, 그렇게 하면 코가 썩지요"라고 말했다. 김익두는 선교사가 주는 전도지를 구겨서 주머니에 넣고 집에 돌아와 무심코 그 전도지를 읽었다. **"인생이란 무엇이냐? 인생은 풀과 같고 그 영광이 꽃과 같으나 풀은 마르고 꽃은 떨어지되 주의 말씀은 '세세토록' 있느니라."** 김익두는 '세세토록'이란 글자에 관심을 갖고 주목했다. '세세토록'이란 말이 '영생'을 의미하는 것이 아닌가 생각했다. 이상하게도 그 말이 마음을 찔렀다.

그러던 참에 며칠 후 박태환(朴泰煥, 그는 후에 장토가 된다)이 찾아왔다. 선교사가 와서 교회에서 부흥회를 하는데 가 보자는 권면이었다. 그렇지 않아도 마음에 동요가 있던 김익두는 기꺼이 친구를 따라 나섰다. 그렇게 김익두는 27세 되던 해인 1900년 봄, 친구를 따라 안악군에 있는 금산교회(金山敎會, 안악군 용순면 장산리, 1895년에 창립)에 가게 되었다.

금산교회에서 열리는 부흥회 강사는 선교사 소안론(蘇安論, W. Swallen) 목사였다. 그런데 어쩌면 조선말을 그렇게 잘하는지, 특히 영생에 대한 설교는 김익두를 사로잡았다. 인생에 실패한 김익두, 술망나니가 된 김익두, 그는 지금껏 풀지 못하고 고민하던 인생의 문제를 풀게 되었다. 그는 드디어 소 목사 앞에 무릎을 꿇었다. 지난날의 무섭고 지긋지긋한 모든 죄를 쏟아 놓았다. 부끄러움도 두려움도 없이 모두 자복했다. 엄청난 죄짐이었다. 소 목사는 기쁨과 놀라움 가운데 하나님께 기도를 드렸다. "**하나님이여, 죄인이었던 김익두를 용서해 주시고 앞으로 하나님의 귀한 종이 되게 해주옵소서. 불의 사자로 일하게 하옵소서.**" 소 목사는 영감을 통해서 김익두의 앞날을 예언적으로 믿고 기도했다. 그리고 성경책을 주면서 부지런히 읽으라고 당부했다.

그때 그의 어머니는, "나는 천자대감을 섬기는데 지난 밤 꿈속에 귀신이 소리 지르되 '익두가 방망이로 귀신을 때려 죽이는구나'라고 하더라"며, 아들을 따라 신앙생활을 시작했다. 회개한 김익두는 어느 날 방에 들어가 문을 닫고 3일 동안 기도했다. 그리고 나서 자기 처가에 가서 장모에게 "김익두가 죽은 거 압니까?"라고 말했다. 평소 망나니로 소문난 사위 때문에 속상했던 장모는 코웃음을 치며 "네가 김익두지, 누가 김익두냐?"라고 했다. 그러자 그가 "아니요, 김익두는 죽었습니다!" 하고 대답했다.

3. 친구들을 전도하다

김익두는 그날부터 미친 듯이 기도하기에 전력했다. 시간을 정해 놓고 또는 시간 나는 대로 성경을 읽는데 성경이 재미가 있었다. 또 모르던 진리를 깨닫는 맛이 과거 술 마시던 즐거움과는 비할 바가 아니었다. 그리고 용기를 내서 전도하기로 결심했다. 제1호 전도 대상자는 옛날 술친구인 김선봉(金先奉)이었다. 제일 힘들고 어려운 전도 대상인데 비장한 결심과 기도 끝에 전도했더니 그가 곧 믿기로 작정했다. 그 후 둘이서 교회도 같이 다니면서 교회에 일할 것이 생기면 둘이 모두 해버렸다.

그들은 자신들이 술을 끊고 믿음의 사람이 되자 술 마시는 사람들이 불쌍했다. 그래서 술집 기생인 월선(月仙)과 옥화(玉花)를 전도하기로 했다. 둘이 간절히 기도 후에 술집에 들어가 전도하니 그 믿음과 진심을 알고 술집 기생들이 눈물을 흘리며 예수 믿기로 작정을 했다. 김익두도 기뻤지만 김선봉이 너무도 기뻐서 기생들에게 '이별주'나 나누자고 하였다. 그때 김익두는 무심코 한두 잔을 마시다가 전기에 감전(感電)된 사람처럼 충격을 받더니 새파랗게 질려 기절하고 쓰러졌다. 놀란 김선봉은 김익두를 업고 집으로 왔으나 회생하지 못하고 혼수상태에서 신음만 하고 있었다. 이레가 지나서야 간신히 회생했다. 김익두는 예수 믿기로 작정하고 또 술을 마셨으니 죄의 가책으로 회생 후에도 3일간 통곡하며 금식하고 기도한 후에 정상으로 돌아왔다.

4. 성령의 불을 받다

예수님처럼 40일 금식기도를 하러 산에 올라간 김익두는 마지막 날 "익두야! 익두야!" 하는 주님의 음성을 들었다. 깜짝 놀란 김익두는 사방을 둘러보았으나 아무도 없는 것을 확인하고, 두렵고 떨리는 음성으로 "주여, 제가 여기 있나이다"라고 대답했다. 그러자 달걀 같은 큰 불덩이가 가슴속으로 들어왔다. 그리고 주님의 음성이 들려오기를 **"너는 불의 종이 되어라. 너는 삼천리 금수강산을 신유와 회개로 진동시키고 한반도를 성령의 물결로 휩쓸어라"** 하여 "아멘, 아멘"으로 화답하였다. 그리고 김익두의 영과 육은 불덩이가 되었다.

5. 노방 전도를 시작하다

성령 받은 김익두는 불신자를 바라볼 때 그 영혼이 불쌍하여 도무지 견딜 수 없어서 노방 전도에 나섰다. 과거에 자신이 술을 먹고 망나니 짓을 했던 안악장터에 성경을 들고 나타났다. 장사꾼들은 모두 놀랐다. 미치광이 깡패 김익두가 한동안 보이지 않더니 예수쟁이로 나타나서 찬송을 부르고 전도하는 모습을 의심 가득한 눈으로 바라보았다. 장사꾼 중에 과거 김익두에게 매 맞고 낭패를 당했던 상인들이 "너 오늘 잘 만났다" 하며 그에게 덤벼들며 때리고 욕을 보였다. 그래도 김익두는 진정으로 맞아 주었다. **"여러분, 나는 김익두입니다. 과거 이 장터에서 여러분을 욕보이고 못살게 굴던 깡패 김익두입니다. 그러나 이제는 예수 믿고 여러분 앞에 회개하려고 나왔습니다. 나를 실컷 때려 주시오"**라고 눈물을 흘리며 땅에 엎드려 큰절을 하면서 진심으로 용서를 빌었다. 그러자 김익두의 간절한 참회와 뜨거운 전도에 감동되어 즉석에서 믿기로 작정한 사람이 여러 명 생졌다. 김익두는 처음에 매를 약간 맞았어도 전도 결실에 감명하여 기쁨으로 춤을 추며 할렐루야 찬송을 불렀다.

6. 교회 사역을 시작하다

김익두가 회개하고 노방 전도한다는 소문이 알려지자 재령교회(載寧敎會) 담임 전도사로 청빙을 받았다. 당시 재령교회는 남자 1명, 여자 10명이 모였는데 부임 즉시 여름성경학교를 열었다. 그런데 어린 아이들이 회개하기 시작했다. 그러자 어른들에게도 회개의 영이 임했다. 이렇게 재령교회에서 목회를 성공하자 이웃 신천교회(信川敎會)에서도 청빙을 받았다. 그런데 신천교회에 가 보니 신자는 한 사람도 없었다. 날마다 철야기도하며 애쓰는 중 6개월 만에 예수 믿겠다고 찾아온 사람은 초라한 옷을 입은 여자요 절름발이 불구였다. 그러나 김익두 전도사가 사랑으로 잘 돌보자 이 소문이 알려져서 3년 만에 교회는 300명으로 성장하였다.

7. 평양신학교 입학과 목사 안수

평양신학교는 1901년에 세워졌으며 당시 교장은 마펫(S. A. Moffett, 馬布三悅) 선교사였다. 김익두 전도사는 1907년에 입학하여 1910년 37세의 나이로 제3회 평양신학교를 졸업하였다. 그리고 1910년 9월 20일 평복 선천군 염수동교회에 모인 제4회 독노회(獨老會)에서 목사 안수를 받았다.

8. 병 고치는 부흥사 김익두

목사 안수를 받고 목회를 하던 김익두는 어느 날 심방을 다녀오다가 마을 공동 우물 처마 밑에 앉아 있는 앉은뱅이를 보고 **"예수의 이름으로 일어나라!"**고 외쳤지만 일어나지 못했다. 이 사건의 충격으로 김익두 목사는 자신의 기도가 부족하다고 믿고 더욱 기도와 신앙생활에 힘써 하나님으로부터 마침내 병 고침의 신유 은사를 받았다. 그래서 김익두 목사의 부흥운동의 기본적인 성격은 신유 부흥회였다. 1920년대의 혼란하고도 어려운 사회 현실 속에서 고통받고 억압받던 가난한 사람들과 병자와 같은 서민층을 중심으로 한 대규모 형태의 집회라고 특징지어 말할 수 있겠다.

김익두 목사의 신유 은사가 강하게 나타나기 시작한 때는 1919년 12월의 현풍교회(玄風敎會) 부흥회에서였다. 1919년 12월에 김 목사는 경상북도 달성군 현풍교회에 사경회를 인도하기 위해 갔다. 수백 명의 교인들이 참석한 가운데 병자 한 사람이 끼어 있었다. 그의 이름은 박수진(朴守眞)이었다. 아래턱이 빠져서 10년 동안 입을 다물지 못하고, 음식을 씹지 못해 물과 함께 음식을 부어 넘기고, 침이 흘러 턱받이를 하고 다니는 사람이었다. 또 막대기를 짚고 다녀 사람들이 그를 막대거지라고 불렀다. 박수진은 10년 동안 온갖 방법으로 치료를 받았으나 고치지 못하고 예수나 믿겠다는 생각으로 부흥회에 참석한 것이다. 김익두 목사는 그 불쌍한 사람을 보고 너무나 가련하여 기도하기 시작했다. 김 목사는 아침부터 저녁까지 금식기도 하였다. 이것이 3일째 되는 날이었다. 그 병자의 아랫턱이 완전히 붙었다. 그는 하나님의 특별한 은혜를 감사하기 위하여 이름을 박수은(朴受恩)이라고 고쳤다.

신유 은사를 통한 강한 치유의 기적을 중심으로 한 김익두 목사의 부흥회 소식은 계속되었으며, 그것에 발맞추어 김익두 목사의 신유의 기적도 계속 일어났다. 1920년 9월에 경상남도 부산진 교회에서 부흥회를 인도하고 있었다. 김낙언의 아들 김두수(金斗秀)가 출생한 지 8개월 만에 앉은뱅이가 되어 8년을 지내 오다가 김익두 목사가 부흥회를 인도한다는 소문을 듣고 아버지와 함께 집회에 참석했다. 그는 강대상 바로 밑까지 기어나가 앉았다. 이를 본 김 목사는 불쌍한 마음이 생겨 안수기도 하고 손을 잡아 일으켰다. 그러자 즉시 걷게 되어 온 교회가 기뻐하고 하나님께 영광을 돌렸다. 이와 같은 기적은 수없이 많이 일어났다. 4년 된 다리 병이 완쾌되는가 하면, 18년 된 혈루증이 깨끗이 나았고, 소경이 눈뜨고 곱사등이 펴지는 등 이런 이적의 소문이 널리 퍼져, 그가 집회를 열기만 하면 각처에서 수백 명씩 병자들이 몰려들었다. 김익두 목사가 살고 있는 신천에도 수많은 병자가 몰려들었다. **"김 목사 보셨소?"**가 아침저녁 그들의 인사가 될 정도였다.

전국에서 그의 부흥집회를 요청하는 데가 너무 많아서 할 수 없이 전국을 남(전남북, 경남북), 중(충청, 강원, 경기) 북(황해, 평안, 함경) 셋으로 나눠놓고 한 지방에서 가면 그 인접 교회들이 집회를 우선적으로 하도록 했다. 이처럼 김익두 목사는 그의 부흥집회를 통하여 불 같은 성령의 임재, 기적의 신유를 가져오는 부흥회를 주도했던 것이다.

9. 김익두 목사의 설교

김익두 목사는 설교하다가 내려가서 가위를 들고 교인들의 상투를 잘라 준 것으로 유명하다. **"여보시오, 상투는 시간 잡아먹는 불가사리 같은 거요. 이걸 하나 틀어 올리기 위해서 얼마나 시간이 걸립니까? 자 상투를 귀양 보내고 개화된 생활을 시작합시다."** 그리고는 가위를 들고 상투를 잘라 주었다. 어떤 사람은 상투를 자를 때 눈물을 흘리기도 했다. 그러면 그는 **"이 감격으로 하나님께 크게 봉사하시오"**라고 권면했다. 김익두 목사는 설교 중 교인의 의무에 대해서 강력하게 설교한 것으로도 유명하다. 아무런 의미 없이 교회의 마당만 밟고 다니는 사람을 가리켜 **"왔다 갔다 덤벙"**이라는 유머를 쓰며 가르쳤다. 또 1전짜리 연보를 연보함에 넣으면 집회 도중에 내려가서 그 큰 두 손으로 돈을 움켜 교인들 얼굴에 뿌리며 **"이 따위를 하나님 앞에 바쳐!"** 하고 노려봤다.

김익두 목사 설교의 핵심은 언제나 예수 그리스도의 고난과 십자가 그리고 부활이었다. 그 설교를 할 때마다 청중들은 눈물의 회개와 감격 속으로 빠져들었다. 순교한 주기철 목사도 김익두 목사의 열매이다. 1921년 1월 1일부터 김익두 목사는 마산 문창교회에서 일주일간 부흥회를 인도했다. 그때 청년 주기철 집사는 김익두 목사의 설교를 듣고 **"나는 목사가 되어 강단에서 한국 교회를 지도해야 한다. 이것이 나의 사명이다"**라고 결심하고 신학 공부를 시작하였다.

10. 김익두 목사에 대한 오해와 진실

1) 신사참배에 대하여

1938년 9월 9일, 조선예수교장로회 제27회 총회가 평양에서 열렸다. 총회 장소는 물론 평양 시내에는 형사들이 곳곳에 배치되었으며 결의에 반대할 것으로 예상되는 주기철, 주남선, 한상동, 이기선, 채정민 목사들은 예비 검속으로 아예 감옥에 넣어둔 상태였다. 8시 정각에 목사 대표 86명, 장로 대표 85명, 선교사 대표 22명 등 193명이 총회의 지정된 자리에 앉았다. 미리 짜여진 각본대로 신사참배 결의를 강행할 홍택기, 김길창 등 목사들이 회장, 부회장에 선출되었으며 경찰의 감시 감독하에 총회는 신사참배가 죄가 되지 않는다고 결의하였다.

이런 즈음에 김익두 목사는 서울 승동교회를 8년째 시무하고 있었다. 종로경찰서에서는 형사들을 보내어 신사참배를 강요했으나 끝까지 거절하자 김익두 목사는 강제 연행되어 극심한 고문을 당하고 빈사상태가 되었다. 그러자 데려가라고 가족에게 연락했다. 그러나 석방시키는 조건은 **'승동교회에서 설교를 못하며 목사직은 파면이고**

서울을 떠나라는 것'이었다.

1938년 12월 28일 김익두 목사는 황해도 은율군 장연면 직전리라는 산골 벽촌으로 정배를 떠났다. 이곳에서 몸이 회복됨을 기다려 새해 봄부터는 사과나무 600주를 심고 농사를 지었다. 그러다가 1941년 신의주 제일교회에 부흥회를 인도하러 갔다. 집회를 마치고 나오는 김익두 목사를 일본 경찰은 신의주 신사당으로 끌고 가서 억지로 김 목사의 목을 눌러서 머리를 숙이게 하였지만 그는 머리를 하늘로 뻗치며 거부했다. 일본 형사들과 김 목사 간에 실랑이가 벌어졌지만 신사참배를 억지로 시키려는 일본 경찰의 시도는 실패하고 말았다. 그러나 본서(本署)에 돌아온 일본 경찰은 서장에게 '김익두 목사가 신사에 참배했다'고 거짓 보고를 했다. 그리고 경찰서장은 친일파 목사들을 불러서 '김익두 목사가 신사참배를 했다'고 유언비어를 만들어 퍼뜨렸다.

해방 후 평양신학교 강당에서 일제 때 강제에 의해 신사참배를 했지만 이를 참회하고 새 출발하자는 취지의 부흥회가 열렸는데 그 개회 설교를 김익두 목사가 맡았다. 김 목사는 설교 서론에 "여러 목사님들 그리고 성도님들! 내가 신의주 제일교회 집회하러 갔을 때 왜경에게 끌려가서 신사참배를 했다는 것은 오해입니다. 끌려간 것은 사실이나 나는 끝까지 하늘로 향하고 하나님께 기도했습니다"라고 해명했다. 그러자 출옥 성도 채정민 목사가 강단으로 올라가 지팡이를 휘두르며 "듣기 싫다. 당장 내려가라"고 호통을 쳤다. 그러나 동석자들이 모두 만류하여 김 목사는 설교를 계속했고 김 목사의 설교에 모두 감동되어 통회자복하고 큰 은혜를 받았다.

2) 기독교도연맹 총회장 문제에 대하여

조국은 해방이 되었으나 북한은 김일성을 중심으로 북한 정권이 수립되었다. 해방 후 김익두 목사는 직전리교회(稷田里敎會), 해창교회(海昌敎會)를 거쳐 신천 서부교회에 정착하여 목회에 전념하고 있었다. 북한은 김일성의 외조부인 강양욱(姜良煜)을 내세워 기독교도연맹을 만들어 기독교 이름으로 기독교를 박해하는 데 사용했다.

어느 날 강양욱이 김익두 목사가 시무하는 신천교회를 찾아와서는 교인들 앞에서 **"김익두 목사님은 우리 중앙 정부에서 가장 존경하는 어르신입니다. 그래서 이번에 총회장으로 추대되었습니다"** 라고 자랑스럽게 광고했다. 교인들도 어리둥절하였고 김익두 목사는 **"총회장이라니 무슨 소리요?"** 하고 따져 물었다. 그러자 강양욱은 **"이것은 명예직입니다. 그저 가만히 계시기만 하면 됩니다"** 라고 말하고는 뺑소니치듯 달아났다. 그 후 강양욱은 평양에 가서 김익두 목사가 총회장 취임을 허락했다고 하고는 김익두 목사의 이름을 팔아서 목사들과 교인들에게 기독교도연맹 가입을 강요했다. 가맹을 거부하면 목회를 못하도록 추방하거나 불법 검거를 하기도 했다. 그러기에 이런 실정을 모르는 사람들은 김익두 목사를 오해하거나 비난하고 심지어 욕까지 했다.

3) 김익두 목사의 가짜 연설문에 대하여

5월 1일 '노동절'은 북한에서 가장 성대하게 지키는 날이다. 1949년 강양욱은 김익두를 찾아와서 이번 노동절에 김일성 장군이 특별히 초대하니 참석해 달라는 간곡한 부탁을 하고 갔다. 입장이 난처했으나 7일간 금식기도 끝에 비장한 결심을 하고 평양에 갔다. 그곳엔 김일성, 김두봉, 강양욱, 최용건 등이 앉아 있었고 김일성의 선전장이 되어 있었다.

드디어 김익두 목사 차례가 되었다. 김 목사는 야고보서 5장 1-6절을 읽고 "이 성경 말씀은 노동자들의 노임을 주지 않고 부자들이 떼어먹은 그 노임이 소리지른다는 뜻으로 하나님께서 부자들에게 하신 경고의 말씀입니다"라고 하더니 **"내가 할 말은 이미 여러분이 다 말했으니 만세나 부릅시다"** 하자 단상하에 있는 모든 사람들이 일어섰다. 당연히 "김일성 장군 만세"를 할 줄 알았는데 갑자기 **"노동절 만세"**를 고함쳤다.

노동절 행사가 끝난 후 평양방송에서는 며칠 동안 김익두 목사의 연설이 방송되었다. 그런데 그 내용은 전혀 달랐다. 성경 봉독과 설교 내용은 김 목사 육성 그대로였으나 만세 부분에서는 "노동절 만세"가 아니라 "위대한 김일성 장군 만세"가 우렁차게 흘러나왔고 뒤이어 인민공화국의 정치를 찬양하며 남조선의 이승만 도당을 비난하는 내용으로 가득 차 있었다. 북한이 김익두 목사의 음성을 닮은 사람을 시켜서 김 목사의 연설인 것처럼 꾸며서 며칠을 방송한 것이다.

11. 김익두 목사의 순교

6·25전쟁이 일어나고 국군이 계속 패전하고 있다는 소식이 들려왔다. 평양방송은 북한군의 승리 소식을 전하느라 정신이 없었다. 이때 김익두 목사는 성전에 올라가서 조국을 위해서 기도했다. 인천상륙작전에 성공한 국군과 유엔군은 9월 28일 서울을 수복하고 지금이라도 신천 지방까지 올라올 기세였다. 1950년 10월 14일, 성전에서 기도하던 김 목사는 기쁨과 즐거움으로 일어나서 30분 동안 교회의 종을 쳤다. 참으로 오랜만에 드리는 새벽기도였다. 사방에서 50여 명의 성도들이 모여 기쁨과 감사의 눈물을 흘리며 예배를 드렸다. 예배 후에 김 목사는 **"여러분! 국군과 유엔군이 우리 신천에 도착하면 우리 교회에서 환영 예배를 드립시다"** 하고는 대한민국 만세 삼창을 하였다.

예배 후 모두 집으로 돌아가고 김익두 목사와 몇몇 교우들이 모여서 기도를 하고 있는데 예배의 모습을 지켜본 후퇴하던 인민군 몇 명이 예배당 안으로 들어왔다. 그리고 김익두 목사의 가슴에 총을 쏘려 하자 김익두 목사를 막아섰던 5명(이천실 전도사, 임성근 장로, 김재호 온정리 교회 전도사 외 2명)에게 총을 쏘았다. 그들은 강대상 앞에서 피를 뿌리며 순교했다. 그리고 김익두 목사는 강단에서 끌어내려 찬양대 준비실에서 총살시켰다.

김익두 목사에게는 총을 두 방 쏘았는데 한 방은 왼쪽 가슴을 관통했고 또 한 방은 중심을 뚫고 나갔다. 이때 쓰러진 김익두 목사의 온몸은 피투성이가 되었다. 순교한 날이 토요일이라 15일 주일을 보내고 16일에 입관하여 교회 정원에 임시 매장을 했다. 서울에 내려간 3남 1녀인 자녀들이 통일이 되면 다시 장례하기를 바라면서.

정식 장례식은 치안이 유지된 때인 11월 29일 신천의 50여 교회가 모여 신천읍 서부교회에서 신천군 제직회 장례로 거행하였다. 이것이 한국이 낳은 세계적 부흥사요 권능의 종이었던 김익두 목사의 최후였다.

12. 맺는말

부잣집의 외동아들로 태어나 부모의 극진한 사랑을 받고 어려서부터 학문에 눈을 뜬 신동(神童) 김익두, 과거(科擧)에 실패하고 친구의 배신으로 방탕의 길을 걸은 망나니 김익두, 하나님의 기적 같은 손길을 붙잡고 회개하여 전도, 부흥회 그리고 신유 은사로 수많은 사람을 회개시키고 고친 부흥사 김익두, 교회와 강단을 지키다 공산군의 총에 맞아 순교한 김익두. 김익두 목사에 관한 서술은 한이 없을 것 같다. 분명한 것은 김익두 목사는 일제의 침탈과 허기 속에 살아가는 백성들에게 영혼의 소망과 자유를 주었으며 조국의 십자가를 지고 가는 한국 교회에는 부흥과 기도의 선물을 주고 간 하나님의 사람이었다.

맹인 전도자
백사겸

"순교자의 피는 교회의 씨앗이다"라고 말한 터툴리안의 말처럼, 오늘날 한국 교회의 부흥은 하나님 나라의 복음을 위해서 푯대를 향해서 달려온 선교사들의 헌신과 순교, 가르침 그리고 성령의 도우심으로 충성했던 선배들의 피 흘림의 작품일 것이다. 그분들의 피 흘림의 혜택을 누리고 살아가는 우리는 선교사의 신앙 열전과 하나님의 은혜로 회심한 후에 피를 쏟아 그리스도를 전한 우리 선배들의 이야기에 귀를 기울여야 할 것이다.

한국 감리교의 초대 감리사를 지낸 양주삼은 백사겸(白士兼, 1860-1940)의 신앙을 가리켜 "조선인의 진실한 것을 대표하며 다른 사람의 모범이라 하겠고 또 신앙의 권능 있는 것을 세상 사람들에게 증거한다"라고 고백했다. 백사겸은 한국 기독교 역사에서 특별한 전도자였다.

1. 유년 시절과 복술가로서의 생활

백사겸은 정부의 실정(失政)과 민란(民亂)의 발발로 사회적으로 불안하던 시대인 1860년 7월 30일 평안남도 평원군 순안면 성도동에서 태어났다. 위로 형이 하나 있었으며 가정은 평범하면서도 아쉬울 것이 없는 형편이었다. 그러나 백사겸이 두 살 때 그의 아버지가 별세하자 경제적인 곤란을 겪게 되었으며, 아홉 살 되던 해에는 눈병에 걸려서 앞을 못 보는 맹인이 되고 말았다. 열 살 때는 가정을 이끌어가시던 어머니마저 두 아들을 남겨둔 채 세상을 떠나고 말았다. 이때부터 거지 생활이 시작되어 형은 맹인이 된 동생의 손을 잡고 집집마다 구걸하며 살았다.

그의 나이 열한 살이 되었을 때 형이 남의 집 종살이를 하러 들어가자 먹고사는 것이 막막해졌다. 이때 선택한 직업이 복술업(卜術業), 즉 점쟁이었다. 그 당시 맹인들의 80%가 복술업을 할 정도로 복술업은 맹인에게는 최상의 직업이었다. 그 당시의 점술 공부는 직접 빌어먹는 생업이라 복술을 가르치는 선생에게 주는 수업료가 생각보다 많아서 형의 상황에서는 동생의 학비를 부담하는 것이 만만치 않았다. 이때 복술 선생이 형제의 딱한 사정을 듣고 학비를 반으로 감해 주었는데 이때부터 점치는 법과 경(經) 읽는 법을 배워 4년을 정성껏 공부한 후 마침내 스승을 뛰어넘는 복술가가 되었다.

15세 되던 첫 여름 선생에게서 물려받은 산통(産筒: 장님이 점을 칠 때 쓰는 산가지를 넣는 통)과 대나무 지팡이 하나를 들고 고향을 떠나 평양으로 갔다. 그리고 평양에서 어느 정도 자신감을 얻은 그는 서울로 왔다가 다시 이천과 원주를 거쳐 서울 근교 고양읍에 자리를 잡았다. 눈치가 빠르고 상황 판단이 정확했던 백사겸은 오래지 않아 명복(名卜: 유명한 복술가)으로 소문이 나고 그를 찾는 단골도 늘어났다. 어디를 가든지 그가 점 자리만 펴놓으면 '백 장님이 왔다' 하면서 점치러 오는 사람이 들끓었으며, '고양읍 백 장님' 하면 '명복(名卜)이다' 할 정도로 유명세를 탔고, 양반 집에서 가마를 보내 초청할 정도였다. 거기서 20년 가까이 점을 치다 보니 그 사이 결혼해 아이도 낳았고, 돈도 많이 벌어 사대부 집 부럽지 않게 호강하며 살 수 있었다.

백사겸의 23년간의 복술 생활에서 대표적인 이야기는 사람이 죽어도 울지 못하도록 했다는 것이다. 그는 점을 치다가도 사람이 죽을 듯하면 무슨 계교를 꾸며서라도 환자가 죽은 후어 절대 울지 못하게 했다. 이것은 그가 울음소리를 싫어하는 것도 한 이유이지만 자기의 명예가 떨어질까 봐 이 같은 계책을 꾸몄던 것이다.

2. 직업에 대한 갈등과 양심의 가책

백사겸은 복술업으로 많은 돈을 벌수록 양심의 아픔을 느꼈다. 하나는 남을 속여서 돈을 버는 데 대한 양심의 아픔이요, 또 하나는 사회적인 불안으로 도탄에 빠진 백성에 대한 연민의 감정이었다. 혹세무민하는 탐관오리들의 횡포에 항거하는 민란이 여기저기서 일어나고, 힘없는 백성들은 이리 터지고 저리 쫓기는 난세(亂世)였다. 그런 상황에서 자기 운명에 불안을 느껴 찾아온 사람들을 속여 돈을 뜯어내야 하는 자신의 처지가 괴로웠다.

백사겸은 이 같은 양심의 가책을 해결하기 위해서 두 가지를 했는데, 먼저는 자기 집에 고아원을 설치하여 아이들을 돌보았으며 불쌍한 사람이나 거지들을 정성을 다해 보살폈다. 또 하나는 기술로만 배운 복술에서 참된 이치, 즉 도(道)를 찾기 위해 공부를 시작한 것이다. 그러나 이러한 노력이 그의 번민과 가책을 해결해 주지는 못했다. 그리하여 그는 자살을 결심하고 자살할 기회를 엿보다가 마음을 바꾸어 먹고 '죽는 셈치고 이 생명 다 바쳐 소란한 이때를 위하여 축원이나 지성껏 해 보겠다'고 결심하고 매일 새벽 냉수로 세수하고 의관을 정제한 후 제단 앞에 꿇어 앉아 축원기도를 드리기 시작했다.

3. 백일기도 끝에 받은 '빨간 책'

"오, 천지신령님이여! 하늘의 일월성신님이여! 이 더러운 인간의 축원을 하감하사 소란한 이때를 평정시켜 주시고 시화년풍하게 하소서."

이 같은 기도는 18년을 하루도 거르지 않고 계속되었다. 그러나 아무런 응답이 없자 자신의 성의가 부족해서 그런 것으로 자책하고 백일 기도를 시작했다. 저녁 하늘에 별이 보일 때부터 시작하여 그 별이 없어질 때까지 태을보신경(太乙補神經)을 심혈을 기울여 정성껏 읽었다.

백일기도를 마치는 날인 1897년 1월 12일(음력) 아침 기도를 드리고 아침 식사를 마쳤을 때, 남감리교 매서인(賣書人: 복음을 전하면서 책을 파는 사람) 김제옥이라는 사람이 찾아왔다. 그때 남감리교회는 1896년 12월 김흥순, 김제옥 등을 고양에 파견하여 본격적인 선교를 시작하였는데 김제옥이 전도지를 가지고 백사겸의 집을 방문한 것이다. 백사겸의 집을 방문한 김제옥은 전도지를 전해 주고 돌아갔다.

"이것은 예수 믿는 도리를 말한 전도지인데 한번 읽어 보십시오."

백사겸은 물을 것도 없이 예수교를 반대했지단 김제옥의 체면을 보아 그 전도지를 받기는 했는데 '독한 벌레'가 손에 닿은 듯 섬뜩하였다. 그에게 섬뜩한 느낌을 준 '독한 벌레' 같은 전도지는 〈인가귀도〉(人家歸道)라는 80매짜리 전도용 책자였다. 이 전도지는 남을 속이고 우상을 숭배하던 가장이 방탕하여 패가망신하다가 예수를 믿고 새 사람 되어 집안을 다시 일으켜 세운다는 내용이었다. 그는 이 책을 부인에게 주었고 부인은 궤 속에 감추어 두었다.

이 일이 있은 후 얼마 지나지 않아 백사겸은 이상한 꿈을 꾸었다.

잠자리에 들었는데 자신의 몸이 빠르게 하늘로 올라가더니 하늘나라라는 곳에 당도하였다. 그곳에서도 앞을 보지 못하여 주저하고 있을 때 좌우편에서 두 사람이 다가왔다. 그때 우편에 있는 사람이 자기에게 은산통(銀産筒)을 손에 쥐어 주며 **"나는 예수이다. 내가 주는 산통은 의(義)의 산통(産筒)이니 받아 가지라"** 하고는 어디론가 사라졌다. 좌편에 있는 사람도 다가와 아무 말 없이 산통 한 개를 쥐어 주고 사라졌는데 아무것도 들어 있지 않은 빈 산통이었다. 그는 양손에 산통을 쥔 채 꿈을 깼다. 남의 꿈을 해몽해 주던 그는 범상치 않은 자신의 꿈을 해석할 수가 없었다.

4. 점술 기구를 불사르고 하나님의 품으로

꿈을 꾸고 나서 백사겸은 점술에 싫증을 느끼고 경(經)을 읽어 달라고 쫓아오는 사람들을 무슨 핑계를 꾸며서라도 돌려보내기 시작하였다. 날이 갈수록 싫증은 더해 갔으며 분명한 양심에 대한 가책과 깨달음이 무거운 철주와 같이 내리누르고 있었다.

"내가 이 죗값을 어찌한단 말인가? 사람에게 매우 중요한 길흉화복을 거짓말로 판단하여 재물을 빼앗았으니 후일에 반드시 죗값에 대한 벌을 받겠구나. 불가에서도 지옥과 극락을 말하였으니 참말로 지옥이 있다면 이 일을 어찌하나? 자고로 복술가의 자식이 잘되는 것을 보지 못하였는데 내 죗값으로 무죄한 내 자식까지도 고생을 하겠으니 이 일을 어찌해야 한단 말인가."

그는 찾아오는 사람들에게 병이 걸렸다고 핑계하고 울고만 있었다. 자기 식구들이 보고 있는데 까닭 없이 울고 있기가 거북해서 가끔 변소에 가서 실컷 울고 나오기도 하였다. 나중에 변소를 자주 드나드는 것을 수상히 여긴 그의 부인이 "당신은 무슨 연유로 손님도 거절하고 경문(經文)도 외우지 않고 변소만 출입하느냐?"라고 묻자 요새 후중(後重, 대변 볼 때 뒤가 부지끈한 느낌)이 있어서 그렇다고 핑계를 하고 여전히 변소에 출입하면서 울었다.

이상한 꿈을 꾸고 나서 열흘이 지나 그의 장인이 찾아왔다. 아내가 친정아버지에게 남편의 이상한 행동과 붉은 표지의 이상한 책에 대해서 이야기해 주었다. 장인은 그 붉은 책인〈인가귀도〉를 꺼내 오게 하고 자기 딸에게 읽게 했다. 건넌방에서 부인이 책 읽는 소리를 듣고 있던 백사겸은 어느새 책 속의 주인공이 되어버렸다. 그의 눈에서 눈물이 흘러내렸다. 전도지를 읽던 부인도 감동이 되어 어찌할 줄을 몰랐다. 그는 부인에게 "옳소, 알았소. **꿈에 얻은 은산통이라는 것이 이 책이 분명하구려. 여보! 지금부터 점치고 경 읽는 일을 단연코 그만두겠소**"라고 했다. 이 말을 들은 부인이 "그도 좋은 일이지만 우리가 무슨 다른 좋은 영업이 있어야지. 이 수다한 식솔이 어떻게 살아가나요?" 하자 백사겸은 "그것도 염려 마오. 할 수 없으면 남의 집 문전에 다니며 걸식이라도 합시다 그려. 남을 속여먹고 죄 짓는 것보다 낫지 않소."

이런 결심을 한 후 지금까지 점술할 때 쓰던 북과 기구들은 모두 불살라버렸고 점칠 때 쥐고 흔들던 산통과 고등점을 칠 때 사람 앞에 내어놓는 거북은 선교사에게 선물로 주었다. 그 후로부터 그의 집은 '점쟁이 백 장님의 집'이 아니라 '예수쟁이 백 장님의 집'이 되었다.

백사겸에게 전도지를 준 김제옥이 지방 순회를 마치고 그의 집에 들렀을 때에는 이미 옛날의 백사겸이 아니었다. 김제옥은 백사겸이 모든 것을 정리하고 예수 믿기로 작정한 것을 보고 그의 가정 형편을 고려하여, 계속 점을 치다가 정월이 지나고 나서 교회에 나가는 것이 어떻겠냐고 제안을 했다. 이 말은 정월에는 문복(問卜)하러 오는 손님들이 많으니까 생업에 방해가 될까 염려해서 하는 말이었다. 그러자 백사겸은 "아, 이 사람아, 그런 말이 어디 있나? 등불을 켜서 들고 있다가 사람이 올 때쯤 해서 꺼버리는 격이 아니고 무엇인가? 좀 있다가 예수를 믿으라는 말이 어디 가당한 말인가? 두 말 말고 오는 주일에 같이 예배당에 가세" 하고 대답했다. 주일 전날인 토요일이 되자 그는 김제옥을 청하여 부르더니 "내가 내일이면 예배당에 갈 것이 아닌가? 그대가 먼저 예배당 선생님에게 가서 처음 믿는 사람도 기도할 수 있느냐고 물어 보아서 만일 할 수 있다고 하면 내가 기도를 하도록 주선을 좀 해주게" 했다. 처음 교회에 나가는 사람이 공중 기도까지 하겠다고 김제옥에게 부탁한 것이다.

드디어 주일이 되고 그의 기도 차례가 되었다.

"하나님 아버지여, 나는 죄인이로소이다. 이 죄를 사유해 주시사 장래의 형벌에서 면케 해주시고 영생 복락을 누리게 하소서."

여기까지 기도를 한 후에 그는 말을 잇지 못하고 목놓아 울기만 하였다. 얼마 전 변소에 숨어 울던 회개의 눈물이 교회에서 다시 터져 방성대곡을 하였다. 이러는 바람에 예배 순서는 잊어버리고 서로 울면서 회개하기를 해가 지도록 하였다. 그의 생각에는 예배라는 것은 이렇게 해가 지도록 보는 것인 줄 알았는데, 그 후에야 자기 때문에 교우들이 돌아가지 못하고 하루 종일 기도했던 것을 알게 되었다.

5. 세례를 받고

1897년 5월 2일은 남감리교회의 첫 교회인 고양읍교회가 설립된 역사적인 날이다. 그날 리드(C. F. Reid, 이덕) 선교사의 집례로 어른 24명과 유아 3명이 세례를 받았는데 이들이 남감리교회 한국 선교의 첫 열매들이다. 이들 가운데 백사겸과 그의 아내 그리고 두 아들 백남석(白南奭, 후에 연희전문학교 영문과 교수가 됨)과 백남혁(白南赫)이 있었다.

6. 조선의 삭개오

예수님께로 돌아온 백사겸은 자신이 사람을 속이고 취한 재물에 대하여 아픔을 느끼고 모든 재산을 처분하고 걸식으로 살기로 결심을 한다. 모든 재산을 처분하니 돈 3천 냥이 되었다. 그리고 그는 자신에게 빚진 사람들의 빚을 다 면제해 주었다. 그렇게 작정한 후로는 자신의 재물에 손을 대는 것이 곧 범죄하는 것으로 여겨져 일절 먹고 쓰지 않기로 맹세를 하였다. 그렇게 불의한 재물을 처리할 방법을 강구하고 있던 1897년 4월 10일경에 도둑이 들었다. 도둑이 들자 그는 천연스럽게 엎드려 기도를 했다. 그의 생각으로는 그 도적들이 도적으로 여겨지지 않고 얼마 전부터 불의하게 모은 재물을 처리해 달라고 기도한 것에 대한 응답으로 여겨졌던 것이다. 그때 부인은 임신 중이었는데 남편과 같이 강도의 영혼을 위해서 기도했다. 그때 그의 부인은 강도에게 "여러분, 안심하고 가져가시오. 가져가되 하나도 남겨놓지 말고 다 가져가시오. 이 재물은 남을 속이고 모은 재산이라 죄가 되기 때문에 그렇지 않아도 없애려고 작정하였더니 당신들이 와서 가져가주는 것이 얼마나 다행인지 모르겠소"라고 말했다.

강도가 지나가고 집안 살림을 조사해 보니 예배당에 입고 다니는 옷 한 벌과 현금 16원 그리고 곡식 몇 말을 남겨놓고 흔적도 없이 사라졌다. 그가 모아두었던 3천 냥이 하루아침에 아침이슬처럼 사라진 것이다. 강도를 당한 백사겸은 주님 앞에 감사기도를 이렇게 드렸다.

"하나님, 우리 아버지시여! 이 재물을 없이 해주신 것으로써 내가 사람을 속이고 재물을 빼앗은 죄를 사유해 주신 줄 믿고 감사합니다."

7. 고향을 떠나 정식 남감리교 전도자로

고향을 떠나 걸식하기로 결심한 백사겸은 먼저 아내에게 이혼을 요구한다.

"나는 소경이니 할 수 없이 걸식하지만 당신은 그만하면 다른 사람의 사랑을 받으며 살 수 있으니, 부디 나는 걱정 말고 얌전한 남편 만나서 복을 누리시오. 나는 당신의 가정을 위해서 중심으로 복을 빌겠소."

그러나 아내는 그에게 달려들어 무릎 앞에 엎드려 울며 "당신이 복술업을 그만둘 때 소매 동냥이라도 해서 눈먼 남편 봉양해야겠다고 각오했소. 두말 말고 어디든지 같이 갑시다"라고 했다.

아내의 확고한 의지에 이혼하려던 마음을 돌린 백사겸은 그의 나이 38세 되던 1897년 9월 7일 가족들을 앞세우고 고향을 떠난다. 그리고 40리를 걸어 도착한 곳이 행주(幸州) 땅이다. 걸식하며 살려던 백사겸은 '회개한 명복(名卜) 백 장님'의 소문이 여기까지 퍼져 교회마다 간증 요청이 줄을 이었으며 교인들이 가져다주는 쌀과 의복, 가재도구로 살아갈 수 있었다.

그는 1899년부터 남감리교회 리드 선교사로부터 정식 전도인(유급 전도인)으로 임명을 받고 전도하기 시작했다. 그는 장단과 파주를 거쳐 개성, 평양, 철원, 김화, 평강, 서울 등지에서 전도하였고 말년에는 개성에 정착했다. 그의 전도를 받고 개종한 사람들의 수는 헤아릴 수 없을 정도이고, 개성남부교회를 비롯해 장단읍교회, 감바위교회는 그가 직접 개척하여 설립한 교회들이다.

8. 평생 중단하지 않은 것 두 가지

그가 예수를 믿은 후에 평생 중단하지 않은 것은 십일조와 가정예배이다. 가정예배는 40년 동안 쉼 없이 계속되었다. 그가 40년 동안 드리던 가정예배를 중단한 일이 있었는데, 등창이 심하여 병원에 입원하고 의식을 잃어 혼수상태로 있었던 이틀이었다. 순회 전도를 다니면서 여관에 유숙할 때도 주위 사람들을 의식하지 않고 혼자 기도회를 갖곤 했다.

9. 걸어 다니는 복음서

그는 믿음 생활을 시작한 직후부터 어린 아들 백남석(白南奭)이 성경을 읽어 주면 그것을 듣고 외워버려 '걸어 다니는 복음서'가 되었다. 그는 사복음서를 외울 뿐 아니라 어느 장, 절을 지적하면 그것을 외울 수 있을 정도였다. 노래 실력도 대단하여 100절이 넘는 찬송가를 여러 곡 만들어 과거 점을 치면서 태을보신경(太乙補神經)을 외우던

가락으로 불러 제치면 청중들의 감동을 자아냈다. 그의 대표작은 '회심행도가(回心行道歌)인데 이는 바로 그의 신앙고백이었다. 그의 회심행도가 제44장 '영혼의 불쌍한 사정' 4절이다.

매일 서산에 지는 해와 / 매일 동녘에 뜨는 달은 / 일주야로 왕래를 하고
무기징역에 맨 죄인과 / 무한년 정배 간 죄인도 / 풀려 올 때가 있겠지만
지옥에 가는 영혼들은/ 영원히 풀려날 수 없네.

백인숙 전도사

"내 몸에는 절대로 좋은 옷을 걸치지 않기로 결심했습니다. 나는 예수님을 위해 깨끗한 몸으로 평생을 바치기로 약속했습니다." 주선애 장신대 명예교수가 평양신학교를 다닐 때 산정현교회를 시무하고 있던 백인숙 전도사가 평양신학교에 와서 강의 중에 종종 하던 고백이었다. 그는 그의 신앙고백처럼 주님 한 분만으로 만족하며 살다가 순교의 꽃으로 주님께 바쳐진 백합화 같은 여인이었다.

1. 출생과 가정생활

백인숙(白仁淑, 1909-?) 전도사는 1909년 평북 신의주 서마전동(西麻田洞)에서 아버지 백사정(白思正)과 어머니 이선홍(李善弘) 씨의 3남 3녀 중 차녀로 출생하였다. 아버지는 구한말 참봉(參奉, 종9품에 해당)의 벼

슬을 하였으며 서마전동에서 농지 60만 평을 일구는 지주로 소작인을 두고 부유하게 살았다. 백사정은 철저한 유교 신자로서 삼강오륜이 가정의 윤리요 도덕이며 가풍이었다. 이런 유교적 가문에 백 전도사의 언니인 백재숙 씨는 무교(巫教), 오빠 백재성의 부인은 천도교(天道教) 신자였다. 백씨 가문에서 여자들은 숨조차 제대로 쉬지 못하였는데 유독 둘째 딸인 백인숙에게는 관대했다.

2. 꼬마 예수꾼 백인숙

1880년 만주에서 스코틀랜드 선교사인 매킨타이어와 존 로스 선교사와 함께 성경 번역을 한 서상륜은 우리 말로 출간된 성경을 가지고 고향에 돌아와 성경을 반포하면서 소래교회를 세웠다. 그의 영향으로 백인숙이 살고 있는 신의주 서마전동까지 복음이 전파되었다. 조숙했던 백인숙은 부모 몰래 교회를 다녔다. 백인숙이 기독교에 귀의하면서 백씨 가문은 유교, 무교, 천도교, 기독교의 4종파를 이루었다. 그런데 4종파가 한 울타리 안에서 조화를 이루었다. 아버지는 어린 것이 예수 믿으면 얼마나 믿겠는가 싶어 딸의 신앙생활을 방치했는데 그 사이 백인숙은 복음에 눈을 떴고, 가정 복음화를 시작하였다. 드디어 천도교를 믿던 새언니 장인신(張仁信) 씨가 천도교에서 기독교로 개종을 했다. 이것은 백인숙 전도사의 가정 복음화의 첫 열매였다.

이 일을 계기로 아버지는 기독교를 정면으로 반대하기 시작했다.

특히 가장 큰 이유는 제사 문제였다. 아버지는 제사 반대의 이유를 들어 기독교인들을 부모도 모르는 패륜아라고 시비를 걸며 대항했다. 어느 날 아버지가 백인숙을 부르더니 무거운 입을 열었다.

"너도 알다시며 우리 백씨 가문은 대대로 유교를 신봉하면서 핏줄을 이어왔다. 그 핏줄이 얼마나 소중하냐. 네가 아버지의 핏줄을 이어 받은 자식이거든 아버지를 배신하면 안 되는 법이다. 아버지를 선택하겠느냐, 예수를 선택하겠느냐? 그래도 네가 예수를 선택한다면 백사정의 딸이 아니다. 며칠 후면 제사가 있으니 제사에 꼭 참여하도록 해라."

이 일을 놓고 백인숙은 일주일 금식기도에 들어갔다가 은혜 가운데 마쳤는데 이 소문이 서마전동에 퍼지면서 백인숙은 꼬마 예수꾼이라는 별명을 얻는다. 그렇게 완고하던 아버지도 이 소문을 듣고 제사에 참여하지 않아도 좋으니 어서 먹고 기운을 차리라고 했다. 이에 백인숙은 아버지에게 **"아버지, 전 아버지의 딸로서 부모에게 효도를 다하려고 해요. 하지만 하나님 말씀에 위배되는 효도는 할 수가 없어요. 아버지도 언젠가 믿게 되면 깨닫겠지만 저는 주 안에서 부모에게 효도를 하려는 것입니다."**

백인숙과 그의 올케 장인신은 아버지의 핍박 속에서도 아버지가 잠든 사이를 틈타 새벽기도회에 갔다. 하지만 주일예배는 만만치 않았다. 그래서 교회 갈 때 입을 옷을 미리 우물가에 감추어 두고 물 길러 가는 시늉을 하며 집을 빠져나간 후에 교회에 갔다.

3. 만주 여자 중학교에 입학하다

백인숙이 초등학교 졸업반이 가까워오자 아버지는 딸을 시집보낼 생각을 했다. 그러나 백인숙은 열심히 공부해서 하나님께 헌신하고자 하는 꿈을 꾸고 있었다. 꼬마 예수꾼 백인숙은 마가복음 9장 23절을 암송하며 중학교 진학의 꿈을 꾸었고, 드디어 만주 여자 중학교에 입학했다. 이 학교는 일본 사람이 운영하는 학교로 공부 잘한다는 사람도 쩔쩔매는 학교였다. 더군다나 조선 사람에게는 문이 닫혀 있어서 고작해야 한두 명이 입학할 수 있는 곳이었는데 백인숙이 당당히 입학한 것이었다.

세계 정복을 꿈꾸던 일본은 우수한 인재를 양성하기 위해서 교육에 철저했다. 백인숙이 이러한 학문에 맛을 들이고 있을 즈음 그의 아버지는 처녀가 배우면 집안이 망한다며 공부를 중단하라고 명령했다. 공부하고 신앙생활 잘하며 김활란 박사 같은 사람이 되리라고 다짐했던 백인숙은 아버지의 불호령에 공부를 중단할 수밖에 없었다. 백사정의 딸이 여학교를 중퇴했다는 소문이 퍼지자 중매꾼들이 모여들기 시작했다. 백인숙은 아버지를 찾아가서 "아버지! 저는 결혼하지 않고 혼자 살래요. 이 결심은 초등학교 4학년 때부터 했습니다. 다른 것은 다 순종하겠지만 예수 믿는 것과 결혼하라는 것만은 순종할 수 없습니다. 제발 제 청을 들어 주세요"라고 부탁했다.

그러나 백사정은 딸과 의논도 없이 결혼 날짜를 잡아버렸다. 백인숙은 헛간으로 달려가 무릎을 꿇고 기도하다가 하나님의 음성을 듣는 성령을 체험한다. **"사랑하는 딸아, 너는 이미 내 것이다. 너는 주님만 의지하고 힘차게 나가거라."** 백인숙은 하나님만 아버지 삼고 주님만을 섬기기로 하고 집과는 완전히 인연을 끊기로 결심을 한다.

4. 탈출과 신학교 입학

고향을 탈출한 백인숙은 평양 양촌의 선교사님의 집에 들어가서 허드렛일을 해주며 지내게 된다. 신의주 서마전동 지주(地主)의 딸 백인숙이 자신의 신분을 감추고 선교사 집의 심부름꾼이 된 것이다. 백인숙은 그곳에서 장래 꿈을 꾸었으며 드디어 1931년 4월 평양여자신학교에 입학하였다.

평양여자신학교는 한국 선교 초창기 미국 북장로교회에 의해서 세워졌다. 미국 북장로교에서 한국 여교역자 양성을 위해 세운 것이니만큼 커리큘럼과 교육이 철저하고 엄했다. 학제는 3년으로 전교생이 100명 가량 되었다. 50세가 넘은 로스 교장은 학생들에게 호랑이라고 불릴 만큼 무섭게 교육을 시켰다. 미국에서 시카고 무디 성경학교를 졸업한 로스 교장은 무디의 영향으로 신앙 훈련이 대우 엄격했던 것이다. 부흥회 기간에 졸던 여학생을 교장실로 불러 회개를 시킬 정도였다.

백인숙은 선교사의 집에 있으면서 간신히 입학은 하였으나 한 달이 못 가 학비 문제로 신학교 생활이 평탄하지 않았다. 그때 평양신학교 1학년 장수은에게 자신의 사정을 털어놓았고, 이것을 계기로 백인숙은 장수은의 집으로 거처를 옮겨 한식구처럼 지내게 되었다.

5. 여자 기숙사의 삼총사(三銃士)

백인숙, 장수은, 이영숙. 이 세 사람은 1931년 4월 평양여자신학교 입학 후 기숙사 한 방에 있으면서 절친한 사이가 되었다. 밥도 한 상에서, 잠도 한 방에서, 공부도 한 교실에서 어울려 하면서 서로 떨어질 줄 몰랐다. 장수은 전도사는 체격도 크고 남자답게 컬컬하고 너그럽고 대담했다. 그녀는 1950년 6·25전쟁 때 백인숙 전도사와 함께 순교하였다. 이영숙은 남달리 웅변술과 유머와 재치가 뛰어났으며, 26년을 전국여전도회 총무와 선교부 총무로 일했기 때문에 전도사 호칭보다는 총무로 널리 알려졌다. 어느 날 셋은 성경 이야기에 꽃을 피우다가 그 자리에서 일생 동안 결혼하지 않고 깨끗이 주님께 몸 바쳐 일하기로 서약했다. 백인숙과 장수은은 약속대로 이행을 했지만 이영숙은 나중에 결혼을 하였다.

백인숙이 결혼하지 않기로 결심한 때는 초등학교 4학년 때로 알려져 있다. 연금봉 사모(주기철 목사님의 후임이었던 순교자 김철훈 목사의 부인)와 백 전도사는 둘이 철야하면서 이런 이야기를 나누었다는 것이다.

"초등학교 4학년 수업 시간에 선생님께 석가모니가 왕자로서의 호강을 버리고 생로병사(生老病死)의 문제를 안고 처자를 버리고 가출한 이야기를 들었습니다. 그때 나는 예수님을 위해 다 버리고 깨끗한 몸으로 한평생 바치겠노라고 굳게 마음먹었습니다. 그때부터 좋은 옷을 받아도 입지 않고 좋은 댕기도 다 거절했습니다."

6. 귀향(歸鄕)과 가족 전도

백인숙은 집을 떠난 지 2년 만에 신학생이 되어 고향에 돌아왔다. 가족에 대한 그리움과 가족 구원을 이루기 위한 목적 때문이었다. 그는 장수은 전도사와 함께 불붙는 전도를 했다. 그 당시 예수 천당 최봉석 목사는 목사로서 굵게, 크게, 넓게 전도를 했다면 백인숙 전도사는 한국 풍습의 제도 아래서 빛도 없이 조용히 전도하며, 우선 가족 전도에 매진했던 것이다.

아버지 백사정은 딸의 성화에 못이겨 전도를 할 때는 그저 듣는 시늉만 하다가도 어떤 때는 버럭 화를 내기도 했다. 그러나 아버지는 좀처럼 마음을 열지 않았다. **"예수 믿으면 누가 밥을 준다던? 제기랄 것**

들, 내가 예수 믿으면 제삿밥도 먹지 못할 것 같아서 싫다." 아버지는 어떤 때는 엉뚱한 소리를 하면서 빈정댔다. 이럴수록 백인숙 전도사는 아버지를 녹이는 길은 오직 예수탄(彈)밖에 없는 것을 확신했다.

백 전도사는 사람들을 만나면 자주 이런 말을 했다. **"전도하려면 우선 가족부터 하나님께 인도해야 합니다. 이것이 전도의 원칙입니다. 내 가족을 인도하지 못하고 어떻게 다른 사람을 인도할 수 있겠어요. 그러므로 우리는 전도를 하려면 전도하는 순리를 먼저 알아서 그렇게 해야 합니다."** 이와 같이 그는 전도하는 일에도 원리원칙대로 하는 투철한 사람이었다. 그는 쉬지 않고 기도하며 전도했다. 이렇게 헌신적으로 가족 구원을 위해 몸부림쳤지만 어머니는 하나님을 알지 못하고 사망했다. 어머니가 세상을 떠났다는 비보를 듣고 그는 평양에서 달려왔다. 문상객들로 붐비고 있을 때 그는 대문에 들어서자마자 몸을 떼굴떼굴 뒹굴었다. 그리고 대성통곡을 했다. 백 전도사는 어머니에게 전도를 했으나 어머니가 복음을 받아들이지 못하고 돌아가신 것이 그토록 슬펐던 것이다.

7. 아버지의 회심(回心)

끈질긴 딸의 전도를 받은 백사정은 어느 날 딸을 불렀다. **"내가 네 소원대로 예수를 믿겠는데 석 달만 믿겠다. 꼭 석 달이다."** 백 전도사가 복음을 전해도, 선교사가 전도를 해도 마음을 닫고 담배만 피우던 백사정이 마음을 열고 복음을 받아들인 것이다. 그 후 백사정은 약속대로 석 달을 예수 믿다가 그 기간에 하나님의 부름을 받았다.

여자가 공부를 하면 집안이 망한다며 공부하고 있는 딸을 강제로 퇴학시킨 그가, 예수 믿으면 제삿밥도 얻어먹지 못할 것 같아 예수 안 믿겠다던 그가, 전도하는 딸에게 제발 그 말은 집어치우고 시집이나 가라고 협박하던 그가 하나님의 사랑에 녹아 하나님의 자녀가 되어 천국에 간 것이다.

가족과 민족을 그리스도께 인도하려던 백인숙 전도사의 열정과 사랑은 마치 예레미야 선지자와 같았다.

"내가 다시는 여호와를 선포하지 아니하며 그 이름으로 말하지 아니하리라 하면 나의 중심이 불붙는 것 같아서 골수에 사무치니 답답하여 견딜 수 없나이다"(렘 20:9).

8. 조카를 평양신학교에 보내다

백인숙은 기도하면서 자기 가정이 하나님의 은혜를 입었으니 하나님께 바칠 목사가 나와야 한다는 사명을 깨달았다. 그는 자기 생전에 백씨 가문에서 목사가 나와서 "백 목사!" 하고 부르는 말을 듣고 싶었다. 그는 기도 중에 큰오빠 백재성의 둘째 아들 백예원을 떠올렸다. 예원은 자녀들 가운데 가장 뛰어났다. 그래서 고등학교를 졸업했다고 인사하러 온 예원을 이성봉 목사 부흥성회에 데리고 갔다. 그 집회에서 조카 예원은 성령의 은혜를 체험하고 뜨거운 불을 받는 경험을 하였다. 그리고 그는 교복을 벗고 평양신학교에 입학했다. 그의 나이 불과 17세. 예수의 혈맥을 이어가기를 원했던 백 전도사의 꿈이 이루어지는 순간이었다.

9. 요코하마 신학교에 입학하다

백인숙의 가족들이 하나씩 예수 믿기 시작하자 친척들은 딸 하나 잘못 두어 백씨 가문에 망조가 들었다며 백인숙을 비난하기 시작했다. 그러나 백인숙은 개의치 않고 오히려 고난의 선물로 생각했다. 1937년 백인숙은 요코하마 공립신학교에 입학했다. 백인숙 전도사는 **"기독교인은 하나님이 주신 땅을 사랑하는 애국자가 되어야 한다"** 는 철저한 애국관을 가지고 있었다. 그래서 그는 성경책 속에 안중근과 이준 열사의 사진을 넣고 다녔다. 그는 국산 물품을 장려하고 무명이나 모시를 입고 다녔으며 일본 물건은 아예 상종하지 않았다. 그토록 나라를 사랑했던 백인숙은 학문을 연구하고 조선을 핍박하는 일본을 알고 싶어 혈혈단신으로 유학을 간 것이다. 유학 시절의 학비는 오빠 백재성이 도와주어서 마음 놓고 학업에 열중할 수 있었다.

그는 요코하마 신학교 시절에 조선 사람이라는 흠을 잡히지 않기 위해서 누구보다 열심히 공부하고 전도하며 봉사하는 일에 앞장섰다. 그 당시 같은 신학교를 다녔던 몇몇 친구(윤보선 전 대통령의 부인 공덕귀 여사, 동경교회 전도사였던 심은택 전도사 등)에 의하면, 기숙사에 딸 하나가 없던 일본 학생이 한 명 있었는데 이불을 개거나 청소를 하는 모든 일을 백 전도사가 졸업할 때까지 섬겼다고 한다.

10. 산정현교회에서 주기철 목사와 만나다

백인숙은 일본 유학을 마치고 평양 산정현교회 전도사로 부임했다. 평양여자신학교를 졸업한 후 잠시 산정현교회 전도사로 일했기에 처음은 아니었다. 그 당시는 전도사의 호칭이 없었으므로 권사로 불렀다. 그리고 1937년 7월 주기철 목사가 산정현교회 제3대 목사로 부임했다. 그의 나이 42살, 오정모 사모는 36세 때였다. 주기철 목사가 산정현교회로 이사 오던 날 교인들은 주 목사의 간소한 살림살이를 보고서 놀랐다고 한다. 집안 재산이래야 옷 몇 벌과 축음기 한 대가 전부였다. 그런데 이 축음기마저도 산정현교회를 건축할 때 팔아서 헌금했다.

주기철 목사가 신사참배를 거부하고 반대하다가 감옥에 들어가자 교회 심방은 백 전도사와 오정모 사모가 도맡아 했다. 한번은 오정모 사모가 신경통으로 고생을 했다. 심방을 해야 하는데 발이 말이 듣지 않아서 앉아서 신음하고 있는 오정모 사모를 보고 백 전도사는 **"사모님, 내 등에 업히세요. 그래서 심방을 같이 합시다" 했다. 그러자 오정모 사모는 "내가 어떻게 하나님의 종의 등에 업힌단 말이요" 하고 사양했다.** 그러나 백 전도사는 한사코 사양하는 오정모 사모를 업고 하루 종일 심방을 했다. 그것을 목격한 성도들은 눈시울을 붉히고 그날 심방에서는 더 많은 은혜가 내렸다.

11. 예수 향기로 산 백인숙 전도사

옷이 날개라는 말이 있는데 일생을 단벌로 생을 마친 사람이 백인숙 전도사이다. 그는 예수 믿고 거듭남을 체험한 후에 있는 것도 가난한 사람에게 나누어주고 스스로 단벌신사가 되었다. 그는 산정현교회 전도사로 있을 때 여름옷 한 벌과 겨울옷 한 벌밖에 없었다. 여름에는 검정치마에 모시 적삼을, 겨울에는 검정치마에 무명 저고리를 즐겨 입었다.

이렇게 자신을 위해서는 엄격했지만 다른 사람을 위해서는 너그럽고 풍부했다. 성도들은 열심이 있고 다정한 백 전도사를 사랑하여 선물을 많이 했다. 그러나 그는 선물을 받을 때마다 남에게 주어버리곤 해서 교인들이 섭섭해하곤 했다고 한다. 선물로 받은 금지환은 팔아서 고학생 학비로 주었고, 양산, 목도리도 가난한 사람에게 주었으며, 봉급을 받으면 고학생이나 신학생의 학비로 주어버리곤 했는데 자기는 목도리도 장갑도 쓰지 않아 귀가 동상에 걸려 있었다. 그를 가까이서 본 사람들은 **"백인숙 전도사님은 두 벌 옷을 입지 말라는 주님의 말씀 그대로 산 사람"**이라고 증언하고 있다(막 6:8-9).

12. 신사참배 반대와 산정현교회

백인숙 전도사는 요코하마 신학교를 졸업하고 귀국하자마자 신사참배 반대에 동참했다. 주기철 목사가 신사참배 문제로 구속될 때마다 백인숙 전도사도 연행되었지만 여성이라는 이유로 곧 풀려나곤 했다. 백 전도사는 일제 시대 동안 언제 잡혀갈지 모른다는 생각에 성경을 늘 품고 다녔다고 한다.

주기철 목사가 옥에 갇히고 산정현교회가 일본 순경에 의해서 문이 닫히자 주기철 목사 가족은 사택에서 쫓겨났다. 오정모 사모는 90세 노모와 어린 자녀를 데리고 나왔으나 생활 대책이 없이 지내게 되었다. 이때 백인숙 전도사는 장로들과 성도들을 찾아다니며 모금을 하기도 하고 쌀을 모아 비밀리에 담 너머로 넘겨주어 생계를 유지하도록 도왔다. 또한 백인숙 전도사는 산정현교회가 폐쇄되고 주기철 목사가 감옥에 갇히고 성도들의 마음이 흩어지자 일본 경찰의 감시의 눈을 피해 1천여 명의 교인들을 8·15해방이 될 때까지 일곱 구역으로 나눠 놓고 매주일 7차씩 심방하며 돌아보았다.

1944년 4월 21일 그가 믿고 존경하던 주기철 목사가 죽어 장례를 치르게 되었다. 일경의 반대에도 불구하고 교인들은 매를 맞고 옷이 찢기면서도 참석했고 백 전도사는 주 목사 장례식에서 슬피 울었다. 일경은 장례가 끝나자 그를 옥에 가두었지만 그는 옥에서 **"하나님, 감사합니다. 비굴하지 않게 하소서. 어떤 경우에도 연약한 꼴을 보이지 않게 하소서"** 하고 기도했다. 백인숙 전도사가 연약한 꼴을 보이지 않게 해달라는 기도에는 그만한 이유가 있었다. 일제는 애국운동을 하거나 종교적인 이유로 일제에 저항할 때는 여인들의 몸을 발가벗겨 남자들 앞에서 갖은 수모를 다 주었고 담뱃불로 지지고 곤욕스러워 땀을 흘리면 얼음물을 뒤집어 씌웠다.

13. 6·25전쟁과 고난

8·15해방에서부터 6·25전쟁까지의 5년간은 백인숙 전도사에게 있어서 최고의 고난기였다. 북한 교회의 수난이 곧 백 전도사의 수난이었기 때문이다. 그 당시 북한의 교회는 지상으로 우뚝 서 있었으나 지하 교회나 마찬가지였다. 순교하기 전 그의 생활은 단조로웠다. 새벽기도를 마치면 목욕을 하고 새 옷으로 갈아입는다. 그리고 경찰의 눈을 피해서 교인들을 심방하고, 교인들을 만나면 두 손을 마주 잡고 간절히 기도하며 하나님의 말씀으로 위로하였다.

14. 백인숙의 기도 제목

백인숙은 순교할 무렵에 4가지 기도 제목을 걸고 쉬지 않고 기도했다.

1) 상달되는 제물이 되게 하소서

'흠이 없고 정결한, 하나님이 받으시는 제물 되게 하소서.' 사람은 누구나 세상에 왔다가 한 번은 죽는 몸, 자신이 하나님의 제물 되어 드림이 너무 감사했다. 그래서 기도의 첫 조건으로 이런 기도를 드린 것이다.

2) 그리스도로 충만한 가정 되게 하소서

백인숙은 가정이 모두 예수를 믿어 가정천국을 이루는 것이 소원이었다. 1949년 삼총사 중의 한 사람인 이영숙 전도사가 개성에서 살 때 백인숙 전도사를 만났다. 둘은 너무 기뻐 얼싸안고 춤을 추다가 이영숙 전도사는 무심결에 백인숙 전도사의 가방을 보고 깜짝 놀랐다. 가방 속에는 조그만 노트가 있었는데 그 속에는 집안 친척들의 이름이 한 페이지씩 적혀 있었고 그 밑에는 기도 제목이 깨알처럼 기록되어 있었다. 그제서야 백인숙 전도사는 자신이 개성에 온 목적이 개성에 살고 있는 조카들을 전도하기 위함이라고 털어놓았다. 백인숙 전도사는 조카들이 주일에 밀린 공부를 하는 것을 보고 오직 주일에 하는 일은 생명을 살리는 일, 즉 주님이 기뻐하시는 일만 하는 것이라며 나무랐다. 실제로 그녀는 주일에는 편지도 뜯어 보지 않았다고 한다. 그의 기도와 눈물의 신앙을 물려받은 조카들은 후에 소중한 주님의 일꾼들이 되었다.

3) 나라와 민족을 위하여

나라와 민족을 사랑하는 마음은 주님이 주신 마음이라며 그는 동족을 사랑했던 예레미야처럼 우리 민족이 통일되고 그리스도 안에서 하나 되는 기도를 드렸다.

4) 교회와 양 떼를 위하여

해방 이후 북쪽에서 고난을 당할 때 백인숙은 남쪽으로 올 수 있는 기회가 여러 차례 있었다. 한번은 백인숙이 서울에 오자 조카들이 평양으로 가지 말고 서울에서 교회 일을 하자고 그를 붙잡았다. 그때마다 백인숙은 목자는 양을 사랑해야 한다며 가족들의 간청을 뿌리치고 교회와 양 떼들의 고난에 동참했다.

15. 순교

순교하는 자리에서 그 모습을 목격하기란 쉽지 않다. 그래서 백인숙 전도사의 순교에 대한 기록은 정설이라기보다는 구전이나 추측으로 전해 내려오는 몇 가지 이야기가 있다.

첫 번째 이야기는 이렇다.

해방 후 공산당은 6·25전쟁을 일으키기 위해서 기독교인들을 숙청했다. 눈엣가시처럼 여겨졌던 백인숙 전도사에게 흙 구덩이를 파 놓고 **"죽어도 예수를 믿겠느냐?"**라고 협박했다. 그러나 그가 **끝까지 믿겠다**며 신앙의 절개를 선언하자 1950년 6월 20일, 그는 흙 구덩이에 산 채로 묻혀 순교했다는 것이다.

백인숙 전도사의 기도이다.

주여, 전에는 철이 없어

은혜가 시련보다 좋은 것이라 생각했고

시련은 없어지기를 기도했습니다.

그러나 이제야 깨달았습니다.

은혜만이 아니라 시련이 복이라는 것을.

시련 중에 얻은 은혜 한없이 귀하고

시련처럼 보배로운 것은 없다는 것을(이하 생략).

두 번째 이야기는 이렇다.

백 전도사는 1950년 6월 25일 주일 새벽 5시, 생명의 위험을 무릅쓰고 교회에 나가 새벽예배를 인도했다. 교회당은 텅 비어 있고 독실한 몇 사람만이 앉아 있었다. 그는 찬송과 기도를 드린 후 성경 로마서 12장을 읽고 **"선으로 악을 이기자"**는 제목의 설교를 했다. 이것이 마지막 설교였다. 예배를 마치고 집에 돌아오자 총을 든 내무서원이 그를 체포하려고 기다리고 있었다. 백인숙 전도사는 장수은 전도사와 함께 그렇게 붙잡혀 총에 맞아 순교의 제물이 되었다. **"주여!! 저들이 하는 것을 알지 못합니다. 저들의 죄를 사하여 주옵소서!"**

16. 글을 마치면서

고대 기독교사를 보면 '영원한 처녀'라고 불리는 여자들이 있었다.

그들은 그리스도의 신부로서 결혼을 포기하고 육체의 순결을 지키며 살았다. 그들은 이 같은 결심을 나타내기 위해서 머리에 자줏빛 헝겊 수건을 쓰고 다녔다. 그들 중에 많은 여자들이 순교의 제물이 되었다.

고대의 '영원한 처녀'들처럼 그리스도께 순결을 바치고 이 민족과 교회를 위해 뜨거운 피를 쏟아 모든 것을 나누어주던 백인숙 전도사. 한 송이 백합화같이 살다가 순교의 꽃이 된 백인숙 전도사. 그는 순결, 청빈, 순명의 덕을 지키며 항상 찬송 가운데 백합화처럼 향기롭게 살다가 사랑하는 예수님 앞에 영광스럽게 간 여인이었다.

'조선의 사도 바울'
백 사도 백홍준

1. 백홍준의 손에 들어온 성경

선교사들로부터 **백 사도**(白使徒-Paik the Disciple)라는 칭호를 받을 정도로 눈부신 활약을 한 **백홍준**(白鴻俊, 1848-1893)은 1848년 평안북도 의주(義州)에서 태어났다. 호는 북산(北山)이었다. 성경이 귀했던 그 시대에 그의 손에 성경이 들어온 계기는 이러했다.

토머스 목사의 선교가 실패로 끝난 8년 후, 1874년 만주에서 활동하던 스코틀랜드 연합장로교 선교사 로스(J. Ross)가 '고려문'(高麗門)을 방문하였다. 고려문은 봉천(지금의 심양) 아래 봉황성 근처에 있는 조그만 마을인데 이곳에서 조선, 중국 상인들의 무역이 이루어지고 있었다. 로스는 이곳에서 조선인들을 처음 만나 전도하였다. 의주에서 건너온 상인들이었다. 그러나 장사꾼들의 관심은 로스가 전하는 말보다는 그가 입고 있는 양복 옷감에 있었다. 그래서 로스는 방법을 바꾸었다. 상인들의 환심을 살 수 있는 양초를 한 자루씩 주면서 한문 성경도 함께 나주어주었다.

이런 시대에 상인이었던 백홍준의 아버지는 1874년 10월경 만주의 통화현(通化縣) 고려문(高麗門)을 방문하였다가 로스(Ross, J.·羅約翰) 목사를 만나 한국의 현재 정세와 한국어 발음법을 가르쳐 주고 한문으로 된 신약성경과 《훈아진언》(訓兒眞言)이라는 소책자를 받아온다.

백홍준은 아버지의 지시에 따라서 아버지가 가져온 성경을 몇몇 친구들과 함께 2~3년간 공부하였다. 그리고 순전히 기독교를 더 알고 싶은 목적으로 로스 목사를 찾아 만주 우장(牛莊)으로 갔는데, 그때는 로스 목사가 안식년 휴가를 맞아 조국인 영국으로 귀국하고 없었다. 대신 같은 선교회 소속인 매킨타이어(J. MaIntyre, 馬勤泰) 목사가 그를 맞이하였고, 그곳에서 백홍준은 구도자로서 3, 4개월을 지냈다.

1879년 마침내 백홍준은 이응찬(李應贊), 이성하(李成夏), 김진기(金鎭基) 등과 함께 세례를 받고 신자가 되었다. 이 네 사람은 한날 한시 한꺼번에 세례를 받은 것이 아니라 시차를 두고 받았으며, 이름이 전해지지 않는 첫 세례인이 배출된 직후에 백홍준이 두 번째로 세례를 받았다고 전해진다.

그 후 그는 친구들과 함께 다시 만주로 돌아와서 로스 목사가 주도하는 중국의 한문 성경을 우리말로 번역하는 작업에 서너 달 동안 몰두하였다. 이처럼 여러 명의 한국인들이 힘을 모아 나라 밖에서 한글로 성서를 번역한 일 자체가 바로 한국 기독교의 시작이라고 할 수 있다.

2. 성경 번역에 참여하다

성경이 한국어로 번역되는 일은 1873년 스코틀랜드 연합장로교 선교사 로스가 만주에서 여러 한국인을 만나는 일에서 시작된다. 로스는 한국의 쇄국정책으로 인해서 한국에 발을 디딜 수 없자 만주에 머무르면서 성경 번역을 통한 전도를 시도했다. 만주 심양을 근거로 전도를 시작한 로스 목사는 마침내 서상륜이라는 한국 청년을 만난다. 이것이 1875년의 봄이었다. 이때부터 서상륜은 로스 목사에게 한국말을 가르쳤고 한문 성경을 한글로 번역하는 일을 시작했다. 이때 성경 번역에 동참한 사람이 백홍준과 이응찬이다. 그래서 1882년에는 최초의 '누가복음'과 '요한복음'을 심양에서 문광서원의 이름으로 발간하였다. 뒤를 이어 1883년과 1884년에는 '사도행전'과 '마가복음', '마태복음'을 간행하였다. 1885년에는 '로마서', '고린도전후서', '갈라디아서', '에베소서'가 간행되기에 이르렀다. 그리고 1887년에는 《예수성

교젼서》라는 표제가 붙은 신약성서를 발간하였다. 이것이야말로 한국 최초의 완역된 성경으로서 흔히 '로스 번역'(Ross Version)이라고 불리고 있다.

선교사들이 한국 땅을 밟기 전에 이미 성경이 한국인의 손에 의해서 번역되었고 선교사들이 그 성경을 손에 들고 선교를 시작했다는 것이 한국 선교의 놀라운 특징인데, 그 중심에 백홍준이 서 있었던 것이다.

3. 매서인(賣書人)이 된 백홍준

1880년대 당시 조선은 외국 종교 서적의 유입을 엄금하고 있었다. 그래서 존 로스는 1882년 3월 김청송을 통해 한글 성경 배포가 가능한 만주 서간도부터 우선 성경을 보급했다. 이때 백홍준은 의주 지역에서 무보수로 성경 전달자 역할을 자청했다. 이처럼 마을마다 성경을 짊어지고 찾아가 팔거나 읽기를 권하면서 기독교 신앙을 전파한다는 의미에서 이러한 사람을 권서인(勸書人) 또는 매서인(賣書人)이라고 불렀다.

이처럼 초기 권서인들은 로스, 매킨타이어와 함께 성경을 번역한 이응찬과 백홍준, 서상륜, 이름이 밝혀지지 않은 세례자들이었다. 이들은 성경을 직접 조선으로 가져와 전도하고 교회를 세웠다. 그리하여 선교사들이 실제적 활동을 하기 이전에 벌써 권서인들을 통해서

2만여 권에 이르는 성경과 기독교 소책자가 배포되었다. 이것은 세계 교회사에서 유례없는 일로 조선인의 문화 수용 능력과 개신교의 주체적 출발을 보여주는 대목이다. 선교사들의 눈에 보인 권서인들은 이러했다.

"권서인들은 산을 넘고 계곡을 건너 외국인 선교사들이나 전도자들이 가본 적이 없는 마을에 들어간다. 그리고 길이든 여관이든 들이든 집이든 대화가 될 만한 사람들을 만나기만 하면 어디서든 성경 말씀을 이야기하면서 할 수 있는 대로 성경과 단편을 판다. 권서인들의 활약으로 마을 전체가 선교사들이 오기를 고대하고 있다. '우리 마을에 한번 들러주세요. 우리 믿는 이들을 하나로 모아 교회를 만들어 주십시오. 우리는 벌써부터 준비하고 기다리고 있습니다. 서둘러 주십시오.' 이런 급박한 호소에 선교사들이 부응하지 못할 때마다 얼마나 마음이 안타까운지 말할 수 없다." – 번커 선교사의 《Bible Society Record》, 1911.

4. 첫 번째 투옥(投獄)

백홍준은 의주에서 로스 선교사가 번역한 성경을 한국 사람들에게 전하는 권서인의 역할을 하였다. 처음에는 별 문제 없이 진행되다가 얼마 후에 당국에 발각돼 체포되는 사건이 생겼다. 이로 인해서 백홍준은 3개월간 투옥(投獄)되기도 하였다. 하지만 그의 신앙은 흔들리지 않았다. 이후에는 성경을 제본하지 않고 중국에서 들여오는 고지(古紙) 사이에 끼워서 반입하는 새로운 방법을 사용하였다. 이렇게 미제본된 성경 낱장은 '편견과 두려움이 세워놓은 장벽'을 넘어서 창호지로 쓰여져 집에 드나드는 모든 사람에게 읽히기도 하였다.

그러나 국경에 성경을 감추어 놓을 장소가 마땅치 않아 더러는 버리거나 태워버리는 경우도 있었다. 이 소식을 전해들은 로스 선교사는 실망하지 않고 **"성경을 표백시킨 물을 마시는 자마다 생명을 얻게 될 것이며 성경을 태운 재를 입는 자마다 크게 성장하리라"**고 말하였다. 이런 노력으로 의주의 신앙공동체는 개우 활발하게 발전하였다.

5. 한국인 최초의 유급 교역자가 된 백홍준

1883년 백홍준은 로스 목사에게 전도인으로 인정받았고 국내 전도를 위해 성서를 가지고 잠입하여 의주, 삭주, 강계, 구성 등지에서 전도한 끝에 10여 명의 신자를 얻었다. 그는 주일마다 자기 집에서 이들과 함께 모여 예배를 드림으로써 비록 조직된 교회의 형태는 아니었다 하더라도 국내 최초의 개신교 신앙공동체를 만들었던 것이다. 이때 백홍준은 의주에서 요리문답반을 운영하고 있었으며, 1885년에는 18명의 신자가 모인 예배 처소가 마련될 정도가 되었다.

그 후 백홍준은 1885년 4월 5일 미국 북장로교 소속 선교사 언더우드(Underwood, H.G.·元杜尤) 목사가 서울에 들어왔다는 소식을 접하고 몇 개월 후에 서울로 가서 그가 개최한 신학반에서 공부하였다. 한편 백홍준은 서상륜(徐相崙), 최명오(崔明悟)와 함께 스코틀랜드 연합장로교회의 월급을 받는 한국 교회 최초의 유급 교역자로서 조사(助師, 지금의 전도사에 해당함)에 정식 임명되어 평북 일대의 교회를 개척하는 중임을 맡았다. 훗날 1891년부터는 미국 북장로회 선교부에서 매년 봉급을 받았으며(백홍준은 1891년 120달러, 1892년에는 125달러, 1893년에도 125달러를 받았다) 죽을 때까지 왕성하게 기독교 교리를 전파하는 일에 앞장섰다.

6. 한국의 요단 강 세례

백홍준은 언더우드 목사에게 의주로 직접 와서 그곳 신자들에게 세례를 베풀어 달라고 간청하였다. 마침내 언더우드 목사는 1889년 신혼 여행을 구실로 정부 측으로부터 의주까지의 여행 허락을 받아냈다. 언더우드 목사는 의주에 도착하여 세례 지원자 100여 명 가운데 세례 문답을 통해 33명을 선발하여 세례를 베풀기로 작정했으나, 당시 국법상 공개리에 자국 영토 내에서 기독교식 의례를 베푸는 일이 어려워 배 한 척을 빌려 타고 압록강의 중국 편 연안으로 건너가서 세례를 베풀었다.

이들 대부분이 백홍준에 의해 전도된 사람들이며, 이중에는 그의 딸과 사위 김관근(金灌根), 김관근의 부친 김이련(金利鍊) 등이 포함되었다. 이때가 1889년 4월 27일이었으며 이를 '**한국의 요단 강 세례**'라고도 부른다.

7. 두 번째 투옥(投獄)과 죽음

백홍준의 두 번째 투옥(投獄)은 '한국의 요단 강 세례' 후에 일어났다. 언더우드가 조선인 33명에게 세례를 준 사실이 정부에 알려지자 선교사들에게는 여행 금지령이 내려졌고 서울에 있던 정동교회(후에 새문안교회) 예배도 일시 폐쇄되었다. 이 무렵 백홍준이 여러 서양인들과 자주 내왕하는 것을 보면서 당시 관가에서는 그에 대해 좋지 않은 감정과 적개심을 품었다. 결국 당시 평안감사 민병석(閔炳奭)의 지시로 의주에서의 기독교인 수색작업이 진행되었고, 백홍준은 서양인과 내통한 죄로 의주에서 체포되어 옥에 갇혀 갖은 고문을 겪으며 상당 기간 동안 투옥되었던 것으로 짐작된다.

> "의주에서 전도인인 백 노인은 매킨타이어 씨에게 세례받은 한국인이었고, 작년에 죽기 전 2년간 감옥에 갇혀 신앙을 포기하기보다는 매를 수 없이 맞은 바 있었다." – 빈톤 선교사의 《The Korean Repository》.

8. 맺는말

한국 초기 선교에 있어서 백홍준의 역할은 더단했다. 순수한 신앙적 동기로 만주의 선교사를 찾아가 세례를 받은 사람, 세례를 받자마자 고향인 의주로 내려가 박해를 받아가며 전도해서 1889년 언더우드가 의주에 갔을 때 33인의 집단 세례를 가능케 했던 사람, 성경을 반포하고 믿음의 사람들에게 세례를 받게 하려다가 두 번씩이나 감옥에 갔던 사람, 그럼에도 불구하고 자신의 신앙을 꿋꿋이 지키며 죽을 때까지 복음을 전한 사람이 바로 북산(北山) 백홍준이었다.

그러나 그의 신앙적 활동에 비해서 그에 대한 자료는 상대적으로 빈약하다. 그러나 선교사들로부터 '**백 사도**'(白使徒, Paik the Disciple)라고 불렸다는 것만으로도 그의 신앙과 삶은 하나님께 붙잡혀 있었음을 알 수 있다. 그는 진정 한국 선교의 기초를 다졌던 '조선의 사도 바울'이었다.

사랑의 원자탄
손양원 목사

"오! 주여, 이들을 사랑하되 내 처자식보다 더 사랑하게 하여 주시옵소서. 차라리 내 몸이 저들과 같이 추한 지경에 빠질지라도 사랑하게 하여 주시옵소서."

언제나 하나님 아버지의 마음으로 양들을 돌아본 손양원 목사님의 신앙과 삶을 한마디로 보여주는 시(詩)이다.

여수 손양원 목사님 기념관에 처음 갔을 때가 1996년이다. 평범한 기념관으로 생각하고 들어갔다가 눈물이 범벅이 되어 나온 기억이 있다. 특히 두 아들을 보내고 나서 맞이한 첫 주일에 드린 감사헌금

봉투 앞에서는 눈물의 둑을 막을 수가 없었다. 그 후로 주님이 그리워질 때, 그렇게 살고 싶은 생각이 간절해질 때 손양원 목사님은 내 영혼의 피로회복제로 그렇게 맞이해 주었다. 많은 기독교인들과 목회자의 가슴에 살아남아서 오늘도 우리에게 주님을 섬기며 따르는 바른 길을 제시하고 있는 그분의 일생을 따라가 보자.

1. 출생

손양원(孫良源, 1902-1950) 목사는 1902년 6월 3일 경남 함안군 칠원면 구성리 653번지에서 손종일 장로와 김은주 집사 사이의 장남으로 태어났다. 1908년 부친이 예수를 믿기 시작하면서 부모님을 따라 새벽예배에 참석하며 어려서부터 기도와 예배에 힘썼다. 손양원은 1914년 칠원 공립 보통학교에 입학했으나 궁성요배(매일 아침 일본 궁성을 향해 절하는 것)는 십계명 중에서 제1계명을 범하는 것이라고 하여 거절함으로써 1916년 3학년 때 퇴학을 당하고 만다. 그러나 맹호은 선교사의 도움으로 복학하여 1919년 졸업하고서 서울 중동학교에 진학하여 낮에는 공부하고 밤에는 만두 장사를 하면서 고학으로 공부하였다. 이런 어려움 가운데서도 그는 안국동교회를 다니며 주일 성수와 십일조 생활을 철저하게 했다.

손양원이 고학하며 공부하고 있을 때 아버지 손종일 장로가 고향에서 3·1운동의 여파로 독립운동을 주도하다 감옥에 갇히자 손양원은 학업을 중단하고 낙향했다. 그리고 1921년 일본 동경의 스가모 중학교 야간부에 입학하여 낮에는 우유 배달을 하고 밤에는 공부를 했다. 그리고 1923년 졸업하고 귀국한다.

2. 신학교에 입학하다

손양원은 고향 칠원교회에서 1914년 학습을 받고 1917년 세례를 받았다. 1924년 경남 함안군 대산면 출신의 쟝양순 씨(당시 19세)와 결혼을 한다. 1926년 3월 경남성경학교에 입학하였고 그해 부산 감만동 나환자 교회 전도사로 부임하였다. 당시 감만동 교회는 600여 명 성도 대부분이 나환자들이었다. 손양원은 감만동 교회에 시무 중이었던 1929년 3월에 경남성경학교를 졸업하고 1935년 33세의 나이에 평양신학교에 입학한다.

그는 신학교 시절에도 뜨거운 기도와 성경 연구에 매진하였다. 그 당시 신사참배는 선교사들 사이에서도 견해의 차이가 심하여 갈팡질팡하였다. 이때 평양신학교장 나부열(R. L. Roberts) 목사는 강경한 태도로 신사참배를 거부하였다. 결국 손 목사가 1938년 3월에 33회로 졸업하고 그해 평양신학교는 문이 닫히고 말았다. 그래서 33회 졸업생들은 졸업장을 우편으로 받는 일까지 생겼다.

손양원이 애양원교회와 인연을 맺게 된 것은 평양신학교 2학년 때이다. 그는 당시 애양원교회에 사경회 강사로 초청된 일이 있었다. 당시 애양원교회는 외부 사람이 예배를 인도할 때나 방문했을 때는 하얀 가운을 입고 장갑을 끼고 들어가는 것이 상례였다. 그런데 손 목사는 교회에 들어가면서 흰 가운을 입는 것조차 거절하고 그렇게 했던 사람들에게 호통을 쳤다고 한다. **"호랑이를 잡으려고 호랑이 굴로 들어온 사람이 호랑이를 무서워해서야 어찌 호랑이를 잡겠느냐. 이곳에서 일을 한다는 사람들이 병을 무서워해서야 어떻게 일을 하겠느냐!"** 라고 하면서 호통을 치고 그냥 들어갔다고 했다.

이때 애양원교회 성도들은 손 목사의 설교에도 은혜를 받았지만 그의 이러한 모습에 더 큰 감동을 받았다. 이것이 후에 그를 애양원교회로 청빙한 동기가 되었다.

3. 손양원 목사의 기독교 신앙

손양원이 신사참배에 반대하면서 강골의 의지를 가졌던 것은 철저한 신앙 때문이라고 할 수 있다. 그는 "하나님 이외에 어떤 신(神)도 있을 수 없다"는 유일신 신앙을 분명히 가지고 아래와 같이 말했다.

"하늘에 두 해가 있을 수 없고, 일국(一國)에 두 임금이 있을 수 있으랴! 우주의 주인공이 어떻게 둘이 되겠으며 십자가의 도(道) 외에 구원이 또 있으랴. 세상에는 주인도 많고 신(神)도 많으나 여호와 이외에는 다른 신 내게 없구나. 석가도 유명하고 공자도 대성이지만, 오직 내 구주는 홀로 예수뿐이니 내 어찌 두 신을 섬길 수 있으며, 예수님 이외에 속죄자 또 어디 있으랴. 이 신을 위하여는 아까울 것 무엇이며, 이 주(主)를 버리고 내 어디 가랴."

그는 기독교 신앙에 대해서 확고부동한 입장을 가지고 있었는데 "기독교 신앙"이라는 글 속에서 기독교 신앙이란 어떤 것인지를 이렇게 말하고 있다.

"불붙는 듯한 열심, 이것도 신앙은 아니다. 산을 옮길 확신, 이것도 신앙은 아니다. 취하는 감동, 이것도 신앙은 아니다. 고생을 무시하는 인내, 이것도 신앙은 아니다. 현재를 업수이 여기고 장래의 광명을 안전(眼前)에 보는 신앙, 이것도 신앙은 아니다."

1920년대 한국 교회는 길선주 목사, 김익두 목사, 이용도 목사 등 많은 부흥강사들이 새 하늘과 새 땅을 강조하는 내세지향적인 신앙을 강조하였다. **"여러분들이여, 우리가 3·1운동을 통해서 이 땅에 독립된 조국을 다시 찾는 것을 하지 못했다. 그렇다고 해서 우리 걱정하지 말자. 하나님께서는 우리를 위해서, 죽어서 갈 저 나라에 새 하늘과 새 땅을 예비해 놓고 있다. 그러니 용기와 확신을 다시 갖자"** 라고 주장하였다.

1930-1940년대는 일제의 혹독한 신사참배 강요, 그리고 1950년대 6·25전쟁으로 인한 민족적인 혼란으로 이 세상에는 아무것도 없고 예수 믿으면 천당 간다는 것으로 대표되는 타계주의 신앙이 한국 교회에 팽배했다. 바로 그런 시절에 **"현재를 업수이 여기고 장래의 광명을 안전(眼前)에 보는 소망, 이것도 신앙은 아니다"**라고 단호히 말한 것이다.

4. 신사참배 반대 투쟁

손양원의 이런 신앙은 1930년대 말 한국 교회가 신사참배 파동에 들어갔을 때 신사참배 거부의 선봉장으로 나서게 만들었다. 그가 이런 유일신 신앙을 가졌기 때문에 옥중에서 혹은 경찰서, 구치소에 들어가서 검사나 경찰서 고문들과 여러 가지 토론을 했다. 그는 동경의 황궁을 향하여 허리 굽혀 절하는 것과 **신사참배를 반대하는 이유**를 몇 가지로 검사 앞에서 설명했다.

첫째, 하나님께서 금하신 계명이니 할 수 없다.

"일국(一國)의 황제의 명령도 어겨서는 안 되거든 하물며 천지와 만물을 창조하신 하나님의 명령을 우리가 어떻게 어길 수 있겠느냐? 너희 검사들은 천황의 명령을 어겨서는 안 되지 않느냐? 천황보다 몇 배나 지엄하시고 이 세상의 역사를 주관하시는 그 하나님의 명령을 어기면 어떠하겠느냐?"

둘째, 우상에게 절하는 자는 구원받지 못하기 때문에 할 수 없다.

이렇게 말함으로써 일본의 천황과 신사에 안치된 모든 신들을 우상으로 규정하였다.

셋째, 국민 된 의무로서 하지 못하겠다.

취조하던 검사가 눈이 휘둥그레져서 "국민 된 의무라면 신사참배를 해야 하는데 무슨 말이냐?" 하고 물었다. 그때 그는 "이 세상 역사를 볼 때 우상숭배한 나라치고 망하지 않는 나라가 없다. 그런데 국민 된 자가 우상숭배함으로써 왜 그 나라를 망하게 만들겠느냐? 망하지 않도록 하기 위해서 우상숭배를 안 해야 하지 않겠느냐?"라고 대답했다.

결국 손양원은 징역 1년 6개월의 선고를 받았으나 항고를 했다. 항고한 뒤 아버지에게 보낸 편지에서 항고한 이유를 이렇게 설명했다.

"제가 항고한 것은 재판이 잘못되었거나 1년 6개월의 감옥살이를 하는 것이 싫어서 혹은 불평의 감정을 나타내거나 벌을 면해 보려는 의도 때문이 아닙니다. 오히려 한 번 더 재판을 받게 되면 재판정에 가서 기독교 진리를 더 당당하게 얘기할 수 있는 기회를 얻을 수 있으므로 항고한 것이니 아버지, '저놈이 감옥살이를 하기 싫으니까 구차스런 항고까지 했다'고 생각하지 말아 주세요." 결국 항고는 기각되고 원심대로 1년 6개월 형에 처해졌다.

5. 신사참배 반대로 투옥되다

1940년 9월 25일, 손양원 목사는 수요예배를 드리고 집으로 돌아오자마자 여수 경찰서에서 나온 형사 두 명에 의해서 체포되었다. 그는 걱정하는 정양순 사모에게 "아무 염려 말고 기도나 해주시오"라는 말을 남기고 연행되어 1년 6개월의 형을 받았다. 그러자 손양원 목사는 "오늘도 이와 같은 기쁜 소식을 듣게 하시니 무엇이라고 말로 다할 수 없이 기쁩니다"라고 말했다. 이것은 그의 삶이 얼마나 하나님의 영광과 감사로 이어진 순교자적 삶이었는가를 보여주는 대목이다.

처음에는 1년 6개월 형을 받았으나 구속 기간까지 하여 거의 3년의 세월이 흘러갔다. 그때 손 목사에게 적용된 죄는 신사참배 거부와 백성 선동이었다. 1943년 5월 17일, 만기 출옥할 날이 가까이 왔을 때 담당 검사는 손 목사를 불러 놓고 사상의 전환을 시도한 적이 있었다. 담당 검사는 손 목사에게 '덴꼬(轉向)해야 나간다는 위협을 하였다. 그러나 손 목사는 그 검사에게 전혀 굴하지 않고 **"당신은 덴꼬가 문제이지만 나에게는 신꼬(信仰)가 문제이다"**라는 유명한 말을 남겼다.

손 목사는 끝내 그들의 신사 참배의 유혹과 핍박의 손길을 뿌리치고 거부하여 광주형무소에서 경성구금소, 청주구금소로 옮겨 다니면서 해방이 될 때까지 6년간의 옥고를 치렀다. 그러나 그는 옥중에서도 기도, 찬송, 성경 읽기를 게을리하지 않았고, 옥중에서도 사랑을 실천하여 옥중 성자로 그 이름이 높았으며, 간수들까지도 전도하여 많은 사람들을 주 앞으로 인도하였다

6. 손양원 목사의 딸 손동희 권사의 아버지에 대한 회고

"아버지가 첫 감옥에 끌려가셨을 때 나이는 39세셨다. 여수경찰서, 광주형무소, 광주구치소, 경성구금소, 청주구금소 등 만 5년 동안 감옥에서 당하신 고난에 대하여 어찌 내 입으로 다 말할 수 있겠는가?

특히 청주교도소에 있을 때 고생을 많이 하셨는데 죄수들에게 전도를 하자 간수들이 입을 때렸다. 그래도 전도하자 독방에 가두고 감식(減食)을 하여 너무나 배가 고파서 두 눈이 점점 멀었으며 그곳에 계실 때 온 편지를 보면 글씨체가 엉망이었다. 그리고 한겨울에는 너무나 추워서 손발이 얼고 또 얼고 이것이 반복되다가 나중에 열 개의 손톱과 발톱이 짓물러서 빠져버렸다. 그때 아버지는 추위와 허기에 사경을 헤매셨으며 검사와 판사 앞에 불려갈 때도 걸을 기력이 없어서 들것에 실려서 갔다고 한다.

그러던 중에 아버지의 출소일이 되어서 형무소에 갔다. 그러나 서

산에 해가 넘어갈 때까지 아무리 기다려도 아버지는 나오지 않으셨다. 그래서 어머니가 형무소 안에 들어가셨다. 한 시간 만에 돌아오신 어머니는 넋 나간 사람이 되어 이럴 수 없다며 통곡하셨다. 아버지는 마지막으로 형무소 소장과의 면담에서 소장이 "신사참배하면 될 텐데 당신은 헛수고했소" 하자 **"헛수고는 당신이 했소. 신사참배할 것 같으면 내가 왜 감옥 생활을 했겠소. 우상숭배하는 나라는 망하오. 그래서 일본도 망할 것이요"**라고 해서 다시 재판을 하여 종신형을 언도받았다는 것이다.

아버지가 감옥에 있는 동안 우리 일곱 식구는 산산이 흩어져서 살아야만 했다. 당시 애양원 원장은 미국 월슨 박사와 원가래 선교사 부부였는데 일본인들의 등살에 미국으로 추방되었고, 아버지가 감옥에 가자 일본인 안토가 왔는데 이들이 신사참배를 강요하여 쫓겨나서 떠돌이 생활을 하다가 부산(범내골)까지 가게 되었다. 그러나 큰오빠가 군대를 가야 한다는 영장이 나왔다. 이 문제는 우리 가정에 가장 큰 고민거리였다. 전쟁에 참여한다는 것보다는, 군대는 신사참배가 의무화되었으며 거부하는 사람은 총살형이었다. 그래서 우리 가족은 흩어지기로 하였다. 할아버지는 만주로, 어머니와 어린 동생은 남해 깊은 산골짜기로, 그리고 나와 또 어린 동생은 고아원으로, 오빠들은 나환자들이 사는 산속으로 들어갔다. 이때의 고생은 말할 수 없었다."

7. 그 어디나 하늘나라

손양원 목사는 감옥에 있으면서도 오히려 밖에 있는 가족들을 위로하고 격려하였다. 그가 청주교도소 독방에서 쓴 시를 보면 이러한 사상과 마음이 더욱 잘 나타나 있다.

빈방 홀로 지키니 고적감이 밀려오누나
성삼위 함께하여 네 식구(四食口) 되었도다
온갖 고난이여, 올테면 다 오너라
괴로움 중에 진리를 모두 체험하리라

본가를 멀리 떠나 옥중에 들어오니
밤 깊고 옥(獄) 깊고 마음 가득 수심도 깊다
밤 깊고 옥(獄) 깊고 마음 가득 수심 깊으나
주와 함께 동거하니 기쁨이 충만하도다

옥중 고생 4년 길고 긴 날이나
주와 함께 동락하니 하루와 같도다
지난 4년 평안히 보호해 주신 주는
미래에도 그리하실 줄 확신하노라.

8. 나병 환자의 영원한 친구 손양원 목사

손양원 목사는 1938년 평양신학교를 졸업한 후 1년간 경남노회 부산 지방 전도사로 지방 순회 전도를 하면서 신사참배 반대운동을 하다가 1939년 7월 14일 여수 애양원교회(1982년 본원의 아이들을 보호하자는 취지에서 성산교회로 이름을 바꿈) 담임목사로 부임하였다. 그 당시 애양원교회는 전남 여천군 율촌면 신풍리에 위치한 교회로 나병 환자들이 모여 사는 곳이었다. 나병 환자 수용소인 애양원은 미국 남장로교회 선교회의 전도사업의 일부분으로 1909년 광주 양림에서 시작했으나 1925년에 이곳으로 확장 이전되었다.

처음에는 9명으로 시작하였으나 시간이 흐름에 따라 1천 명 이상을 수용하는 대규모의 나병 환자 수용소가 되었다. 애양원교회에 부임한 손양원 목사는 나병 환자들과 음식을 먹었으며 잠자리도 같이 할 만큼 몸과 마음으로 사랑을 실천했다.

당시 나병 환자를 대하는 사람들의 인식은 극히 냉소적이었다. 길에서 만나면 그들을 피해 다녔으며, 그들이 차를 탄다거나 공공장소에 간다는 것은 상상할 수 없는 일이었다. 심지어 가족들에게도 철저하게 외면당했다. 이러한 환자들에게 손양원 목사는 신체적인 병을 치료해 주는 의사 못지않은 희망의 상징이었다. 그들의 육체는 비록 말할 수 없을 정도로 일그러졌지만, 그들의 영혼에 찬송과 감사와 기도의 옷을 입혀서 아름다운 성도로 만들어내고 있었다.

당시 애양원에는 병으로부터 완치 상태에 있는 환자들과 함께 병이 악성으로 진행되고 있는 사람들도 많았다. 그중에서도 14호실은 애양원 전체에서 가장 상태가 심한 중환자들이 모여 있는 병실이었다. 14호 중환자실은 같은 환우들도 가기를 꺼리는 곳인데 손 목사는 그곳에 들어가서 중환자의 얼굴을 어루만지며 기도해 주었다. 성산교회 박동수 은퇴 장로의 증언에 의하면 이렇다.

"당시 우리가 살고 있던 애양원에 딸린 병실로 쓴 가옥은 모두 17호실로 되어 있는데 1호실부터 10호실까지는 비교적 건강한 사람들이 지내고 있었고, 11호실부터 13호실은 경환자실, 14호실은 중환자실로 되어 있었습니다. 이 중환자실에 거주하는 몇 명은 차마 눈 뜨고 볼 수 없을 만큼 흉악한 모습으로 병마와 싸우고 있었습니다. 이들의 상처를 한 번 치료하려면 간호원 둘이 매달려도 두세 시간이 소요되었습니다.

온 방 안에 진물과 핏자국, 땀들이 엉겨붙어 도저히 그냥 들어갈 수 없으므로 상처를 보려면 방바닥에 신문지 세 장 정도를 깔고 들어가야 했습니다. 그래서 신문을 깔고 들어가려고 하면 그 환우들이 목침을 던지면서 같은 환자끼리 차별을 한다 하여 화를 내곤 했습니다. 이러한 방을 손 목사님은 서슴지 않고 들어가서 맨손으로 방바닥을 치우고 그곳에 앉아서 그 흉한 환자의 목을 껴안고 이마를 대고 기도를 해주었습니다. 그리고 기도 후에 그곳에서 음식을 나누어 먹기도 했습니다."

손양원 목사 기념관에는 손 목사가 나병 환자의 발가락 고름을 입으로 빨아내며 치료하고 있는 그림이 걸려 있다. 그는 영원한 나병 환자의 친구였기에 8·15해방과 함께 감옥에서 나오자 곧장 이 사랑의 보금자리인 애양원교회를 다시 찾았던 것이다.

손양원 목사가 애양원에서 시무하기 시작했을 때 지은 시를 보면 그가 얼마나 애양원을 사랑했는지를 알 수 있다.

애양원을 사랑하게 하여 주시옵소서

주여, 애양원을 사랑하게 하여 주시옵소서
주여, 나로 하여금 애양원을
참으로 사랑할 수 있는 사랑을 주시옵소서
주께서 이들을 사랑하심과 같은 사랑을 주시옵소서
이들은 세상에서 버림을 당한 자들이옵고,
부모와 형제의 사랑에서 떠난 자들이옵고,

세상 모든 사람들이 다 싫어하여 꺼리는 자들이오나
오! 주여, 그래도 난 이들을 진정으로 사랑하게 하여 주시옵소서

오! 주여, 나는 이들을 사랑하되
나의 부모와 형제 처자보다도 더 사랑하게 하여 주시옵소서
심지어 나의 일신보다도 더 사랑하게 하여 주시옵소서
차라리 내 몸이 저들과 같이 된다면 이들과 함께 기뻐하며
일생을 같이 넘기려 하오니 주께서 이들을 사랑하사
어루만지심같이 내가 참으로 사랑하게 하여 주시옵소서

주여, 만약 저들이 나를 싫어하여 나를 배반할지라도
나는 여전히 저들을 참으로 사랑하여
종말까지 싫어버리지 않게 하여 주시옵소서
만약 내가 여기서 쫓겨남을 당하여 나가게 될지라도
나는 이들을 사랑하여 쫓겨난 그대로
남은 세월을 이들을 위하여 기도할 수 있는
참다운 사랑을 나에게 주시옵소서

오! 주여, 내가 이들을 사랑한다 하오나
인위적 사랑이 되지 않게 하여 주시옵소서
사람을 위하여 사랑하는 사람이 되지 않게 하여 주시고

사랑의 원자탄 손양원 목사

주를 위하여 이들을 사랑하게 하여 주시옵소서
주께로부터 나온 나의 사랑이옵고 또한 주를 위하여
사랑하게 되는 것이매 내 어찌 주보다 더 사랑케 되오리까?
그러나 나의 일신과 부모와 처자보다는 더 사랑하게 하여 주시되
주를 사랑하는 그다음은 이 애양원이 되게 하여 주시옵소서

주여, 내가 또한 세상의 무슨 명예심으로 사랑하거나
말세의 무슨 상급을 위하여 사랑하는
무슨 욕망적 사랑도 되지 말게 하여 주시옵소서
다만 그리스도의 사랑의 내용에서 되는 사랑으로서
이 불쌍한 영육들만 위하는 단순한 사랑이 되게 하여 주시옵소서

오! 주여, 나의 남은 생이 몇 해일른지 알 수 없으나,
이 몸과 맘을 주께 맡긴 그대로 이 애양원을 위하여
중심으로 사랑케 하여 주시옵소서

9. 천국의 문 애양원

버림받은 사람

한 소녀가 문 밖에 서 있네 / 눈물이 가득한 눈을 하고서
이 작은 문둥이 소녀가 버림을 받았네 / 이렇게 어린 나이에 /
나는 소녀가 하찮은 돈을 지불하고 / 천국을 사는 것을 보았네
그 소녀는 문을 통과하였고 / 나를 보고 미소지었네
나에게 천국이 무엇이라고 알려 주는 / 미소를

이 시를 지은 아더 한슨(Arthur Hanson)은 1924년 광주나병원을 방문했다가 병원 문 밖에서 울고 있는 나병 환자 소녀를 보고 자신의 돈으로 이 병원에 입원시켜 주었다. 그 후 상하이로 돌아간 후에도 이 소녀를 위하여 계속 지원하였다. 그 당시 한 명의 나환자가 입원하여 치료받고 숙식을 해결하기 위해서는 한 달에 일본 돈으로 7엔이 필요하였다. 입원을 못한 많은 나환자들은 애양원의 문 밖에서 노숙을 하였고 그러다가 동사(凍死)나 아사(餓死)하는 환자들이 속출하였다. 그러나 일단 애양원에 입원하면 배고픔의 걱정과 추위도 없었으며 병도 치료를 받을 수가 있었다. 그러므로 환자들은 애양원의 문을 천국으로 가는 문이라고 하고 애양원을 천국이라고 하였다.

10. 두 아들을 잃은 손양원 목사

1948년 4월 3일 제주도에서 단선단정(單選單政, 단독 선거와 단독 정부를 아울러 이르는 말)에 반대하는 제주 4·3사태가 확산되자 정부는 이를 진압하기 위해 제14연대를 급파하였다. 그러나 10월 19일 전라남도 여수에 주둔하던 국군 제14연대 중에서 공산주의 사상에 물든 남로당 계열의 일부가 반란을 일으켜 무고한 양민을 학살하는 반란을 일으켰다.

이 세력에 동조했던 반란군들은 불과 네 시간 만에 여수 시내의 경찰서와 각 파출소, 군청, 역 등 주요 기관을 장악할 정도로 기세가 등등했다. 순천까지도 반란군에 의해 점령되면서 두 도시는 삽시간에 무법천지가 되고 공산 폭도들의 세상이 되어버렸다. 반란군들은 그동안의 불만 세력과 좌익 추종 세력을 한데 묶어 인민위원회를 만들어 자기들에게 동조하지 않는 사람이나 단체는 무조건 잡아 죽이는 천인공노할 민족 대학살의 광란극을 벌였다.

어제까지의 친구를 원수로 만들었고, 이웃이 적이 되어 고발하고 보복하는 인민재판이 열리는가 하면, 계속해서 인민대회를 열어 공포 분위기를 고조시켜 나갔다.

이때에 손양원 목사의 두 아들인 동인과 동신은 각각 순천사범학교와 순천중학교에 다니고 있었다. 신앙과 민족정신에 불타는 이 두 형제는 학교 안에서 기독교 복음을 전하며 기회가 있을 때마다 공산주의의 잘못을 폭로하였다. 그렇기 때문에 자연히 학교의 공산 프락치들은 가장 먼저 그들을 색출하여 체포하였다. 그리하여 두 형제는 인민재판에 회부되었다. 이때에 두 형제가 서로 대신하여 죽기를 자원하자 잔인한 폭도들은 형제를 한꺼번에 무자비하게 총살하고 말았다.

손양원 목사의 두 아들이 반란군에 의해서 순교했다는 소식이 애양원교회에 전해진 것은 사건이 발생한 지 나흘 뒤인 10월 25일이었다. 두 아들이 한꺼번에 변을 당했다는 급보를 전해 들은 손양원 목사 내외는 물론 애양원 식구들도 엄청난 충격을 받았다.

반란군이 어느 정도 진압된 26일에 애양원 성도들은 손양원 목사의 두 아들의 시신을 거두어 교회 앞에 시신을 안치한 후, 다음날 27일에 애양원교회 성도들이 보는 앞에서 장례식을 치른 후 지금의 애양원 동산에 묻었다. 손 목사의 두 아들이 순교할 때 애양원교회에서는 이인재 전도사를 초청하여 부흥회를 열고 있었다. 부흥회 도중에 이런 변을 당하게 되자 부흥강사는 장례식의 집례까지 맡게 되었다.

11. 손양원 목사의 신앙고백 10가지 감사

미국의 빌 클린턴 전(前) 대통령과 윌로우크릭 교회의 빌 하이벨스 담임목사 사이에 있었던 **"교회와 국가 둘 가운데 어느 곳이 다스리기 쉬운가?"**라는 대화에 대한 유명한 일화가 있다. 빌 클린턴 대통령이 "미국이라는 나라가 훨씬 크고 방대하기 때문에 통치하기가 더 어렵다"라고 말한 것에 반해서 빌 하이벨스 목사는 "국가는 시키는 대로 하지 않으면 벌금을 부여하거나 법으로 처벌을 하면 되지만 교회는 자발적으로 할 수 있도록 해야 하기에 훨씬 통치하기 어렵다"라고 말했다는 것이다. 나는 이 글을 읽으면서 사람이 살면서 가슴에서 우러나오는 진정한 감사를 실천하며 산다는 것이 얼마나 어려운 일인지를 다시 한 번 느끼게 되었다.

그래서 일본의 유명한 신학자 우치무라 간조가 그런 말을 했나 보다. **"만일 하나님이 인간을 저주하신다면, 그것은 질병이나 실패나 배신이나 죽음으로 저주하는 것이 아니라 감사함을 잃어버리는 메마른 심령으로 저주하게 될 것이다"**라고.

1948년 10월 27일 손양원 목사는 두 아들을 한꺼번에 잃고 치른 장례식장에서 그 누구도 생각하지 못했던, 신앙고백과 같은 10가지 감사를 낭독했다.

"여러분, 내 어찌 긴 말의 답사를 드리리요. 내가 아들들의 순교를 접하고 느낀 몇 가지 은혜로운 감사의 조건을 이야기함으로 대신할까 합니다.

첫째, 나 같은 죄인의 혈통에서 순교의 자식들을 나오게 하였으니 하나님께 감사합니다.

둘째, 허다한 많은 성도들 중에 어찌 이런 보배들을 주께서 하필 내게 주셨는지 그 점 또한 주께 감사합니다.

셋째, 3남 3녀 중에서 가장 아름다운 두 아들 장자와 차자를 바치게 된 나의 축복을 하나님께 감사합니다.

넷째, 한 아들의 순교도 귀하다 하거늘 하물며 두 아들의 순교이리요. 하나님 감사합니다.

다섯째, 예수 믿다가 누워 죽는 것도 큰 복이라 하거늘 하물며 전도하다 총살 순교 당함이리요. 하나님 감사합니다.

여섯째, 미국 유학 가려고 준비하던 내 아들, 미국보다 더 좋은 천국 갔으니 내 마음 안심되어 하나님 감사합니다.

일곱째, 나의 사랑하는 두 아들을 총살한 원수를 회개시켜 내 아들로 삼고자 하는 사랑의 마음을 주신 하나님께 감사합니다.

여덟째, 내 두 아들의 순교로 말미암아 무수한 천국의 아들들이 생길 것이 믿어지니 우리 아버지 하나님께 감사합니다.

아홉째, 이 같은 역경 중에서 이상 여덟 가지 진리와 하나님의 사랑을 찾는 기쁜 마음, 여유 있는 믿음 주신 우리 주 예수 그리스도께 감사 감사합니다.

끝으로 나에게 분수에 넘치는 과분한 큰 복을 내려 주신 하나님께 모든 영광을 돌립니다.

이 일들이 옛날 내 아버지, 어머니가 새벽마다 부르짖던 수십 년간의 눈물로 이루어진 기도의 결정이요, 나의 사랑하는 한센 병자 형제 자매들이 23년간 나와 내 가족을 위해 기도해 준 그 성의의 열매로 믿어 의심치 않으며 여러분께도 감사드립니다."

그리고 손양원 목사는 슬퍼하는 기색도 없이 장례 행렬 맨 앞에서 "영광일세 영광일세 내가 누릴 영광일세"를 찬송하며 걸어갔다. 그리고 맞이한 첫 주일. 손양원 목사는 두 아들을 보낸 감사헌금을 하나님께 드렸다. 액수는 1만 원. 그 당시 손양원 목사의 월급이 80원이었다고 하니 125달, 10년치 사례비에 해당하는 거금이었다. 지금도 손양원 목사 기념관에 가면 뚜렷하게 쓰인 감사헌금 봉투가 있다. **"두 아들 순교 감사하며 1만 원. 손양원."**

영국의 기자가 유명한 극작가 버나드 쇼를 찾아가 물었다. "세계의 모든 책이 다 불타도 남아 있어야 할 책이 있다면……." 그러자 버나드 쇼는 **"성경의 욥기입니다. 가난해도 병들었어도 자식을 잃어버렸어도 아내가 배신을 해도 감사할 줄 알았기 때문입니다."** 손양원 목사의 신앙고백 같은 10가지 감사는 주님이 오시는 날까지 살아남아 믿음의 후진들에게 '믿음으로 말하는 신앙고백'이 될 것이다.

주여! 저도 그렇게 살게 하옵소서!

12. 원수를 아들로 삼은 사랑의 원자탄

여수·순천 반란이 진압된 후 동인, 동신 형제를 죽인 안재선은 체포되어 총살을 당하게 되었다. 그 소식을 들은 손양원 목사는 계엄사령관을 찾아가서 **"죽은 내 아들들은 결코 자기들 때문에 친구가 죽는 것을 원치 않을 것입니다. 만일 이 학생을 죽인다면 그것은 동인, 동신 형제의 죽음을 값없이 만드는 것입니다"**라고 하면서 안재선의 석방을 간청하였다. 손양원 목사의 진심이 받아들여져서 안재선은 석방되었다. 그 후 손양원 목사는 안재선을 손재선이라 하여 자신의 양아들로 삼았다. 그리고 부산의 고려성경고등학교에서 신학을 공부하게 하고 전도사로 키워내는 놀라운 사랑의 역사를 보여주었다. 후에 손양원 목사가 순교하자 안재선은 맏상주가 되어 장례식을 치렀다.

사람들의 머리 속에 자리 잡고 있는 손양원 목사에 대한 기억은 무엇보다도 두 아들을 죽인 원수를 양자로 삼은 일일 것이다. 원수 안재선을 자신의 성을 따서 손재선이라고 하면서까지 사랑을 실천한 그를 사람들은 '사랑의 원자탄'이라고 불렀다. 그런데 이런 사랑의 은혜를 입은 안재선에 대한 기록은 의외로 적었다. 아마도 용서는 받았지만 사람들의 따가운 시선은 분명 부담스러웠을 것이다. 손양원 목사는 부흥회를 다닐 때 안재선과 동행했으나 함께 다니는 것이 오히려 안재선에게 좋지 않은 영향을 끼치자 후에는 동행하지 않았다고 한다. 신학을 하고 목회자의 길을 걷고 싶었던 안재선은 주위 사람들의 따가운 시선 때문에 포기하고 결국 세상 사람들의 눈을 피해서 숨어 살았다고 그의 아들 안경선 목사는 전한다. 말년에는 제주도에서 어물 도매 사업을 하다 1979년 12월 서울에서 별세했다.

13. 순교 그리고 영광

1950년 6월 25일. 남한을 침공한 북한은 파죽지세로 남하했다. 교회들은 문을 닫고 피난하기에 바빴다. 그러나 손양원 목사는 교회에 남아 계속 교회 종을 치게 했으며, 자신이 강사가 되어 특별 집회를 인도했다. 이때 손양원 목사는 피신해야 한다는 성도들의 간청을 거절할 수 없어 함께 송별예배를 드리고 배에 올라가 마지막 찬송을 부른 후 갑자기 혼자만 배에서 가방을 들고 뛰어 내렸다.

성도들이 "목사님, 왜 피난을 가지 않고 다시 배에서 내려가시는 겁니까?"라고 묻자, 손양원 목사는 "나는 원래 피난을 가지 않는다고 했지 않습니까? 주의 이름으로 죽는다면 얼마나 영광스럽겠습니까? 그리고 만일 내가 피신한다면 1천 명이나 되는 양 떼들은 어떻게 합니까? 내가 만일 피신을 한다면 그들을 자살시키는 것이나 다를 것이 무엇입니까?" 하며 피신하기를 완강히 거부하고 제직들만 피신시켰다.

손양원 목사는 1950년 9월 13일 공산군에게 체포되어 1950년 9월

28일 저녁 11시 여수 근교 미평에서 마지막까지 양들을 보호하고 자기를 죽이려는 자들에게 그리스도의 복음을 전하다가 공산군의 총에 순교했다. 당시 손양원 목사의 나이는 48세였다.

손양원 목사는 순교의 제물이 되는 것이 소원이었다. 주기철 목사가 순교했을 때에도 자신에게는 순교의 기회가 오지 않는다고 하여 한없이 울었다. 그래서 손양원 목사는 옥중에서도 자신이 순교자가 되어 주님 가신 길을 가는 것이 소원이라고 간절한 기도를 했다.

한번은 옥중에서 이런 일이 있었다. 일본 순사들이 손양원 목사에게 소금물 고문을 계획했다. 이 사실을 안 간수가 손양원 목사를 찾아와서 "목사님! 오늘 저녁에는 거꾸로 달아매서 코에 소금물을 넣는 고문을 합니다. 한 주전자만 붓는데 목사님이 오늘 저녁에 아무 것도 안 드시고 가셔서 그 한 주전자만 다 마시고 나면 별 고통 없이 나올 수 있습니다"라고 전해 주었다.

그 소리를 들은 손양원 목사는 주를 위해 고난을 받다가 죽는 것만큼 큰 행복이 없다고 생각하고 그날 저녁, 방 식구들이 먹어야 할 물까지 모두 마셨다. 물을 실컷 마시고는 '오늘 저녁에는 나도 주님이 죽기까지 나를 사랑하심같이 나도 주님 한번 사랑할 수 있겠다'는 소망을 가지고 기뻐서 갔는데 물고문을 시키지 않아서 실망을 했다고 한다. 이처럼 손양원 목사는 기회만 있으면 주를 위해서 죽고자 했다. 다음의 글을 보면 과연 그가 얼마나 순교를 고대하면서 살았는가를 알 수 있다.

"제일 좋은 죽음은 주를 위해 죽는 죽음이니 한없이 복됩니다. 나는 이제 살기를 도모하기보다 어떻게 하여야 주를 위해 잘 죽을까 결심하고 기도합니다."

이렇게 주를 위해 순교하기를 기도했고 소원했던 손양원 목사는 그의 기도대로 순교자의 자리에 앉게 된 것이다.

14. 손양원 목사와 그의 아버지 손종일 장로

손양원 목사의 별명은 삼경 목사(三驚牧師)이다. 손양원 목사를 만나면 세 번 놀란다고 해서 붙여진 이름이다. 손양원 목사를 만나면 외모가 멋지게 생겼을 것이라고 생각하고 있다가 그 외모가 초라하고 볼품이 없어서 첫 번째로 놀라고, 다음으로 그 조그마한 체구에서 뿜어져 나오는 소리에 놀라고, 세 번째는 설교 말씀에 놀란다고 한다. 그래서 별명이 삼경 목사다. 손양원 목사는 순교의 제단에 자신의 피를 드림으로써 그 별명처럼 세상을 놀라게 한 목사가 되었다.

손양원 목사에게 있어서 아버지 손종일 장로의 신앙적 가르침은 결정적이었다. 손종일 장로는 자녀들에게 상투를 자르는 결단, 밤마다 성경 읽는 열심, 제사를 파하고 집안에서 내몰리는 고난, 비오는 날이면 자식들을 등에 업고 교회 다니는 열심, 성전 건축을 위해 논 전부(다섯 마지기)를 드리는 충성을 보여주었다.

일본 경찰이 손양원 목사를 붙잡아 갈 때(1940. 9. 25) 손종일 장로는 아들의 등에 대고 "손 목사야, 누가복음 9장 62절과 마태복음 10장 37절로 39절을 마음에 깊이 새기래이" 했다고 한다. 아버지가 가슴에 새기라고 했던 말씀은 **"예수께서 이르시되 손에 쟁기를 잡고 뒤를 돌아보는 자는 하나님의 나라에 합당하지 아니하니라"**(눅 9:62)는 말씀과 **"아버지나 어머니를 나보다 더 사랑하는 자는 내게 합당하지 아니하고 아들이나 딸을 나보다 더 사랑하는 자도 내게 합당하지 아니하며 또 자기 십자가를 지고 나를 따르지 않는 자도 내게 합당하지 아니하니라 자기 목숨을 얻는 자는 잃을 것이요 나를 위하여 자기 목숨을 잃는 자는 얻으리라"**(마 10:37-39)는 말씀이다.

그리하여 그는 평생 예수 중독자가 되어 살았다.

"나 예수 중독자가 되어야 하겠다.
술 중독자는 술로만 살다가 술로 인해 죽게 되는 것이고
아편 중독자는 아편으로 살다가 아편으로 인해 죽게 되나니

우리도 예수로 살다가 예수로 인해 죽자.

우리의 전 생활과 생명을 주님을 위해 살면

주같이 부활된다.

주의 종이니 주만 위해 일하는 자 되고

내 일 되게 하지 말자."

15. 글을 맺으면서

맺는 글은 1950년 10월 29일 남대문교회에서 열린 손양원 목사 추모 예배 중에 박형룡 박사의 추모사 마지막 글로 대신하려 한다.

"그는 위대한 경건인이요, 전도자요, 신앙의 용사요, 나환자의 친구요, 원수를 사랑한 자요, 순교자요, 성자이다. 그는 기도로 호흡을 삼고, 성경으로 양식을 삼아 영적 만족과 감사, 충만함으로 찬송을 끊지 않은 경건인이었다. 그리고 수많은 부흥사경회를 통한 감옥에서의 전도 등으로 위대한 전도자가 되었다. 해방 후 그는 부흥회를 5년 남짓 약 60여 회를 인도했다. 그리고 그는 또 위대한 신앙의 용사로서 신앙의 절개를 지키기 위해 일제 말기 신사참배를 거부하고 수년간 옥고를 치른 분이다. 한센 병자의 위대한 친구로 부산 한센 병원 전도사로 교육을 시작한 이래 여수 애양원 한센 병자 교회에서 남은 여생을 헌신했다. 또 그는 원수를 사랑한 위대한 사람이다. 사랑하는 두 아들을 죽인 자를 용서하고 오히려 자식으로 삼아 회개시켰

다. 그는 양 떼를 위해 영광스러운 의의 면류관을 쓰신 위대한 순교
자이다."

하늘의 음성을 듣고 산 사람
신석구 목사

"주님의 십자가가 내 마음 눈앞에 나타나며, 주님의 옆구리에 흐르는 피가 내 머리에 떨어진 듯하여 나는 그 십자가 밑에 엎드린 것과 같았습니다. 이상하게도 그 순간에 가슴이 찢어질 듯이 북받쳐 오르던 죄 뭉치가 구름이 흩어지듯, 안개가 사라지듯 완전히 없어지고 말로 형용할 수 없는 평화와 기쁨이 넘쳤습니다."

유교풍의 가정에서 태어난 신석구가 자신 속에 존재하는 죄 덩어리를 발견하고 성결의 체험을 하는 순간이었다.

1. 방랑 생활

신석구(申錫九, 1875-1950). 그는 감리교 목사로, 독립운동가로, 3·1운동 때는 민족대표 33인 중의 한 사람으로 소중하게 쓰임 받은 하나님의 사람이었다. 신석구는 1875년 5월 3일 충북 청주군 미원면 금관리에서 신재기 씨의 차남으로 태어나서 어린 시절부터 엄격한 유교의 가풍 속에서 한학을 배우며 성장하였다. 그의 아버지는 뛰어난 유학자였기에 아버지의 영향을 크게 받았다. 그의 집안은 주변에서 '효자' 집안으로 칭송받던 선비 집안이었으며, 출생하여 8세 때부터 할아버지에게 한문 수업을 받기 시작했고, 19세 때는 서당을 차리고 훈장 노릇을 할 정도까지 되었다. 그러나 의지했던 아버지가 사망하자 큰 충격을 받고 고향을 떠나 방랑 생활을 시작하였다.

신석구는 22세 때 전주 이 씨와 결혼하였고, 고향 친구 김진우와 함께 전당포 사업을 했으나 5년 만에 파산을 맞았다. 그는 친구 대신 감옥에 갔혔다가 병보석으로 풀려난 틈에 야반도주하여 고향을 떠났다. 그의 나이 31세 때(1906년)였다. 신석구의 출가 동기는 정치적인 것이라기보다는 경제적이었다. 친구와 함께하던 전당포 사업이 망하고 더 이상 희망적인 근거를 찾기 어려워 고향을 떠났던 것이다. 그는 서울에서 우연히 전당포 동업자 친구 김진우를 만났는데 그 사이 기독교인이 된 친구는 신석구를 자신이 살고 있던 고랑포로 데리고 가서 집중적으로 전도했다.

2. 드디어 개종하다

　유학자로서 남다른 자부심과 긍지를 갖고 있던 신석구가 쉽게 개종할 리 없었다. 그러나 친구가 권하는 성경책을 읽으며 기독교를 연구하기 시작했다. 그러면서 임금도 없고 애비도 없는 '무군무부(無君無父)의 종교'로 폄하했던 기독교에 대한 편견이 서서히 사라졌다. 결국 "유교와 기독교 사이에 어느 것이 더 완전한가?"라는 주제로 '심중전(心中戰)'을 벌이게 되었다. 그리고 유교의 부족한 부분을 기독교가 채워줄 수 있다는 '보유론(補儒論)' 입장에서 개종을 결심하였다. 그는 또한 유교보다 기독교가 '구국(救國)'의 방편으로도 유리하다는 결론을 얻었다.

　"참으로 나라를 구원하려면 예수를 믿어야겠다. 나라를 구원하려면 잃어버린 국민을 찾아야겠다. 나 하나 회개하면 잃어버린 국민 하나를 찾는 것이다. 내가 믿고 전도하여 일인이 회개하면 또 하나를 찾는 것이다. 그리하여 잃어버린 국민을 다 찾으면 나라는 자연 구원할 것이다. 현금(現今) 우리나라는 죄악이 관영하다. 주색잡기에 침범치 않은 자가 기인(幾人)이나 되나. 내가 예수 진리는 모르나 우리가 다 예수를 믿어서 주색잡기만 아니 한대도 잃어버린 국민을 찾는 것이 되겠다." - 자필 신석구 자서전

　'잃어버린 국민을 되찾는다'는 생각에서 개종을 결심한 신석구는 1907년 7월부터 고랑포교회에 다니기 시작했다. 바로 그 무렵 개성 북부교회를 담임하고 있던 정춘수 전도사가 고랑포교회를 방문하여

설교를 했다. 신석구로서는 어려서부터 그의 효행에 대한 소문을 듣고 마음속으로 '흠모하던' 고향 친구를 만난 것에 크게 감격하였다. 정춘수는 갓 개종한 신석구에게 기독교 교리를 가르쳐 주었을 뿐 아니라 그를 개성으로 데리고 가서 자기 집에 1년간 유숙하게 하고 그곳 선교사들에게 소개하였다. 신석구는 1908년 3월 개성 남부교회에서 왓슨(A.W. Wasson) 선교사에게 세례를 받고 정식 교인이 되었다.

3. 죄 사함의 은혜를 받다

1907년 7월 14일 개종을 결심하고 고랑포교회에 출석하여 주일예배를 드리고 돌아온 날 밤 그는 엎드려서 "7세 이후 33세까지 기억되는 모든 죄악을 고하고" 용서를 빌었다. 이 같은 회개기도를 다음날 아침과 밤에도 반복했다. 그러나 세 번째 같은 내용을 반복하려는데 갑자기 음성이 들려왔다. **"하나님이 왜 귀가 어두우시냐? 한 번만 고하여도 다 사하셨을 것인데 세 번까지 기도할 것이 무엇이냐?"** 이것은 그가 기독교인이 된 후 처음으로 받은 은혜였다. 그 후로 그는 과거의 죄책감에서 완전히 해방되었다.

4. 의사보다 전도자로

신석구를 고랑포까지 오게 한 친구는 김진우이다. 그리고 신석구에게 예수님을 끈질기게 전해서 교회에 출석하게 한 친구도 김진우이다. 1907년 여름 고향 친구였던 정춘수는 남감리교 안에서 영향력이 있는 전도사가 되어 고랑포교회에 설교하러 왔다. 정춘수는 신석구에게 기독교의 기본적인 교리를 가르쳐 주면서 개성에 가서 일할 것을 권했다. 김진우의 허락하에 개성에 간 신석구는 의사 선교사였던 리드(W. T. Reid, 李尉萬)에게 한국어를 가르쳐 주는 어학 선생을 했다. 이때 고랑포에서 약국을 하는 친구 김진우가 와서 의사 공부를 해서 가족과도 함께 살고 부채도 갚을 것을 권유했다. 전도하며 살 것을 결심했던 신석구는 고민하던 중 **"부채를 위하여 기도하지 말고 하나님께서 쓰시기에 적합한 사람이 되기 위하여 기도하라"**는 하나님의 음성을 듣고 문제를 해결받는다.

5. 신학을 공부하다

신석구는 개종과 함께 전도를 결심하였다. 그의 희망대로 그는 세례를 받은 1년 후 개성북부교회 권사가 되고 설교와 심방을 하는 '전도 일'에 종사하게 되었다. 그에게 전도는 단순히 '교인 만들기'가 아니었다. 잃어버린 국민을 되찾는 작업이었고, 그렇기 때문에 전도는 구국의 방편이었다. 1908년 3월 29일 주일에 왔슨 선교사에게 세례를 받은 신석구는 그해 4월부터 협성성경학교에 입학해서 신학 수업을 받기 시작했다. 그러나 교회의 잦은 이동과 어려운 가정 형편으로 신학 과정을 제대로 이수할 수가 없어서 결국 신학교 입학 14년 만인 1922년에야 졸업했다. 1910년 신석구는 전도사 면접에서 낙방했다. 그 당시 감리교 연회는 목회자가 부채가 있으면 목회 활동에 지장을 준다고 하여 한국인 전도사들의 부채에 대해서 철저히 확인하는 분위기였다. 신석구는 그 당시 60원의 부채가 있었는데 심사위원의 질문에 부채 60원이 있다고 답하자 낙방한 것이다. 그리고 1917년 6월 남감리회 연회에서 신석구는 목사 안수를 받았다.

6. 중생을 체험하다

신석구가 삶의 바른 길과 진리를 깨달아 가는 방법은 크게 세 가지로 볼 수 있다.

먼저는 그가 어려서 가졌던 유교를 바탕으로 한 것이다.
신석구는 19세 되던 해 10월부터 5개월 동안 '하류 계급의 유부녀'와 동거를 한다. 이것이 그가 기독교인이 되기 전 겪었던 '1차 타락'이다. 신석구가 이런 타락에서 나올 수 있었던 것은 율곡이 지은 《격몽요결》(擊蒙要訣)을 읽은 후이다. 율곡은 《격몽요결》 제2장 '폐구습'(廢舊習)에서, 학문에 뜻을 둔 사람이 많으나 학문을 이룬 사람이 적은 것은 학문을 하는 데 방해가 되는 낡은 구습을 버리지 못하기 때문이라고 지적하면서, 초학자(初學者)가 우선 버려야 할 구습으로 여덟 가지를 들었다. 그중 첫 번째는 게으름을, 여덟 번째는 절제를 못하여 노래와 여자에 취해 사는 것을 경계했는데 스무 살에 읽은 《격몽요결》이 흐트러졌던 생활을 바로잡는 데 도움을 주었다.

결혼 2년 후에는 군수(郡守) 집 아이의 훈장이 되자 친구들이 그에게 농담 반 진담 반으로 "한 밑천 잡고 오라"고 했다. 이 말은 그 당시 정치적 부패로 군수는 물론 말단직원까지 백성들의 재물을 착취하던 시대였기 때문이었다. 실제로 군수 집 아이를 가르치면서 여러 번 물질의 유혹을 받았지만 군수 집 훈장 10개월 만에 **"내가 3년만 이곳에 있으면 나를 잃어버리겠다. 나를 잃어버리기 전에 조속히 떠나야겠다"** 하며 그 자리를 떠났다.

두 번째는 심중전(心中戰)이라는 것인데, 이는 혼자 스스로 묻고 대답하는 자문자답의 형식으로 문제를 해결하는 것이다. 1907년 봄 죄인임을 깨달으라는 김진우와 고랑포교회 교인들의 추궁 앞에 신석구는 심중전을 벌인 끝에 자신이 죄인임을 고백한다. 또한 어릴 때부터 배워 온 유교와 친구로부터 전해 들은 기독교 사이에 어느 것이 더 완전한가에 대한 심중전은, 기독교가 유교보다 개인과 국가를 구원할 수 있는 종교임을 깨닫고 개종하는 데 결정적인 기둥이 되었다.

세 번째는 하나님의 음성을 듣는 방법이었다. 이 방법은 심중전 끝에 하나님의 직접적인 개입으로 문제를 해결해 주는 방법이다. 개성에서 남감리교 전도인이 된 신석구는 남에게 복음은 전하지만 확신이 없어서 고민하던 차에 장효경이라는 친구와 함께 장단군 화장사로 산 기도를 갔다. 이튿날 되던 날 장효경은 신석구에게 **"다른 사**

람들이 당신을 교만하다고 한다"라고 말해 주었다. 이것이 그의 기도제목이 되었다. 신석구는 기도하면서 윤리적인 문제의 죄악이 아니라 자신 속에 죄악의 덩어리가 있음을 깨달았다. 눈만 감으면 보이는 죄악 덩어리를 놓고 이틀 밤 하루 낮을 '**무덤 속에 들어간 것처럼**' 절망 가운데 애통하며 기도했다. 사흘째 되던 날 그의 입에서는 "**하나님이여, 이제 내가 참으로 예수께서 이 죄인을 위하여 죽으심을 믿사오니 이 믿음만 보시고 용서하여 주소서**" 하는 기도가 나왔다. 그 순간 그에게 하나님의 은혜가 임했다.

> "'용서하여 주소서' 할 때에 주님의 십자가가 내 마음 눈앞에 나타나며, 주님의 옆구리에 흐르는 피가 내 머리에 떨어진 듯하여 나는 그 십자가 밑에 엎드린 것과 같았다. 이상하게도 그 순간에 가슴이 찢어질 듯이 북받쳐 오르던 죄 뭉치는 구름이 흩어지듯, 안개가 사라지듯 아주 없어지고 말로 형용할 수 없는 평화와 기쁨이 넘쳤다." – 자필 신석구 자서전

1909년 7월 29일 아침 6시. 신석구가 그리스도인으로 다시 태어나는 순간이었다. 소위 중생, 혹은 신생의 체험이라고 하는 거듭남의 체험을 한 것이다.

7. 민족대표 33인 중 한 사람이 되다

신석구 목사는 '잃어버린 국민'을 되찾기 위해서 기독교로 개종했

기 때문에 하나님의 뜻에 절대적으로 순종하는 목회자가 되어 교회를 위해서 봉사했다. 어느 날 친구 오화영 목사로부터 3·1운동 민족대표로 참석해 달라는 부탁을 받았다. 그러나 그는 "목회자로서 정치운동에 참여하는 것이 하나님의 뜻에 합한 것인가?" 하는 것과 "기독교와 교리가 다른 천도교나 불교와 연합하는 것이 옳은가?" 하는 문제로 결심하지 못했다. 그는 2월 27일 새벽 **"4천 년 내려오는 강토를 네 대(代)에 와서 빼앗긴 것도 큰 죄인데 기회가 와서 함께 참여하지 않으면 더 큰 죄가 아닌가?"**라는 하늘의 음성을 듣고 참여하게 된다. 그러나 아직 시기상조라고 말하는 사람에게 **"나는 지금 독립을 거두러 가는 것이 아니라 심으러 들어간다"**라고 말했다. 그래서 신석구 목사는 독립선언서에 서명한 민족대표 33인중에 제일 늦게 참여한 사람이 되었다. 1919년 3월 1일. 태화관에서 거행된 독립선언식에서 신석구 목사는 일본 경찰에 체포되고 내란죄가 적용되어 2년 8개월 동안 수감되었다가 1921년 11월 4일 경성감옥에서 만기 출옥한다.

8. 목회 활동

감리교의 특징은 목회자 파송권을 가진 감독이나 감리사에 의해서 목회자의 목회지가 결정되는 '파송 제도'에 있다. 특별한 사유가 없으면 4년마다 목회지를 바꾸었다. 이것은 장기 계획을 가지고 목회를 할 수 없는 단점도 있지만 담임목사직의 세습이나 사람에 매여서 목회를 제대로 하지 못하는 폐단을 막을 수 있는 장점도 있었다.

1950년대에는 이 제도가 철저하게 시행되었다.

1925년 9월 신석구 목사는 원산에서 4년을 목회하였기에 임지가 바뀔 것을 예상하였다. 자신은 어디로 가든지 상관없으나 중학교에 다니는 둘째와 셋째가 걱정이 되었다. 신석구 목사는 그 당시 원산 지방 장로사(長老司, 지금의 감리사)였던 터너(V. R. Turner, 天御)를 찾아가 "가정 형편이 어려워서 자녀를 유학시킬 수가 없으니 중학교가 있는 곳에 보내 주었으면 좋겠다"라고 하기 어려운 청탁(?)을 하였다. 그러나 9월 8일 회의 마지막 날 신석구 목사는 원산보다 훨씬 열악한 고성으로 배정받았다. 그로서는 감당하기 어려운 파송이었다.

"그 소리를 들으니 정신이 아득하고 그다음 다송기(派送記) 부르는 소리는 들리지 아니하였다. 나는 고개를 푹 숙이고 있는데 주님의 음성이 들렸다. '너는 내 종이니 종은 주인이 보내는 대로 갈 뿐이지 네가 자식 교육시키려고 목회를 하였느냐' 나는 고개를 숙인 채 자복 기도(自服祈禱)를 하였다." - 자필 신석구 자서전

신석구 목사는 1925년 고성으로 파송되면서부터 1930년까지 5년 동안 고성 - 춘천 - 가평 - 서울 - 철원 - 한포로 다섯 번을 옮겼다. 파송이라서 순종할 수밖에 없었지만 50이 넘은 목사가 가족을 이끌고 1년에 한 번씩 이사를 한다는 것은 쉬운 일이 아니었다. 신석구 목사

가 이렇게 많이 파송을 받은 것은 신석구 목사의 전도, 설교, 목회 능력을 높게 평가한 선교부나 지방에서 경쟁적으로 초빙한 결과라고 볼 수 있다. 그는 실제로 명설교가였다.

천안읍교회에 부임한 지 2년째 되던 1937년 4월, 진남포 지방의 이호빈 감리사로부터 진남포 지역에 교회가 하나 비었는데 오지 않겠느냐는 연락을 받았다. 환경과 조건은 천안보다 훨씬 좋았다. 가족은 찬성이었지만 교회가 계속 있기를 원해서 쉽게 결정하지 못하고 기도하는데 응답이 없었다. 이때 양주삼 총리사로부터 충격적인 말을 들었다. "교회에서 다 원하는 줄 아시오? 교회 청년들은 반대한답니다." 신석구 목사는 예상치 못한 말에 충격을 받았다. '나를 원치 않는 교인이 있다면 당장이라도 떠나겠다'는 생각에 이호빈 목사에게 가겠다고 전보를 치려고 나가는데 하늘의 음성이 들렸다.

"만일 네 자식이 너를 반대한다고 하면 자식을 버리고 가겠느냐?"
"어찌 자식을 버리고 갈 수 있겠습니까?"
"그러면 네가 교회 청년은 네 자식만큼 생각지 못하여 그들이 반대한다고 저버리고 가려는 것이 아니냐? 네가 교회 청년을 자식만큼 생각 못하였으니 반대 받는 것이 당연한 것이 아니하냐? 만일 네가 자식같이 사랑하였던들 반대할 이유가 있겠느냐?" - 자필 신석구 자서전 그는 다시 울면서 회개하였다. 반대하는 청년들에 대한 섭섭함은 사라지고 그들을 자식만큼 사랑하지 못한 자신의 죄를 회개했다. 그러던 차에 수원 지방 감리사였던 박영석 목사가 사도행전처럼 제비를 뽑아서 결정을 하면 어떻겠느냐는 조언을 했다. 둘이 간절히 기도한 후 제비를 뽑자 천안에 머무는 것으로 결정이 났다. 신석구는 더 이상 고민하지 않고 최선을 다하여 교회와 청년들을 사랑하였다

9. 십자가 십자가

'십자가'는 신석구 목사의 신앙과 삶에서 핵심 중의 핵심이다. 1909년 화장사 산 기도 중 '십자가 보혈'이 그의 머리에 떨어지는 환상을 체험한 순간부터 그의 목회와 가정생활에 어려움이 올 때마다 '십자가 보혈'은 그에게 용기와 위로가 되었다.

신석구 목사는 지방에서 가장 큰 천안읍교회를 담임하고 있었지만 가정 형편은 늘 어렵고 힘들었다. 그러던 그가 물질의 문제에서 완전히 해방된 것은 그의 나이 63세 되던 해(1937년)이다. 목회 시작 30년이 넘었고 나이는 환갑이 지났음에도 불구하고 여전히 빈곤 상태를 벗어나지 못하고 있는 자신의 처지를 생각하며 새벽에 기도하고 있는데 '하늘의 음성'이 들렸다.

"내가 너에게 좋은 집을 주지 아니하고 내가 지던 십자가를 주었다."

그것은 그가 지금까지 들어왔던 어느 '하늘의 음성'보다 더 큰 은혜로 임했다.

"이 음성을 들을 때 너무 감탄하여 많이 울었다. 내가 어찌 감히 주님이 지시던 십자가를 질 수 있을까? 이는 나의 영광 중 가장 큰 영광이다. 다른 사람은 십자가를 괴로운 것으로 알지 모르나 나에게는 영광의 십자가이다. 그 후에도 간혹 악마의 유혹이 들어왔으나 십자가로 물리쳤다." - 자필 신석구 자서전

그는 주님의 십자가를 연구해서 안 것이 아니라 직접 들려오는 '하늘의 음성'을 통해서 알게 된 것이다.

10. 신석구의 절친한 친구 정춘수의 변절

신석구 목사가 천안읍교회에서 3년째 목회를 하던 1938년은 신사참배의 핍박이 절정을 달했다. 그해 9월 장로교가 총회에서 신사참배를 가결했고, 신석구 목사가 속해 있던 감리교는 그보다 2년 먼저 1936년 4월 기관지 〈감리회보〉에 신사참배 문제에 대한 총독부 학무국장의 통첩문을 그대로 수록함으로 사실상 신사참배를 수용하는 자세를 취하였다. 천안경찰서는 1938년 봄 들어 사흘이 멀다 하고 신사참배를 반대하는 신석구 목사를 호출하여 조사를 벌였다. 이 과정에서 신석구 목사가 견딜 수 없는 아픔을 당하는데 바로 동네 고향 친구 정춘수 목사의 배반이다.

정춘수 목사는 1875년 2월 11일 충북 청주군 회원면 두산리(현 청

원군 가덕면 계산리)에서 출생하였고 신석구는 5월 3일 청주군 미원면 개동(현 청원군 미원면 금관리)에서 출생했다. 두 곳은 30리(약 12km) 정도밖에 떨어지지 않았다. 정춘수는 유학자의 가정에서 자라서 한학을 배웠고 11세 때 부모가 별세하자 3년간 상복을 벗지 않고 부모 산소에 초막을 짓고 생활함으로 인근에서 '효자' 칭호를 받았다. 그는 26세 때(1901년) 고향을 떠날 때까지 계속 유학을 공부했다.

그는 청일전쟁 이후 노골화된 일본의 침략으로 어수선한 가운데 '구국운동'에 헌신할 뜻을 품고 러시아를 거쳐 유럽으로 갈 생각에서 시베리아 블라디보스톡으로 가는 배를 타기 위해 원산으로 갔다. 그런데 그가 묵은 여관집 주인이 교인(敎人)이라 정춘수는 그로부터 전도를 받고 신약성경을 세 번 통독한 끝에 '원수까지 사랑할 것'을 가르치는 기독교로 개종하였다.

1904년 6월 선교사 하디에게 세례를 받고 1905년 9월부터 전도 활동에 임했으며, 1906년 9월 개성 북부교회 전도사로 부임하여 개성과 그 인근 고랑포와 장단 일대를 순회하며 목회하였다. 그러던 중 고랑포에서 '고향 친구' 신석구를 만난 것이다.

정춘수 목사는 신석구가 고랑포에 있을 때 개성으로 가게 한 사람이었다. 개성에서 1년 동안 자기 집에 묵게 하면서 선교사 어학 선생 자리를 주선해 주었고, 3·1운동 때 '민족대표'로 참여하도록 동기를 부여하기도 한 친구였다. 옥중에서 결의를 맺은 동지로서 잊으려야 잊을 수 없는 관계였다. 그런데 그가 감리교 감독이 된 후에 1941년 3월 10일 혁신교단을 만들어 친일 행각을 벌이기 시작했다. 감독을 통리자(統理者)로, 목사를 교사(敎師)로 바꾸었고, 감리교의 가장 중요한 의회조직인 연회(年會)를 해산하고 대신 교구(敎區)를 만들었다. 그리고 1941년 10월에는 목회자들로 하여금 부여 신궁 조성 공사에 참여하도록 하였고, 철문과 철책 헌납과 애국헌금모금 실시를 지시하였다.

그리고 1942년 5월 총독부에서 징병제도 실시를 예고하자 "조선에 징병제도가 실시되도록 준비되는 것은 반도인(半島人)의 무쌍(無雙)한 영광이요 감격하는 바이다. 우리 교회에서도 이에 감사하고 일반 신도는 충분한 인식과 성의를 갖도록 할 것이며 청년은 더욱 심신을 단련하고 충군애국(忠君愛國)의 정열을 앙양하여 황군(皇軍)의 영예를 능담(能擔)하도록 준비할 것이다"라는 내용의 공시문(公示文)을 발표하였다.

이처럼 정춘수 통리가 지휘하는 혁신교단은 노골적으로 친일정책을 발표, 추진하였다. 이러한 '혁신교단'에 반대하거나 협조하지 않는 목회자들은 제명, 출교 혹은 휴직, 퇴직 처분을 받아 교회를 떠나야 했는데 1941년 5월 이후 해방되기까지 그런 식으로 감리교회 밖으로 추방된 목회자가 30명이 넘는다.

정춘수의 '혁신교단' 세력은 1943년 10월에는 목회자들에게 주일예배 때 일본어로 설교할 것과 구약성경 전체와 신약의 요한계시록을 읽지 말 것, 찬송가에서도 전쟁이나 평화, 메시아나 재림에 관한 찬송을 삭제할 것 등을 지시하였다. 그리고 마침내 1944년 3월에는 각 교회에 국방헌금을 실시할 것과 서울과 평양, 해주, 개성, 인천, 진남포, 원산, 강경, 강릉 등지의 34개 교회를 폐쇄하고 그 부동산을 매각하여 '감리교단 애국기(愛國機)' 3대를 헌납할 것을 발표하였다. 예배당을 팔아 비행기를 헌납한 것이다. 이 조치로 많은 교회가 해체되었고 교인들은 흩어졌다.

친구 목사의 변절을 지켜보다 못한 신석구는 1944년 여름, '소고기 두 근'을 들고 정춘수의 집을 찾아가 설득했다. 그러나 이미 반환점을 지나쳐버린 정춘수의 귀에 시골 교회 목사의 충고는 들리지 않았다. 오히려 정춘수 눈에 신석구는 현실을 모르는 이상주의자, 실패자로 비쳤을 것이다. 신석구는 '깊은 한숨을 내쉬며' 그 집을 나왔다. 이것이 두 사람의 마지막 만남이었다.

해방 후 정춘수는 반민특위에 끌려가 조사를 받았으나 풀려난 후 감리교회 통합총회 및 연합연회에 참석, 경기도 포천교회 담임으로 파송을 받았다. 통합총회에서 감독으로 선출된 김유순 감독으로서는 별로 내키지 않았지만 포천교회 교인들의 요청으로 이루어진 결정이었다. 그런데 정작 정춘수는 포천교회에 부임하지 않았다. 그에 대한 교회 내부의 부정적 여론을 감지한 그는 곧바로 김유순 감독에게 '사직원'을 제출하였고 감독은 그것을 수리했다. **그러고 나서**

6개월 후, 11월 20일 그는 천주교 명동성당에서 노기남 주교 집례의 '회정식'(回正式)에 참석하여 천주교 개종을 세상에 알렸다. 개신교회 감독까지 지낸 사람이 천주교회 평신도 신분으로 변모했다는 사실에 교계는 충격을 받았다. 특히 그가 속했던 감리교회로서는 더욱 그러했다. 정춘수는 김유순 감독 특사로 그의 개종 사실을 확인하기 위해 찾아온 과거 동료 목사에게 감리교회를 떠나게 된 동기를 비교적 솔직하게 진술했다.

"삼일운동 때 33인의 하나로 나라를 위하여 싸우겠다는 나의 정신은 오늘까지 변치 않았다. 그러나 세태의 변함을 따라 전쟁이 점점 심해짐으로 일본 정부와 협력하는 척했고, 아홉 교회를 살리기 위하여 한 교회를 희생시키지 않을 수 없었다. 이것이 세인들이 나를 친일파라고 부르는 까닭이다. 나의 밑에서 나의 지도를 받고 지내던 사람들이 나를 친일파라고 교회적으로 사회적으로 정치적으로 갖은 방법과 수단을 다해서 나를 중상하며 전부터 말해 오던 숙청을 하려 하니 나는 숙청을 당하기 전에 먼저 내가 자가 숙청을 한 것이다."

충북 청주의 우암산 중턱에 가면 청주 출신으로서 3·1운동 독립선언서에 서명을 한 자랑스러운 6명의 동상(손병희, 권동진, 권병덕, 신홍식, 신석구, 정춘수)이 있다. 충북도청과 청주시가 1980년 우암산 자락에 삼일공원을 조성하면서 동상을 세운 것이다. 그곳에 정춘수 동상은 제일 오른쪽 끝, 신석구는 그 바로 왼쪽에 위치했다. 그런데 1995년 2월 문민정부의 '역사 바로 세우기' 열풍이 전국을 휩쓸기 시작할 때 청주지역 시민단체들도 "친일파의 동상을 세워 둘 수 없다"며 정춘수 동상 철거운동을 벌이기 시작했다. **그리고 1년 동안 철거를 둘러싼 공방이 오고간 끝에 1996년 2월, 경찰당국의 '묵인 방조' 아래 청년, 학생들의 손으로 정춘수 동상은 '강제 철거' 되었다. 그래서 지금 우암산 삼일공원에 정춘수 동상은 없고 빈 좌대만 남아 있다.** 그러나 그 옆에는 두루마기 차림의 신석구 동상이 여전한 모습으로 남아 있다. 청주시는 친일 행적 논란으로 강제 철거됐던 정춘수 동상이 있던 자리에 높이 4m, 폭 3m 크기로 '선열들의 희생은 꺼지지 않는 횃불처럼 영원히 기억됨'을 표현하는 대형 횃불 조형물을 설치하기로 했다.

11. 해방과 순교

신석구 목사는 8·15해방을 용강경찰서에서 맞았다. 해방 후 유사리교회 목회에 복귀하였지만 곧이어 들어온 공산주의 세력으로 인해 혹독한 고난의 길을 가야만 했다. 주변에서는 그에게 월남을 권유하였지만 "젊은 사람들은 내려가라. 늙은 나는 남아서 교회를 지키겠다"며 북쪽에 남았다.

해방 후 처음 맞은 1946년 3월 1일. 공산당은 신석구 목사에게 평양방송에 출연하여 3·1운동에 대한 연설을 부탁했다. 방송국에 가서 보니 준비된 원고를 읽으라는 것이었는데 3·1운동은 실패한 운동이었으며 공산당이 참여하지 않았으므로 성공할 수가 없었지만 이제 공산당 주도하에 토지개혁을 통해서 진정한 혁명이 북조선에 이루어질 것이라는 내용이었다. 그리하여 신석구 목사는 그 원고를 읽지 않고 정반대의 연설을 했다. 그때부터 신석구 목사는 공산당에 의해서 연행과 검속이 반복되다가 마침내 공산당이 만들어 놓은 함정에 애국지사들이 걸려든 '진남포 4·19사건'에 연루되어 1949년 4월 19일 공산당에 체포되었다. 신석구 목사는 북조선 최고재판소에서 징역 10년형을 선고받고 인민 교화소에 수감되었다. 그리고 신석구의 가족은 9월 26일 평양 인민교화소로부터 신석구 목사가 사용할 10월분 양식을 마련해 오라는 통지를 받았다. 그러나 최후 면회를 못하고 유엔군과 국군에 의해서 인민교화소는 해방을 맞았다.

그리고 10월 19일 교화소의 문이 열리자 반공 가족들이 몰려가서 가족을 찾으려 하지만 찾지 못했다. 신석구 목사의 가족도 그의 시체라도 찾으려고 일주일을 헤맸지만 아무것도 찾을 수가 없었다. 다만 누군가 말하기를 교화소 안에서 10월 10일 총소리가 났다는 소리에 그날 순교한 것으로 짐작하는 것이다. 신석구 목사의 순교는 10월분 차입을 위한 통보가 내려온 9월 26일부터 인민 교화소의 문이 열린 10월 19일까지의 23일 중 어느 하루였을 것이다. 현실에 순응하거나 타협하기보다는 종교적 신념과 이상세계를 추구하며 '올곧게' 살았던 신석구의 삶은 그렇게 끝났다.

12. 맺는말

신석구 목사의 삶은 네 가지로 정리할 수 있다. **먼저 '하늘의 음성' 과 '십자가'이다.** 그는 철저히 회개하고 중생을 체험한 후 하늘의 음성을 듣는 데 게으르지 않아서 그의 생애 중대한 고비가 있을 때마다 독특하게 들린 이 음성의 인도를 받았다. 그중에 만들어진 것이 십자가이다. **두 번째는 독립운동가로서 애국자였다는 것이다.** 처음에는 정교 분리 교육을 받은 사람이라서 망설였지만 하늘의 음성을 듣고 빼앗긴 나라를 찾기 위해서 고군분투한 사람이었다. **세 번째는 전통적인 유교 가문에서 자랐지만 기독교 신앙을 통해서 한국의 전통사상과 문화를 완성시켜 가려고 노력한 한국 신학의 선구자라 할 수 있다. 네 번째는 젊은 시절에 다짐한 기독교 신앙과 믿음을 76세의 나이로 순교할 때까지 깨끗하게 지킨 분이라는 것이다.** 특히 그를 믿음으로 인도해 준 고향 친구 정춘수 목사가 일제 시대에 배교를 하더니 해방 후 불어닥친 종교계의 친일파 숙청이 두려워 1949년 11월 20일 천주교로 개종하는 것을 보면서 가장 마음 아파했다.

신석구 목사의 일대기를 간단하게 살펴보면서 필자는 이렇게 기도해 본다.

"주여, 하늘의 음성을 들으며 살게 하시고 끝까지 잘 가게 하옵소서."

제주도 첫 선교사
이기풍 목사

"나는 죽어도 일본 귀신한테 절할 수 없다. 너희들이 지금 총을 쏘아 죽인다고 해도 나는 하나님 외에 다른 신을 섬길 수 없어."

1940년 11월. 신사참배 거부로 여수경찰서에 갇힌 자 중 72세의 최고령 이기풍 목사의 피맺힌 신앙의 외침이다.

필자의 교회는 작년 9월, 3박 4일의 일정으로 50여 명의 전도대원들과 함께 제주 선교를 다녀왔다. 그들은 이론과 실전을 겸비한 전도특공대원들이었다. 땅 밟기로 첫날을 마친 우리는 둘째 날 노방 전도에서 보기 좋게 좌절을 맛보았다. 학교 앞 전도팀은 놀이터로 쫓겨났다. 하지만 놀이터에서조차도 아이들과 접촉하는 것이 쉽지 않았다. 얼마 전에는 현지 교회에서 학교 앞 전도 후 아이들을 교회로 데리고 가자 학부모가 경찰에 신고를 해서 경찰이 교회까지 아이를 데리러 온 적도 있다고 현지 목사님이 귀띔해 주었다. 병원 전도팀은 로비에서 연거푸 3번이나 쫓겨나야 했고, 한 블럭에서 교회 교패가 붙어 있는 한두 집을 찾기가 어려울 정도였다. 그때 우리 전도특공대원들의 한결같은 고백은 **"익산은 누워서 떡먹기네요"**였다. 그래도 3박 4일의 제주 선교에서 우리는 14명의 금싸리기 같은 새가족을 등록시키는 은혜를 맛보았다.

현재 제주도는 특별자치도가 되어 세계적인 관광지가 되었지만 복음화율은 5~6퍼센트 정도이다. 지금도 제주 선교가 이렇게 만만치 않은데 100년 전에 이기풍 선교사가 복음을 뿌릴 때는 오죽했을까? 지금부터 그 생생한 사역의 현장을 따라가 보자.

1. 평양 건달 이기풍(李基豊)

이기풍(李基豊, 1868-1942) 목사는 1868년 11월 21일 평양에서 태어났다. 그의 증조부는 홍경래의 난(亂) 당시에 역적으로 몰려 사형을 당할 뻔하였으나 구사일생으로 평양성을 빠져나와 황해도 구월산에 피난을 하였다가 그곳에서 숨을 거두었다. 이후 이기풍 목사의 부친은 다시 **평양으로 이사를 하여 농민 행세하며 살게 되었고, 그곳에서 이기풍 목사가 태어난 것이다.** 이러한 배경은 후에 이기풍 목사가 마포삼열(S. A. Moffett) 선교사와 인연을 맺고 그리스도인이 되는 데 결정적인 계기가 된다.

이기풍은 어려서부터 재치 있고 슬기로워서 동네 어른들이 입을 모아 신동이라 불렀다. 여섯 살 때 사서오경을 외웠으며 열두 살 때 백일장에 나가서 붓글씨를 써서 장원이 되기도 하였다. 이 글공부가 기초가 되어 눈이 어두워진 길선주 목사의 대필자(代筆者)가 되어 그림자처럼 따라다녔다.

그러나 그의 뛰어난 재주를 당시 상황으로서는 올바로 사용하기가 힘들었다. 증조부의 일로 인해 관료가 되는 길도 쉽지 않았으며, 외세의 제국주의적 침략으로 인하여 조선이 몰락해 가는 것을 보면서 세상을 바라보는 시각도 곱지 않았다.

이러한 환경에서 청년이 된 이기풍은 성품 또한 괄괄하였다. 나이가 들면서 혈기가 왕성해지자 사나운 기운을 여지없이 발휘하기 시작하였다. 술은 물론이고 박치기의 명수로서 아무도 이기풍을 당할 자가 없었다고 한다. 또한 그는 돌팔매질을 잘하여 매년 대동강을 사이에 두고 벌어지는 석전(石戰)에서 동편 대장을 맡기도 하였다.

하루는 이기풍이 거나하게 술이 취해서 건들거리며 평양 거리를 걷고 있는데 평양 좌수의 행렬이 눈에 들어왔다. 평소 도도하게 말을 타고 가는 그런 행렬을 싫어했던 이기풍은 말을 탄 평양 좌수를 땅바닥에 내동댕이쳤다. 이 사건으로 이기풍은 꼬박 석 달을 목에 형틀을 쓰고 옥살이를 했지만 옥에서 풀려난 후에도 이와 비슷한 사건들은 많이 일어났다.

1885년 4월 5일, 한국 땅에 언더우드 선교사와 아펜젤러 부부가 첫발을 내디딘 이후에 한국에 도착한 선교사들이 한두 사람씩 평양성에 와서 자리를 잡았다. 어느 날 이기풍은 보기 드문 큰 체구에 거만한 몸짓으로 가슴을 내밀고 걸어가는 것 같은 마포삼열(S. A. Moffett) 선교사를 뒤따라가 집을 알아 놓고는 친구들을 찾아갔다. **"저 양코배기가 무엇 하러 우리나라에 왔을까? 저것들도 날도둑놈들이 아닌가? 그렇다. 저놈들을 우리나라에서 하루바삐 몰아내자"** 하며 석전 명수인 대여섯 명을 끌고 마포삼열 선교사의 집에 몰려갔다. 그리고 돌을 주워 마포삼열 선교사 집으로 우박같이 던졌다.

이런 일이 있고 한 달 후 장터에서 서투른 조선말로 복음을 전하는 마포삼열 선교사를 발견하고 **"요 새끼 잘 만났다. 내 돌 맛 좀 봐라"** 하며 돌을 던졌다. 이기풍은 피를 흘리며 쓰러진 선교사를 두고 바람처럼 사라졌지만 그 후 마포삼열 선교사의 쓰러진 모습이 마음의 상처로 남아 밥맛을 잃게 되었다. 이 밖에도 한참 건축하고 있는 장대현교회를 때려 부셨고, 이것도 모자라서 삼일 밤 예배를 인도하러 가던 마포삼열 선교사의 턱에 날카로운 돌을 던져 큰 상처를 낸 일도 있었다.

2. 이기풍의 회심

　1894년에 일어난 청일전쟁으로 평양은 중국과 일본의 전쟁터가 되었다. 집집마다 말할 수 없는 기근으로 인해 온 장안이 기아상태에서 허덕이게 되었다. 이기풍은 평양성을 빠져 나와 원산으로 갔지만 모든 일이 뜻대로 되지 않아 있는 것조차 팔아 없애면서 힘든 하루하루를 보내고 있었다. 이렇게 되자 이기풍은 과거의 기고만장했던 패기도 사라졌다. 붓글씨뿐만 아니라 묵화에도 뛰어난 재주가 있었던 이기풍은 친구들의 권유로 담뱃대에 그림을 새겨서 팔기 시작하였다.

　하루는 그림을 그린 담뱃대를 한 묶음 들고 힘없이 걸어가다가 스왈른(Swallen) 선교사를 보았다. 이기풍은 순간 정신이 아찔해지면서, 평양에서 돌로 친 양코배기인가 하는 생각이 들었다. 이때부터 이기풍의 양심은 괴로워지기 시작하였다.

　'**내가 왜 죄 없는 사람을 돌로 쳤을까? 그 사람은 왜 돌을 맞고도 반항을 하지 않았을까?**' 언제든지 만나면 사과라도 해야 마음이 편해질 것만 같았다.

하루는 어떤 사람이 예수를 믿으라고 권했지만 한 귀로 듣고 한 귀로 흘려버린 채 집에 돌아와서 마루에 누웠다. 그리고 평양에 있을 때 돌팔매질로 양코배기의 턱을 깨 피를 흘리게 했던 일을 한참 생각하다가 잠이 들었다. 그런데 갑자기 방 안이 환해지더니 머리에 가시관을 쓴 분이 나타났다. 너무나도 눈이 부셔서 쳐다볼 수도 없는데, 이런 소리가 들렸다.

"기풍아! 기풍아! 왜 나를 핍박하느냐? 너는 나의 증인이 될 사람이다."

깜짝 놀라 깨 보니 꿈이었다. 온몸이 땀으로 흠뻑 젖었다. 이기풍은 그 자리에 엎드렸다. 생전 눈물을 흘릴 줄 몰랐던 눈에서 회개의 눈물이 콧물과 뒤범벅이 되어 한없이 흘러내렸다. 과거에 지은 수많은 죄가 꼬리에 꼬리를 물고 생각이 나서 아무리 가슴을 치고 머리카락을 쥐어뜯으며 통곡해도 이 죄는 누구에게도 사함을 받을 길이 없을 것 같았다. 생각하다 못해 전에 자신에게 예수를 믿으라고 권하던 자(김석필)의 집에 달려가 꿈 이야기와 죄의식에 대한 고민을 낱낱이 고백하였다. 그 말을 들은 김석필이 이기풍의 손목을 잡고 스왈른의 집으로 데리고 갔다.

김석필은 얼떨떨해 있는 이기풍을 대신해 자초지종을 차근차근 털어놓았다. 이야기를 듣고 있던 스왈른 선교사의 얼굴에 희색이 가득해지더니 초면인 이기풍의 손을 잡고 머리 숙여 하나님께 감사기도를 하였다. 기도를 마치고 스왈른 선교사는 서툰 조선말로 이기풍에게 다음과 같이 말하였다.

"분명히 당신을 예수님이 귀하게 쓰실 징조요. 당신 죄는 예수님이 다 사하여 주셨소. 기뻐하시오."

이기풍은 스왈른 선교사에게 평양에서 마포삼열 선교사에게 저지른 모든 죄를 고백하고 회개하였다. 그러고 나서 그리스도인이 되기로 맹세하였다.

이후부터 이기풍은 완전히 딴 사람이 되었다. 동만 트면 나가서 전도하는 것이 하루 일과였다. 완전히 예수에 미쳐버렸다. 그때는 30세의 혈기왕성한 청년 시절이었으니 피곤한 줄을 몰랐다. 어떻게나 열심히 전도를 하고 다녔는지 하루는 거처하고 있는 집주인에게서 쫓겨나게 되었다. 하지만 이기풍에게는 쫓겨나는 것이 문제가 아니었다. 영원한 지옥에서 형벌을 받을 수밖에 없었던 죄인이 하나님의 은혜로 구속함을 입은 이 감격을 무슨 방법으로 표현해야 될지 몰라 이기풍의 젊은 가슴은 성령의 불로 활활 타오르고 있었다.

술에 취해 건들거리며 평양성 거리를 활개치고 다니던 박치기의 명수 이기풍은 1894년 스왈른 선교사에게 세례를 받았다. 1898년부터 1901년까지는 매서인(賣書人)으로 함경남북도를 순회하면서 복음을 전파했다. 그리고 1902년부터는 황해도 안악, 문화, 신천, 해주 등지를 다니며 조사(助事)로 시무하더니 1903년 마펫 선교사의 권유로 드디어 평양신학교에 입학한다.

3. 한국 초대 선교사로 선택된 이기풍 목사

1885년 우리나라에 최초의 목사 선교사로서 내한한 호러스 언더우드(Horace G. Underwood)가 한국에서 선교를 시작하면서 장래 한국의 선교와 교역을 위한 교역자 양성의 필요성을 느껴 자기 집 사랑방에서 고아들 몇 명을 모아 놓고 신학 교육반을 시작한 것이 장로교 신학교의 시작이라고 할 수 있다. 그러나 본격적인 신학교의 설립은 미국 북장로회, 남장로회, 캐나다 장로회, 호주 장로회 등 네 장로회 선교부가 공동으로 형성한 '장로회 공의회'가 신학교를 평양에 설립하기로 결의한 데서부터이다.

북장로회 선교사 마펫(S. A. Moffett)은 평양에서 선교 활동을 하면서 1901년부터 김종섭, 방기창 두 사람을 데리고 그의 사랑방에서 신학반을 운영하고 있었는데, 1903년 공의회가 이것을 '장로회신학교'로 하기로 결의하여 공식적으로 신학 교육이 시작되었다. 초창기에는 각 장로회 선교부의 선교사들이 평양에 가서 가르쳤고 학생들은 한 달 공부하고 석 달 목회하는 방법으로 1년에 석 달 동안 공부하여 5년간 수업하는 제도로 운영되었다.

그리하여 1907년 6월 이기풍, 서경조, 길선주, 한석진, 양백전, 송린서, 방기창 등 첫 졸업생 7명을 배출하였다. 그러나 장로교회의 목사 임직을 주관하는 노회가 아직 성립되지 않아 목사 안수가 문제였다. 그래서 4개 장로교 선교사들의 모임인 '장로회 공의회'는 노회 조직을 진행시켰다. 이렇게 해서 1907년 9월 18일 산정현교회에서 33명의 선교사들과 36명의 한국인 장로들이 모여서 한국장로교회 최초의 노회가 조직되었는데 이것을 '독노회'라고 했다. 여기서 마포삼열 선교사가 회장이 되었고 장로교회 사상 처음 7명의 한국인 목사가 임직되었다. 1907년 9월 19일 7인의 목사가 탄생한 기념으로 이기풍 목사를 제주도에 선교사로 파송하기로 결의하였다.

선교사는 일반적으로 자기 나라가 아닌 다른 나라로 복음을 전하기 위하여 파송된 사람을 일컫는데, 이기풍 목사를 한국 초대 선교사로 부르는 것은 당시 제주도가 해외나 다름없었기 때문이다. 어떤 면에서는 북간도나 중국, 일본보다 더 힘든 곳이었다. 당시 제주도는 탐라국이라고 불리고 있었으며, 언어도 육지와 완전히 달랐을 뿐만 아니라 집안의 뱀을 숭배하는 등 미개한 풍습이 많이 남아 있었다. 또한 대원군이 천주교 신자를 무자비하게 처형한 지 얼마 되지 않는 시기였기 때문에 전도하기가 매우 힘든 상황이었다.

이기풍 목사는 제주도 파송이 결정된 뒤 영적인 힘을 얻기 위하여 제주도로 떠나기 전까지 마포삼열 선교사의 집과 신학교에 자주 들러 기도로 무장하였다. 평양 성내의 교인들도 이기풍 목사의 가족과 제주도 선교를 위해서 기도로 도왔다. 이기풍 목사가 약해져 있을 때 윤함애 사모가 **"우리가 가지 않으면 누가 그 불쌍한 영혼을 구원하겠어요. 두 말 말고 속히 떠납시다"**라는 말로 힘을 실었다고 한다.

4. 드디어 제주도로

이기풍 목사가 평양 기차역을 출발한 날짜가 1908년 1월 17일이었다. 이기풍 목사와 가족 그리고 조사(助事) 한 사람이 1월 17일 서울에 도착하여 7일을 체류하다가 1월 24일 목포행 기차에 올랐다. 목포에 도착한 이기풍 목사 일행은 제주도 가는 뱃길이 겨울에는 원활하지 못하여 봄까지 기다릴 수밖에 없었다. 이 기간 동안 이기풍 목사는 목포에서 부흥사경회를 인도하였다. 호신대 차종순 교수는 이기풍 목사가 2월 20일경 목포를 출발하여 44일 만인 4월 초순(1~4일) 정도에 제주도에 도착했을 것이라고 추정한다.

아내와 자식을 목포에 남겨둔 채 혼자서 출항한 이기풍 목사는 도중에 풍랑으로 추자도에서 표류하다가 간신히 제주도에 도착하였으며, 무사히 도착했다는 소식은 출항 후 44일 만에 우체사(郵遞司, 조선 후기에 체신 사무를 맡아보던 관아)를 통하여 목포에 있는 가족에게 전달

되었다.

5. 제주에서의 첫 열매

제주도에 도착한 이기풍 목사는 제주도 전체를 파악하기 위하여 조랑말 한 마리를 구입하여 한라산을 한 바퀴 돌기로 결심하였다. 그러나 사람들은 낯선 사람을 만나면 아예 고개를 돌리고 손을 저으며 도망쳤다. 이기풍은 날이 갈수록 허기지고 마땅히 쉴 만한 곳이 없었다. 어느 날 모래사장을 걸어가던 중 갑자기 눈이 빙빙 돌면서 중심을 잃고 쓰러졌다. 가까스로 정신을 차려 보니 어느 해녀의 집이었다. 며칠을 묵는 동안 이 해녀에게 전도를 하기 시작하자 하나님께서 기적을 나타내 주셨다. 이 해녀의 마음을 움직여 주신 것이다.

6. 전도하다가 만난 일들

1) 언어의 어려움

이기풍 목사가 제주도에서 제일 먼저 부딪힌 문제는 언어의 장벽이었다. 그 당시 제주도를 탐라국이라고 불렀고 고, 부, 양 3성(姓)을 가진 사람들이 삼성혈 구멍에서 태어났다는 전설도 있었다. 윤함애 사모가 길에 나가면 부인네들이 "**귀신 담다, 귀신 담다**" 하는 소리를 듣고 무서워서 장도 다 보지 못하고 돌아오곤 했다. 예수교를 전하다 보니까 귀신 닮았다는 소리인 줄 알았다. 그러나 그 소리는 '**선녀 같다**.

참 예쁘다'라는 말이었다. 이기풍 목사가 사람을 붙잡고 예수 믿으라면 **"설레버려 설레버려 야가기 끈어지갠"** 하며 도망 다니는 바람에 대화를 하기가 어려웠다. 이 말은 '**그만두어라 그만두어라 내 목이 달아난다**'는 의미로 대원군이 천주교 신자를 너무도 무자비하게 학살했기 때문에 천주학을 접하면 잡혀가서 죽는다는 생각 때문이었다.

2) 〈한성신문〉 사건

제주도에 도착한 지 약 6개월이 지났을 때 이기풍 목사는 평양을 떠나면서 약속한 대로 제주도의 풍습 몇 가지를 적어서 인편으로 평양에 보냈다. 그런데 이것이 〈한성신문〉에 소개된 것이었다. 자신들의 풍습이 신문에 소개된 것을 수치스럽게 여겼던 사람들은 "**제주도를 악선전한 이기풍이란 놈을 5월 5일 단오날에 때려 죽이자**"는 벽보를 붙었다. 그리고 청년들이 이기풍의 집에 달려들어 목을 눌렀다.

"이 고약한 놈, 네놈이 제주도 흉을 봤지? 그래, 말똥으로 불 때는 것이 무엇이 나쁘고 쌀을 안 씻고 밥을 짓는 것이 무엇이 더럽단 말이냐! 네 놈이 제주도 사람을 야만인 취급했겠다. 네놈이 제주도 맛을 못 봤구나."

다행히 제주도에 유배 온 박용호 대감의 도움으로 어려움은 피할 수 있었지만 이 일 후에 박해는 더 심했으며 이기풍은 그럴수록 전도에 더욱 힘썼다.

3) 귀신 들린 사람을 고친 사건

귀신 들려 도적을 일삼는 사람이 있었다. 이기풍이 이 남자를 집으로 데리고 와서 식음을 전폐하고 기도하자 치료를 받았다. 그 후 이 사람은 예수를 믿고 집사가 되었다. 이 일이 알려지자 많은 병자들과 귀신 들려 고생하는 사람들이 몰려들어 고침 받고 천국 시민의 자유함을 누렸다. 장용산이라는 여자는 귀신 들려 벌거벗은 채 춤을 추고 다녔는데 고침 받고 전도사가 되어 이기풍 목사의 동역자가 되었다.

4) 김기팽의 회심 사건

〈한성신문〉에 제주도 사건이 기사화되어 곤욕을 치른 1909년 5월 5일, 이기풍은 변함없이 장터에 나가 전도하였다. 이때 40대로 보이는 남자가 이기풍이 전하는 복음에 관심을 가지더니 요한복음 쪽복음을 받아갔다. 집으로 돌아온 이 사람은 장터에서 알려 준 말이 무슨 뜻인지 이해하지 못해 고민하다가 이기풍의 집을 찾아왔다. 이기풍은 그에게 예수를 믿어야 구원을 얻을 수 있고, 하나님 외에 다른 신을 섬기면 큰 벌을 받으며, 조상에게 제사지내는 것은 우상숭배이므로 예수를 믿으려면 제일 먼저 제사를 폐해야 한다고 가르쳤다.

복음의 진리를 깨달은 그는 맨 먼저 신주와 제구를 불살랐다. 그리고 제삿날이 돌아오자 자신은 교회에 다니기 때문에 제사에 참석할 수 없다고 했다. 친척들은 그를 멍석말이해서 도리깨로 내리쳤다. 그리고 머리채를 끌고 큰 길로 다니며 **"조상을 몰라보는 천하 불효자식을 보시오"**라고 외쳤다. 끌려 다니던 그는 눈에 띄는 낫으로 머리를 자르고 산으로 도망하여 우상숭배에 대한 승리자가 되었다. 이 사람이 바로 제주도 신앙의 모범이며 충성 봉사의 선봉에 섰던 김기팽 장로이다.

5) 구렁이 때려잡기 운동

제주도에서는 뱀을 섬기는 일이 흔했다. 뱀을 자기 집을 지켜 주는 수호신으로 알았기 때문에 함부로 구렁이라고도 부르지 못하고 '가시님' 혹은 '뒷집 하라방'이라고 불렀다. 시집갈 때 처녀가 자기 집 부뚜막에서 키우던 뱀을 치마폭에 싸서 가마를 타고 시댁에 가서 그 뱀을 시댁 부뚜막에 놓고 정성껏 매 끼니마다 밥을 대접한다는 말도 있을 정도였다. 그렇기 때문에 뱀을 때려잡으면 그 집이 망한다는 철칙이 있어 뱀이 슬슬 기어가면 '어서옵서겐'(어서 오시오) 하며 반갑게 환영하였다. 이런 풍습을 가진 제주도에서 이기풍이 '구렁이 때려잡기 운동'을 몇 차례나 벌이다가 두들겨 맞아 죽을 고비도 맞이했다.

7. 아물 때까지 더욱 분투하시오

선교 사역에 지칠대로 지친 이기풍은 깊은 좌절감에 빠졌다. 이 깊은 좌절을 담은 편지를 마포삼열 선교사에게 알렸다. 두 달 만에 답장이 왔다.

"이기풍 목사의 편지를 잘 받았소이다. 그런데 당신이 내 턱을 때린 흉터가 아직도 아물지 않고 있으니 이 흉터가 아물 때까지 더욱 분투 노력하시오"라고 쓰여 있었다.

이기풍은 이 편지를 받아보는 순간 과거에 하나님 앞에서 잘못했던 죄책감으로 인하여 온몸에 경련이 일어나서 그 자리에 쓰러져서 대성통곡을 하며 자신의 죄를 회개하였다. 얼마간 울다가 일어나니 마음에는 기쁨이 넘쳐 흘렀다.

8. 이기풍의 선교 업적

이기풍 목사는 1907년 조선예수교장로회 노회의 파송을 받아 1908년부터 1917년까지 제주 선교사로서 상상할 수 없는 성과를 거두었다.

아직 신축교난(辛丑敎亂, 이재수의 난이라고도 함)의 피해가 가시지 않아 기독교에 대한 반감이 팽배한 제주도에서 선교 활동을 지속하기는 많은 어려움이 있었다. 그럼에도 불구하고 이기풍 목사는 좌절하거나 포기하지 않고 끝까지 인내함으로써 성내, 금성, 삼양, 지사포(용수), 법환, 모슬포, 수원(한림), 고산 등의 교회를 개척했다. 1912년 조선예수교장로회 총회록의 기록에 의하면, 당시 제주도의 교인은 410명, 예배당 3개, 기도회 처소가 5곳, 매주 모이는 남녀가 300여 명에 이른다고 보고되어 있다.

또한 성내교회 내에 남녀 소학교를 세워서 아이들을 교육하였고 윤함애 사모와 여전도사들의 활동으로 제주도 여성들의 복음화와 건강을 보살폈다. 선교사, 목사들과 의사들을 지속적으로 초청하여 제주도민을 영적으로 해방시키고 육체적으로 질병과 미신으로부터 해방시키는 교두보 역할을 충실하게 감당하였다. 이기풍 목사의 이러한 성과는 한국 장로교가 1912년 첫 총회를 조직하면서 중국 산동에 선교사를 파송하여 지금까지의 선교 받는 교회에서 선교하는 교회로 변신하는 데 큰 밑거름이 되었다.

9. 제주 선교사를 마치고 호남 지역 사역을 시작하다

이기풍 목사는 제주도 부임 후 7년간의 선교 사역을 마치고 1915년 안식년을 얻어 평양으로 돌아왔다. 이후 약 1년간의 안식년을 보낸 후 1916년에 전라남도 광주 북문안교회의 초대 목사로 부임하였다. 그러나 1918년에 실음병(목소리가 나지 않는 병)을 앓게 되면서 북문안교회의 목사직을 사직하였다. 약 1년 만에 병이 치유되어 다시 목소리를 찾게 된 이기풍 목사는 1919년 10월부터 순천읍교회를 담임하면서 다시 목회의 길을 가게 된다.

하나님의 은혜로 실음병에서 치유된 이기풍은 순천읍교회를 담임하면서 1919년 10월부터 1922년 9월까지 노회와 총회의 중요한 일을 담당했다. 1920년에는 전남회장으로 피선되었고, 이어 10월 2일 제9회 총회에서는 부회장으로, 1921년 9월 10일 제10회 총회에서는 총회장으로 피선되었다.

그러나 이기풍 목사는 자신의 위상과 업적에 맞게 부흥하고 안정된 교회에 부임하여 그곳에서 평생 목양하는 그런 목자가 아니었다. 이기풍 목사는 동양의 예루살렘이라고 불리던 평양이나 황해, 평안도 지역의 큰 교회에서 대접을 받아가며 목회를 할 수 있었음에도 불구하고, 옛날 선교사와 복음을 핍박했던 그런 버림받을 인간인 자신이 십자가와 그 보혈로 구속함을 받았던 그 놀라우신 하나님의 은혜를 생각하면서, 아직도 복음의 빛이 잘 전해지지 않는 호남 지방의 시골 교회로 자청해서 찾아갔다.

또한 제주도에 파송된 이래 당시로서는 한 노회 구역이었던 전라노회, 그것도 전남 지역을 평생 벗어나지 않았다. 이기풍 목사는 1916년부터 1942년 돌아가실 때까지 전라노회 관내에서, 광주, 순천, 고흥,

제주, 벌교, 그리고 마지막 사역지인 여수군 남면 우학리 등지의 교회로 옮겨 다니면서 전남 지역의 복음화를 위해 평생을 바쳤다.

10. 신사참배 거부

일제는 1936년경부터 전 국민에게 신사참배를 강요하면서 이에 반대하던 기독교를 탄압하였다. 먼저 천주교, 감리교를 굴복시키고, 마침내 1938년 9월에 열린 제27회 장로회 총회에서 강압적으로 신사참배를 결의하도록 하였다. 이에 따라 우리나라 기독교 전체가 공식적으로 신사참배를 하기로 결정한 것이다. 이때부터 개인 또는 소집단적으로 신사참배를 반대하는 움직임이 본격화되었다.

당시 여수 우학리에서 교회를 담임하고 있던 이기풍 목사도 당연히 신사참배를 반대하였다. 마침 우학리 섣 목사관 바로 뒷산에 신사가 자리 잡고 있었기 때문에 섬마을 사람들이 강제로 신사참배를 가게 되면 목사관 돌담을 따라가야 했다.

이 때문에 신사참배가 있는 날엔 이기풍 목사가 으레 섬 주재소로 불려가 갇혀 있곤 하였다. 또한 신사참배를 하지 않는 죄로 쌀 배급을 받지 못해 온 식구가 감자를 먹으며 끼니를 연명할 때도 있었다. 이기풍 목사의 신사참배 반대는 철저한 것이었다. 자녀가 다니는 학교가 신사참배를 하기로 하면 당장 학교를 그만두게 하고 집으로 돌아오게 하였다. 그리고 다시 신사참배를 하지 않는 학교를 찾아 보내기도 하였다.

당시 순천노회 목회자들이 조직적으로 신사참배를 반대하자, 일제는 1940년 11월 15일 새벽에 순천노회 목사 17명을 검거하여 투옥하였다. 이기풍 목사는 다른 목사들이 순천경찰서에 투옥된 것과는 달리 여수경찰서에 감금되었으며, 당시 72세로 최고령이었다. 이기풍 목사는 평소 교회에서 일본은 곧 망한다는 설교를 자주 했기 때문에 신사참배 반대뿐만 아니라 불경죄가 더해져서 더욱 심한 고문을 받았다. 또한 미국인 선교사들과 함께 활동을 하였기 때문에 스파이라는 죄까지 더해졌다고 한다.

"나는 죽어도 일본 귀신한테 절할 수 없다. 너희들이 지금 총을 쏘아 죽인다고 해도 나는 하나님 외에 다른 신을 섬길 수 없어."

1940년 11월 15일. 신사참배 거부로 여수경찰서에 갇힌 72세의 최고령 이기풍 목사의 피맺힌 신앙의 외침이다.

이기풍 목사가 고령에다가 심한 고문으로 더 이상 자리에 앉아 있기도 힘들어지자, 일제는 광주형무소로 이첩하기 직전, 일단 이기풍 목사를 병보석으로 출감시키기로 하였다. 이때 이기풍 목사는 출감을 거부하고 16명의 목사를 석방시키기 전에는 이곳에서 죽는 한이 있어도 나가지 못하겠다고 하였다. 순교하기 직전에 감옥에서 나온 이기풍 목사는 강제로 여수경찰서에서 우학리 섬으로 옮겨졌으며 죽는 날까지 신사참배를 반대하였다.

11. 순교

1942년 6월 13일 주일. 이기풍은 양쪽으로 부축을 받으면서 여수 남면 우학리교회에서 마지막 성찬예식을 거행했다. 성도들에게 한 마지막 부탁 역시 하나님 외에는 절대로 다른 신을 섬겨서는 안 된다는 내용이었고, 절대로 우학리 윗산에 있는 신사에 아이들까지도 올라가서 놀지 못하도록 주의시키면서 혹시라도 신사에 가서 절하는 일이 없도록 신신당부했다. 그리고 1942년 6월 20일 주일 아침 8시, 하나님의 품에 안겼다.

이기풍 목사가 그렇게 그리던 주님의 품에 안기던 새벽 이사례 권사는 이상한 꿈을 꾸었다. "아버지와 내가 큰 길을 건너 널따란 층층대로 올라갔다. 이 층층대는 하얀 대리석같이 맑고 깨끗했다. 아버지가 나에게 차표를 하나 주시면서 내가 먼저 이 차표를 가지고 갈 터이니 너는 이다음에 오라고 하시며 쏜살같이 유리와 같이 맑은 계단을 올라가셨다. 나는 '아버지, 나하고 같이 가!' 하면서 큰소리로 아버지를 부르다가 놀라 잠에서 깨어났다"라고 증언한다.

이기풍 목사는 다시 여수경찰서로 들어오라는 통지를 받기도 전에, 여수 남면 우학리 섬 목사관에서 하나님의 부르심을 받았다.

12. 이기풍 목사의 가르침

1) 관용

이기풍은 '관용'이라는 두 글자를 써서 액자에 담아 둘 정도로 사람들과의 대인관계를 중요시했다. 성탄절이 다가온 어느 날 박 장로와 김 집사가 큰 싸움을 했다. 그리고 박 장로가 목사관을 찾아와서 김 집사에 대한 험담을 했다. 그러자 이기풍 목사가 "장로님이 어디가 잘못되신 것 같습니다. 내가 김 집사의 말을 들으니 장로님은 아주 좋으신 분이며 자기를 많이 사랑해 주시더라고 자랑하던데요"라고 말하니 서슬이 퍼렇던 박 장로가 더 이상 말하지 못하고 돌아갔다.

이틀 후에 김 집사가 새벽같이 목사관에 찾아와서 박 장로를 험담하자 "김 집사의 생각이 좀 잘못된 것 같소이다. 박 장로가 김 집사의 어려운 생활을 어떻게 도와드릴까 하고 생각하고 있던데요"라고 하니 김 집사가 밝은 얼굴로 돌아갔다. 그리고 두 사람은 화해하고 섬김의 사람이 되었다고 한다.

2) 작은 공책 하나

이기풍 목사가 항상 소중하게 몸에 지니고 다니는 작은 공책 하나가 있었다. 이 공책은 교인들의 이름을 한문으로 기록한 교인수첩이었다. 이기풍은 혼자 앉아서 기도할 때마다 꼭 이 공책에 기록된 성도들의 이름을 부르며 기도했으며, 이 수첩에 기록된 애경사를 보며 성도들의 가정을 수시로 심방하였다. 이 작은 공책은 이기풍의 사랑이 담긴 사랑 수첩이었다.

13. 윤함애 사모 이야기

이 즈음해서 이기풍 목사의 부인 윤함애 사모의 이야기를 하는 것이 좋을 것 같다.

1) 노처녀가 결혼하다

윤함애 사모는 양반 가정에서 엄한 교육을 받고 자랐다. 그러다 15세에 시작한 열병(말라리아)이 18세까지 이어져 온 식구들이 가슴 졸이고 있을 때 황해도 안악에서 전도 차 온 김채봉이라는 사람이 윤진사 댁에 들어와 윤함애를 위해서 매일 기도했다. 그리고 귀에 대고 작은 소리로 예수님의 구원을 설명했다. 윤함애는 이 고통 중에서 기도하는 법을 배웠고 신비한 환상 중에 예수님을 본 후에 치료되는 기적을 체험하였다. 그러나 신앙생활의 핍박은 이루 말할 수 없었다. 그래서 윤함애는 거지로 분장하고 개구멍으로 집을 나와 평양으로 출발했다.

평양에 도착한 윤함애는 마포삼열 선교사를 만나 은혜를 깨닫고 결혼하지 않고 평생 여전도사로 하나님을 위해 살기로 결심하였다. 이미 나이도 25세가 되어 혼기가 지났을 때 마포삼열 선교사가 이기풍을 소개했다. 그러나 윤함애는 **"선교사님, 저는 이미 제 몸을 하나님께 바쳤습니다. 저는 결혼을 하지 않고 평생 동안 주의 일만 하려고 결심했습니다. 대단히 죄송합니다"**라고 한마디로 거절했다.

그러나 마포삼열 선교사가 일주일 후에 다시 찾아와서 "윤함애 씨, 매우 답답한 일이 있습니다. 갓난아기가 계속 웁니다. 이기풍 씨가 아기 때문에 신학을 공부할 수가 없습니다. 이기풍 씨 부인이 아기를 낳다 죽었습니다. 이 아기 매우 불쌍합니다. 매우 급합니다. 이기풍 씨를 도와주시오" 하고 부탁했다.

윤함애가 3일을 금식하며 기도하고 있을 때 **"함애야, 네가 이 십자가를 져야 한다. 네가 희생의 제물이 되어 이기풍을 훌륭한 주의 종이 될 수 있도록 뒷바라지해야 한다"**는 음성이 들렸다. 이 놀라운 주님의 음성을 듣고 윤함애는 하염없이 눈물을 흘리며 주님의 종의 아내가 되기로 결심하였다. 이렇게 하여 마포삼열 선교사의 주례로 결혼하게 된 것이다.

2) 하얀 상자와 성경책

윤함애 사모의 머리 맡에는 언제나 하얀 상자와 성경책이 놓여져 있었다. 깊은 밤에도 '사모님' 하고 부르면 재빨리 하얀 상자와 성경책을 품에 품고 달려 나갔다. 하얀 상자에는 성도가 죽으면 손수 시체를 목욕시키고 얼굴에 화장을 하는 도구가 들어 있었던 것이다. 사모는 초상이 나면 사흘이고 나흘이고 집에 돌아오지 않고 그들과 밤을 새우며 기도하고 유가족을 위로했다.

3) 갈치와 양산

윤함애 사모는 평생 살면서 갈치를 먹지 않았고 양산을 쓰지 않았다. 맏딸이었던 이사라가 18세 되던 해 맹장염이 복막염으로 변해 죽었다. 불철주야 전도에만 급급하여 딸이 아픈 것을 살피지 못한 것이었다. 그때 사라는 의사와 약혼을 한 상태였는데 약혼자도 울고 사모도 울었다. 그때 사모의 성경책은 욥기만 너덜너덜하게 떨어져 있었다고 이사례 권사가 전한다. 딸이 생각날 때마다 욥기를 보며 위로를 받았던 것이다.

그리고 윤함애 사모는 돌아가실 때까지 양산을 쓰지 않았다. 그것은 죽은 딸 사라가 그렇게 원하던 양산을 사 주지 못한 에미가 어떻게 양산을 쓰겠느냐는 것이었다고 한다. 또한 셋째 아들인 이사준은 10세 때 제주도에서 사망했다. 이사즌이 갈치를 좋아해서 갈치를 사 달라고 그렇게 졸랐음에도 불구하고 사 주지 못한 것이 아픔이 되어 사모는 세상 떠날 때까지 갈치를 별로 입에 대지 않았다고 한다.

4) 유언

윤함애 사모가 자녀들에게 늘 하던 말은 **"마귀들이 제일 좋아하는 말은 '아, 피곤하다'라는 말이다. 아무리 피곤해도 교회에 나가서 내 몸이 닳도록 열심히 주님을 위해서 봉사해야 한다"** 하며 자녀들을 채찍질했다.

윤함애 사모가 80세 되던 해에 광주 전체 교회가 광주 제일교회에 모여서 여전도회 주최로 성경암송대회를 개최했는데, 80세 된 윤함애 사모가 요한복음 1장에서부터 100절 이상을 암송함으로써 1등 상을 받았다.

제주도 이기풍 선교기념관에 가면 이사례 권사가 쓴 어머니의 유언이 전시되어 있다. 1962년 12월 23일 85세의 일기로 하나님의 품에 안긴 윤함애 사모가 남긴 유언이 기록되어 있다.

세상과 짝하지 말아야 한다.
5분 이상 예수님을 잊지 마라.
열심히 교회 봉사를 하며 전도를 많이 하여야 한다.
주의 종은 하나님 다음가는 분이다.

주의 종의 가슴을 아프게 하지 마라.

목사님의 가슴을 아프게 하면 미리암과 같이 벌을 받게 될 것이다.

상대방이 네 인격을 어떠한 방법으로 무자비하게 짓밟고 천대와 멸시를 하더라도 십자가에 달리신 예수님만 바라보며 끝까지 참아라. 네가 세상을 떠난 후에 심판대에서 예수님이 판가름을 해주실 것이다. 그러므로 날마다 참으며 네가 네 자신을 죽여라. 네가 죽어지지 않을 때 남을 미워하게 될 것이다.

남을 용서하지 못할 때 예수님도 너를 용서하지 않을 것이다. 나를 제일 미워하는 사람을 용서할 수 있는 사람이 참 그리스도인이다.

신자의 무기는 감사와 인내와 사랑과 겸손이다. 감사는 축복을 열고 닫는 자물쇠이기 때문이다.

성령 충만하지 못하면 겸손할 수 없다. 겸손하지 못할 때 성령님은 너를 외면하실 것이다.

제일 무서운 것은 신앙의 교만이다.

14. 글을 마치면서

평양 건달 이기풍, 마포삼열 선교사의 턱에 돌을 던져 거룩한 흉터를 남긴 이기풍, 40세에 제주도 선교사가 된 이기풍, 제주 선교사로 한 길만 달려가다 목소리가 나오지 않아 쉬어야 했던 이기풍, 평안도와 황해도 등 사역하기 편안한 지역을 놔두고 아무런 연고도 없고 경험도 없는 땅으로 자원하여 간 이기풍, "나는 죽어도 일본 귀신한테 절할 수 없다. 너희들이 지금 총을 쏘아 죽인다고 해도 나는 하나님 외에 다른 신을 섬길 수 없어" 하며 신사참배를 거절했던 이기풍, 70세의 나이에 여천군 우학리 섬으로 갔다가 74세의 나이에 순교자의 반열에 선 이기풍 목사.

이기풍 목사에 대한 수식어는 많다. 그러나 그의 삶을 한마디로 말한다면 그는 목회자로 출발한 그때부터 순교자의 반열에 이르기까지 오직 주를 위해 '내려가기'의 삶을 산 사람이었다고 하겠다.

말로 못하면 죽음으로
- 이성봉 목사

"필요가 지혜를 낳는다"는 말처럼, 실토암 선교신문에 믿음의 사람들을 기고하다 보니 귀로만 들었던 신앙의 선배들에 대해서 가슴으로 알게 되어 오히려 필자가 은혜를 받곤 한다. 그러나 글을 쓴다는 것은 언제나 마음의 부담으로 다가온다. 이번에 한 분에 대한 소개가 끝나면 다음에는 어떤 분을 소개할까에 대한 생각을 늘 하게 된다.

얼마 전 수안보 파크호텔에서 '한나 기도회 제5주년 기념 목회자 아내 100인 특별 초청 세미나'가 있었다. 저녁에 강의하고 아침에 차를 타고 내려오는데 호텔 입구 옆에 '성봉 채플'이라는 예쁜 예배당이 있었다. 차를 세우고 호기심에 카메라를 꺼내 들고 가 보니 이성봉 목사님을 기리는 자그마한 예배당이었다. 수안보 파크호텔에 오는 분들이 언제든지 기도하고 예배할 수 있도록 꾸며놓은 곳이었다. 예배당 한편에는 수십 권의 책들이 무인 판매되고 있었는데 이성봉 목사님에 대한 책들도 꽂혀 있었다. 아! 이번에는 이성봉 목사님에 대해서 쓰라는 하나님의 지시(?)임을 확신하고 몇 권의 책을 뽑아들고 내려왔다.

젊은 날 방탕한 삶을 살다가 하나님의 은혜로 목사가 되고 국내외 부흥회를 통해서 하나님의 큰 역사를 일으킨 이성봉 목사! 몸이 아파 도저히 부흥회를 이끌 수 없을 때 **"나는 입으로 설교 못하면 죽음으로 하리라"** 하면서 고통을 참고 기도할 때 신기한 이적이 나타나 그 밤으로 거짓말같이 나아서 그 집회를 승리로 마친 충성된 종, 이성봉 목사의 삶을 따라가 보자.

1. 이성봉 목사의 가문

이성봉(李聖鳳, 1900-1965) 목사는 1900년 7월 4일 새벽 5시 평안남도 강동군 간리에서 아버지 이인실과 어머니 김진실의 장남으로 태어났다. 그의 어머니는 마음에도 없는 강제 결혼을 하여 남편에게 마음을 주지 못하고 살았으며 경제적으로도 빈곤하여 비참한 삶을 살았다. 어머니는 두 번씩이나 자살을 시도하였으나 죽지 못하고 고민의 나날을 보내던 중 **이성봉 목사가 여섯 살 되던 해에 그 가정에 복음이 들어왔다.** 예수를 믿게 된 그의 가정은 기쁨이 충만하였고 얼마 후 이사하여 식구들은 그곳에서 평양 선교감리교회까지 40리 길을 걸어 다니며 주일예배를 드렸다. 어머니는 배움을 너무나 사모하여 하루는 **새우젓 장사가 "갈 길을 밝히 보이시니" 찬송가를 부르고 지나가자** 불러 세워 점심을 대접한 후 그 앞에 무릎 꿇고 앉아서 간절한 마음으로 찬송을 배우기도 하였다. 이런 열심이 인정되어 예수 믿은 지 6개월 만에 중화읍장로교회에서 세운 여학교의 교직원이 되어 그곳에서 봉사하게 되었다.

2. 이성봉의 유년 시절

이성봉이 7세 때에 동생이 생겨 가족들의 관심이 동생에게 집중되자 동생을 질투하고 미워하였다. 그러다 동생이 3세 때 병들어 죽자 어린 이성봉은 무척 시원해했을 정도로 악착스런 면이 있었다. 어머니의 가정교육이 매우 엄격하여 아버지보다 어머니를 더 무서워했다. 6~7세 때에는 어머니가 조용히 기도해 주는 때가 많았고, 한글을 배우게 하였으며, 기도문을 써 주어서 식사 때나 잠잘 때 늘 기도를 시켰다. 성경 읽기를 권면하여 6세 때 신약 1독을 하였고, 예배당에서 대표기도 하는 것도 가르쳐 주어 **7세 때 예배당에서 "누구든지 성신이 인도하시는 대로 기도하시오" 하기에 즉시 일어나 기도를 하여 많은 칭찬을 받았다.**

3. 이성봉의 소년 시절

소년 이성봉은 13세 때 김익두 목사의 설교를 듣다가 그와 같은 부흥사가 되겠다는 꿈을 가졌다. 어느 수요예배 때는 어떤 장로가 설교하여 듣다 보니 다 아는 소리고 재미가 없어서 졸다가 그만 뒤로 나자빠졌다. 김익두 목사가 설교하지 않는다고 마음 놓고 졸다가 창피를 당한 것이다. 가정 형편상 중학교에 갈 수 없었던 이성봉은 남들은 공부하는데 자신은 못한다는 열등감에 사로잡혀 자살을 결심하기도 하지만 죽지 않고 살아서 열심히 일했으며, 죽을 쑤어 먹는 말할 수 없는 가난 속에서도 교회는 빠지지 않고 나갔다.

한번은 사경회 때 성령 받으면 회개 눈물이 나온다는 말에 눈물이 나오기를 기도했지만 회개 눈물이 나오지 않자 엎드려 눈에 침을 발라서 눈물을 만들어 부흥사에게 잘 보이려고 하였고, 예배 시간에 헌금 바구니가 돌 때면 사람의 눈을 의식해서 빈 손으로 남을 속이던 일도 있었다.

4. 타락했던 청년 시절

이성봉의 청년 시기는 극도로 타락한 시기였다. 공부는 할 수 없으니 어떻게 해서든 돈을 벌어야겠다는 생각에 겨울에는 나무를 팔고 여름에는 과일을 팔아 악착같이 돈을 벌어 살림이 일어나기 시작하였다. 하지만 이성봉은 하나님도 부인하고, 천당과 지옥, 내세도 부인하고 불공평한 세상을 저주하였다. 부모님의 권고를 이기지 못하여 산골교회 주일예배에 참석은 하였지만 처녀들이나 구경하는 마음으로 교회에 갈 뿐, 예배의 참 정신은 없었다. 이성봉이 예배당에 형편없이 나가던 어느 날 사람이 없으니 설교하라는 부탁을 받고 들은 풍월로 자기 멋대로 설교하기도 하였다.

18세에서 21세까지는 마부 생활로 하류층의 사람들과 생활하면서 술, 담배, 도박에 미쳐 있었다. 또 이 시기에 나라를 사랑하는 마음이 불같이 일어나 1919년 독립단체에 가입했다. 어머니가 예수 잘 믿으라고 권할 때면 40세 되면 믿는다고 대꾸하였고, 40세 전에 죽으면 어떡하냐고 어머니가 물으면 '나는 적어도 70세까지 살 것'이라고 대답하였다. 그가 신은 사람이 만든 것이라고, 무슨 하나님이 사람을 때리고 징계하느냐며 무신론적인 이야기를 한참 할 때면 어머니는 골방에 들어가 눈물로 기도하였다.

5. 이성봉의 결혼과 성령 체험

이성봉은 19세가 되던 해 음력 2월 10일 문명선 장로의 주례로 이영기 장로의 장녀 이은실 양과 결혼하였다. 부모는 장가들면 마음 잡아 신앙생활을 잘할까 싶어서 결혼을 시켰지만, 그는 결혼 생활이 즐겁지 않았다. 처음부터 아내가 좋지도 않았고 싫지도 않아 애정 없이 살았다. 그의 불량 생활로 아내를 많이 괴롭혔다.

21세 되는 해 6월 24일 주일날 예배당에 가지 않고, 평양에 장사하러 갔다 돌아오는 길에 갑자가 오른쪽 다리가 아팠다. 마차에 실려 겨우 집에 돌아왔을 때, 어머니는 그를 보고 "싸다 싸!"라고 말하였다. 아픈 가운데 어머니의 말을 듣고 이성봉의 마음은 아주 삐뚤어지고 반항심만 커졌다. 병은 더해갔고 **골막염이라는 진단으로 다리를 절단해야 한다는 선고**를 들었다. 그러다 문득 **'죽어도 회개는 하고 죽어야지'** 하는 마음에 어머니께 기도 부탁을 했고, 어머니를 통하여 하나님이 말씀하시는데 **"성령을 보내어 너를 감화시켜 회개시키신다. 하나님은 지금 네 기도와 나의 간구를 다 들어 주실 것이다. 이제는 네 생사를 다 주께 맡겨라"**고 말씀하셨다. 이것이 이성봉의 마음을 감화시켰던 성령의 음성이었다.

그 이후 삶이 변화되어 주일 낮, 밤 예배는 물론 삼일예배, 금요예배, 새벽예배 등 예배는 빼먹지 않게 되었고, 예배시간 전에 종을 치거나 난로를 관리하는 일도 도맡아 하였다. 성경이 꿀송이보다 달았으며, 듣기 싫은 설교라도 잘 듣고, 잘 참고, 잘 견디는 은혜도 생겼다.

6. 이성봉의 신학교 시절

1925년 이성봉은 불타는 사명감으로 신학교에 들어가기를 간절히 원했으나 중학교도 나오지 못한 그를 받아 주는 학교는 없었다. 때마침 동양선교회에서 경영하는 성서학원을 성결교 계통에서 한다는 말을 듣고 서울로 올라와 꿈에도 그리던 신학생이 되었다. 신학생이 된 이성봉은 주일학교를 지도하면서 인기가 많았고, 가는 곳마다 노래와 동화 설교로 주일학교 부흥회를 많이 인도하였다. 그러나 신학교 2학년 때 학교에 대한 학생들의 불만이 터져서 결국 휴학하였다. 불만의 이유는 **첫째로 선교사들이 금전의 권세를 갖고 민족적 차별을 한다는 것, 둘째로 학생들을 잘 대우하지 않는다는 것, 셋째로 교수진이 약하다는 것** 등이었다. 그러나 결국 그의 나이 28세 되던 해 3월에 신학교를 졸업하게 된다.

7. 수원교회에서 목회를 시작하다

경기도 수원에서 셋집을 얻어 개척을 시작하였다. 불타는 심정으로 개인전도와 가정집회, 노방 전도를 쉬지 않고 행하였다. **그곳에서 겪은 많은 일 중에 두 가지를 소개하면, 먼저는 신자 김 모군이 아침에 벌벌 떨면서 자기의 죄 일곱 가지를 써 가지고 들어와서 통곡한 일이다.**

그는 과거에 황해도 국무농장의 사무원으로 있을 때 공문서를 위조하고 공금 벼 열 가마를 횡령하였다는 것이다. 이성봉은 그 농장에 편지를 보내라고 하였다. 그러나 김 군은 차마 편지를 부치지 못하고 고통과 번민 속에 사로잡혀 있었다. 이성봉이 그를 찾아가서 붙들고 기도해 준 뒤 마침내 자복서를 써서 보내고 주의 뜻을 기다렸다. 며칠 후 농장 주임의 편지가 왔다. 그 내용은 **"네 편지 보고 감사하였다. 너는 어쩌면 그렇게 좋은 종교에 들어가 이러한 죄까지 다 회**

개하느냐. 네 말을 전부 상관에게 전하였더니 너그럽게 용서하라고 하더라"는 내용의 편지와 함께 좋은 서적을 보내왔다. 김 군은 사죄의 기쁨을 체험한 대로 성령에 충만하여 간증하였다.

두 번째는 여전도사의 자살로 교회에 큰 타격을 받아 누명을 쓰게 된 일이다. 교회가 불일듯 일어날 때 수원교회 여자 전도사가 자살을 하였다. 이를 두고 무성한 소문이 돌기 시작했다. 밤낮 남녀 전도사가 새벽마다 교회에 나가더니 불의한 관계를 맺어서 말 못 할 사정이 생기니 그리하였다고 하고, 여전도사는 무식하고 사모는 온 교회에서 인기가 있으니 질투심에 그랬으리라고 하였다. 그것이 신문에 나면서 교회는 무너질 대로 무너졌다. 그 후에 일이 다 밝혀졌는데 잠깐 정신착란으로 그렇게 된 것이라고 했다.

8. 목포교회에서의 목회와 문준경 집사와의 만남

1931년 3월 25일 목포교회의 세 번째 목회자로 이성봉 전도사가 부임하였다. 이성봉 전도사가 부임하면서 목포교회는 날마다 교인들이 늘어 놀랍게 부흥되었으며, 뜨거운 성령의 불길이 일어나 목포 전체로 확산되어 나갔다. 이성봉 전도사는 사람들이 많이 모인 곳이면 역전이나 장터를 불문하고 달려가 북을 치고 나팔을 불면서 전도를 했다. 그의 설교는 우렁차고 감동적이어서 모든 사람들이 주목해서 듣지 않을 도리가 없었다. 찬송 또한 맛깔스럽게 잘 불렀다.

전도해서 예수를 믿기로 한 사람의 가정을 방문하여 병자에게 안수기도를 하면 병자가 자리에서 그대로 일어났고, 귀신 들린 사람에게 기도를 하면 이내 제정신으로 돌아왔으며, 예수 믿는 것을 방해하고 전도를 훼방하던 사람들이 돌이켜 죄를 회개하고 예수를 믿게 되는 기적이 계속해서 일어났다.

그는 이렇게 쉬지 않고 기도와 전도에 온 힘을 쏟았다. 또한 청신기도단을 만들어 매일 새벽 유달산에 올라 목포 앞바다가 내려다보이는 넓은 바위에 둘러앉아 바위를 두드리며 찬송을 부르고 통성기도를 했다.

"하나님! 죄 있는 장소, 불의한 집, 개인의 집은 좋은 집이 많은데 주님의 성전이 셋집이 웬 말입니까?"

그는 날마다 이렇게 기도했고, 그 결과 1년 만에 기적처럼 새 예배당을 짓게 되었다. 참으로 우연하게도 그때 예배당을 짓는 데 사용된 돌이 바로 이성봉 전도사가 둘러앉아 기도하던 유달산 바위였다고 한다.

그때까지 낮에는 삯바느질을 하고, 밤에는 성경을 읽거나 교회에 나가 성실하게 신앙생활을 하던 **문준경**은 자기도 모르는 사이에 새로운 삶의 희망과 활력을 찾아가고 있었다. 그러던 차에 자신의 영적 스승이라고 할 수 있는 이성봉 전도사를 만남으로써 커다란 하나님의 은혜를 체험하기에 이른다. 문준경은 목포교회 집사로서 이성봉 전도사를 따라다니며 함께 심방을 했고, 열심히 개인전도에 힘썼으며, 장례식이나 혼인식 등 집회마다 참석하여 찬송을 불러 흥을 돋웠다.

9. 목사 안수를 받다

1932년 4월 이성봉 전도사는 드디어 목사 안수를 받았다. 이후 목포 앞바다에 있는 여러 섬들을 두루 다니며 전도를 하면서 목포교회를 호남 제일의 교회로 성장시킨 이성봉 목사는 1935년 신의주교회로 발령을 받아 떠났다. 목포교회 성도들의 슬픔과 아쉬움은 대단히 컸지만 본부의 명령에 따를 수밖에 없었다.

이성봉 목사가 떠난 후 목포 지역에 교회들이 점점 늘어나면서 목포교회는 교회 이름을 북교동교회로 바꿔 부르게 되었다. 이성봉 목사는 대한민국 정부가 수립된 다음 1948년부터 1949년까지 1년 동안 다시 북교동교회에서 목회를 한 후 본격적으로 전국 방방곡곡을 돌아다니며 부흥사로 활약하기에 이른다.

10. 신의주교회에서의 목회

1935년 이성봉 목사는 목포교회 교인들의 아쉬움을 뒤로하고 감리교 본부의 명에 따라 신의주교회로 임지를 옮겼다. 신의주교회는 **"예수 믿읍시다. 교회 나갑시다"**라고 한마디 하면 교인들이 교회에 척척 나와 더욱 열심히 목회했던 곳이다. 이 기간이 그의 목회 중 제일 부흥되고 재미있었던 때이다. 장년이 400여 명, 교회학교가 500여 명이 되어 천여 명의 교인에 24개 구역에 구역장을 두고 직원 50여 명이 한마음이 되어 은혜로 기도와 성경 연구에 힘쓰고 전도와 봉사가 초대교회와 같았다.

신의주교회에서 경험했던 목회 이야기이다.

"한번은 성탄절이라고 신자가 닭을 한 마리 가져왔다. 나는 닭고기는 잘 먹었지만 닭을 잡기는 싫어 임신 중인 아내에게 닭을 잡으라고 시켰다. 하지만 아내 역시 임신 중이라 닭을 잡기 싫다고 하였고 때마침 교회 청년이 교회를 찾아왔기에 잘하지 못한다는 것을 재촉하여 닭을 잡아 그날 닭국을 잘 먹었다. 그 후 주일날 아침 기도하며 설교를 준비하는데 아내가 급히 나를 불렀다. 수탉이 풀려나왔으니 잡아 달라는 것이었다. 설교 준비 중이라 바쁜데 아내의 재촉에 하는 수 없이 나가 닭을 잡아매기로 하였다. 가만히 다가가 닭을 잡으려는 순간 닭이 홰를 치면서 발톱으로 내 엄지손가락을 찢고 달아나버렸다. 얼마나 쓰리고 아픈지 손가락을 싸쥐고 실컷 아내를 원망하였다. 손가락뿐 아니라 머리까지 아파 아랫목에 머리와 손을 넣고 기도하던 중 마태복음 23장 말씀이 떠올랐다. '**화 있을진저 바리새인과 서**

기관 같은 자여, 무거운 짐은 남에게 지우고 자기는 손가락 하나 움직이기 싫어하는 자여. 어제 일을 생각해 보라. 닭을 죽이기 싫다고 아내에게 미루고 박 군에게 미루고 그러면서도 닭국은 잘 먹었지. 바리새인 손가락 같은 것 찍어버려 마땅하겠지만 그만큼 둔 것도 감사해라. 너 그런 심보 가지고 강단에서 무슨 설교를 할 작정이냐? 너를 잘 알아 회개하고 설교하라.' 그날 나는 설교에서 이 간증을 하여 교우들에게 웃음거리가 되었지만 참으로 은혜로웠다."

11. 전국 부흥사가 되다

1937년 서울신학교에서 열린 총회에서 부흥사의 사명을 받았다. 그 사명을 받기 전 이성봉 목사는 비몽사몽 같은 꿈을 꾸었다.

총회 도중에 너무 지쳐서 신학교 서쪽 4층 조그마한 방에 누워 있는데 김익두 목사가 오더니 안수기도를 한다고 오른편 옆구리에 손을 대고 어루만지며 기도했다. 뜨끈뜨끈한 손이 닿자마자 불 같은 폭발이 일어났는데 너무 뜨거워 침대에서 뛰어 올랐다가 떨어지는 꿈이었다.

그 후 심령이 상쾌해지고 불 세례를 경험한 것이다. 부흥사로 임명받은 이성봉 목사는 큰 교회, 작은 교회 할 것 없이 전국 방방곡곡을 다니며 예수 향기를 전하는 목사가 되었다. 그의 부흥 사역에는 치유와 회개 그리고 회복의 역사가 일어났다. 이성봉 목사는 아픈 몸을 부축 받으면서 강단에 서서 결사적으로 설교를 하였다. 그러나 이성봉 목사가 정오의 빛처럼 빛나고 있을 때 성결교에서는 성결교 부흥사이니 성결교회에만 다니며 집회를 하고 다른 교파는 가지 말라고 제지하였다. 이 목사는 본래 장로교에서 구원을 받고 25세가 되어서야 성결교회로 왔다. 교파의 구분 없이 봉사하던 이성봉 목사는 이에 불응하였다.

12. 일본 유학 그리고 계속된 부흥집회

이성봉은 40세 되던 해 신학을 연구하러 일본에 건너갔다. 이성봉은 일본에서 일본 신학 연구과에 입학하고도 영혼 구원에 불타서 우리 동포들의 교회와 일반인들에게 복음을 전하며 부흥회를 인도하였다. 그 후 이성봉은 일본에서의 공부를 그만두고 고국에 돌아와 부흥회에 집중하였다.

그러자 성결교단에서는 공부하러 일본에 가서 공부는 안 하고 부흥회만 다니더니 이제 돌아와서는 명하지도 않은 부흥회를 다니냐며 시비를 걸었고, 교회를 맡아서 목회를 하든지 부흥회를 하려면 다른 교단으로 가라는 권고 사직장을 보냈다. 이때 장로교에서나 감리교에서는 어서 오라고 환영을 하였지만 이성봉은 아내와 상의한 후 목사 안수 받을 때 충성과 헌신을 맹세한 성결교단에 남기로 결정했다. 그리고 총회장을 찾아가 순종하겠다고 말하고 만주에 목회할 곳을 정해 달라고 부탁하였다.

13. 만주 전도시대와 어머니의 사망

이성봉 목사는 1941년 만주 봉천 중앙교회의 목사로 임명받아 식구들을 거느리고 건너갔다. 그곳에서도 큰 은혜의 역사를 체험하였다. 이성봉 목사는 만주 목단강(牧丹江)의 집회에서 어머니가 위독하다는 소식을 듣고 갈등하며 기도하였다. 그러나 굶주림과 목마름에 허덕이는 양들을 놓고 갈 수가 없어서 어머니를 주께 맡기고 기도하며 집회를 계속하였다. 마침내 어머니의 사망 소식을 듣고 집회 마치는 날 출발하여 3일 만에 도착하니 하루 전에 장례를 지냈다는 것이다. 이성봉은 어머니의 무덤에 찾아가서 기도하고 수고한 분들을 위로한 후 다시 집회를 위하여 다음날 떠났다.

14. 해방 후 성결교 재건운동

이성봉 목사는 1945년 8월 15일 만주 무순교회에서 해방을 맞이하였다. 성결교회는 믿음을 지킨 순교자도 있었지만 배반자나 예배당을 팔아 나눠 먹은 자도 있었다. 이성봉은 1945년 9월에 귀국하여 무너진 성진을 다시 수복하라는 하나님의 음성을 듣고 예배당 복원에 힘써 일했다. 특별히 잊지 못할 사건은 강원도 예배당을 찾은 일인데, 돈 한 푼도 없이 오직 믿음으로 집회를 시작하여 비가 오는 가운데 많은 헌금이 모여 그 집을 되찾아 성결교회 간판을 다시 붙일 수 있었다.

이성봉은 그 후에도 초교파적으로 농촌, 도시 방방곡곡을 순회하면서 부흥 사명에 충성을 다하였다. 특히 황해도 송화읍 무초교회에서 부흥회를 인도하는데 머리부터 전신이 붓고 열이 나서 집회를 중지하게 되었다. 그러나 이성봉은 '**나는 입으로 설교 못 하면 죽음으로 하리라**'는 마음으로 고통을 참고 집회를 인도했다. 얼마나 아팠던지 서서 설교를 하지 못하고 앉아서 했다. 그리고 기도할 때에 신기한 이적이 나타나 그 밤으로 거짓말같이 나아서 그 집회를 승리로 마쳤다.

15. 6·25전쟁과 피할 길을 주시는 하나님

전국을 다니며 집회를 인도하던 이성봉 목사는 충청도에서 집회를 인도하던 중에 6·25가 일어났다. 그 후 목포로 내려가서 20일 동안 집회를 인도하는데 그 사이 공산군이 정읍까지 내려왔다. 그는 피난 가기를 거부하고 8월 2일 수요일 집회를 마치고 치안서원들에게 체포되었다. 악질 반동으로 분류된 이성봉은 뒷산으로 끌려가 몽둥이로 맞고 고생하던 중 3일 만에 북한군 20여 명이 총을 휴대하고 소위 반역자를 죽이러 왔다. 그중 대장이 신앙을 갖고 있었던 사람으로 이성봉 목사로부터 **천당 지점 이야기**(천당이 어디 있느냐는 공산군의 질문에 이성봉은 천당 본점은 보지 못했지만 "천당 지점은 보았소. 천당 지점은 내 마음에 이루어져 있소"라고 대답함)를 듣고 감명받았다. 그리하여 29명이 총살

당하는 현장에서 이성봉은 기적같이 살아났다.

16. 해방 이후 세계를 향한 부흥사로

서울이 수복되자 이성봉은 임마누엘 특공대를 만들어서 농촌, 산골, 도서 여러 지방을 순회하며 부흥집회를 하였다. 어떤 때는 병들어 집회하기가 곤란하였으나 죽어도 자기 교회에 가서 죽어야 하고 자기 교회 집회는 조금도 연기할 수 없다며 은혜받기를 사모하는 성도들의 손에 이끌려 들것에 들려 다니면서 집회를 인도하였다. 마치 어머니는 병들어 죽어 가는데 어린아이는 그것도 모르고 어머니의 가슴에 올라가 젖꼭지를 물고 발버둥치는 것과 같은 상황이었지만 은혜를 사모하는 그들을 보면서 이성봉은 병중에도 새 힘을 얻어 말씀을 증거할 수 있었다. 이성봉은 교회뿐만 아니라 형무소, 군인교회, 양로원, 고아원 등 특수기관에 가서도 전도하였다.

이성봉 목사는 한국 교회를 대표하는 영적 지도자이자 대부흥사로 기적과도 같은 열매들을 거두었으며, 나중에는 미국으로 건너가 로스앤젤레스, 워싱턴, 보스턴, 하와이, 필라델피아 등 전국에서 집회를 인도하며 미국 교회와 국민들을 깜짝 놀라게 만들었다. 미국인들은 이성봉 목사를 미국이 낳은 세계적인 부흥사 무디에 비교하며 '**제2의 무디**'라고 불렀다.

17. 글을 마치면서

이성봉 목사는 '통일 복장'과 '통일 수염'으로도 유명했다. 어려운 시절, 목사라고 꼭 양복을 빼입어야 하는 건 아니라며 늘 보통 사람들과 같은 옷을 입었고, 남북통일이 되기 전에는 수염을 깎지 않겠다면서 길게 수염을 기르고 다녔다. 이성봉 목사가 이처럼 놀라운 복음의 결실을 맺으며 한국 교회를 대표하는 지도자요 부흥사로 교회와 성도들로부터 존경과 사랑을 한 몸에 받을 수 있었던 것은 흔들림 없는 철저한 자기 관리와 성결한 삶 때문이었다. 그는 돈에 얽매이지 않았고, 여자 문제로부터 깨끗했으며, 결코 명예를 따라다니지 않았다. 오직 하나님만을 바라보고 목회했던 진정한 목자였다.

이성봉 목사의 일대기를 쓰게 된 동기가 첫 번째 글에서 밝혔듯이 수안보 호텔 집회 차 갔다가 호텔 입구에 있는 성봉 채플에 들른 것이다. 왜 여기에 성봉 채플이 이렇게 아름답게 건축되어 있을까 하는 의문은 이성봉 목사에 대한 기록물을 읽으면서 해결되었다. 수안보 호텔은 한국도자기에 속한 건물이고 한국도자기 김동수 회장은 이성봉 목사의 셋째 사위이다. 글을 마치면서 이성봉 목사 홈페이지(http://www.sungbong.org)에 기록된 셋째 사위 김동수 회장의 글을 간추려 소개한다.

1955년 3월 나는 연세대학교 경제학과에 무시험으로 입학했다. 당시 고향인 청주에서 우리 김씨 집은 꽤 큰 집안이었고 집안 내에서는 처음으로 대학에 보내는 것이었다. 더구나 기독교 대학인 연세대학교에 입학했다는 사실은 장로이신 나의 아버님에게는 큰 사건이었고 더할 나위 없는 기쁨이었으며 자랑이었다.

아버님은 나를 데리고 서울로 올라와 학교가 가까운 신촌에 하숙을 정해 주시고는, 학문도 중요하지만 신앙이 더욱 중요하다고 말씀하시고 부흥사이신 이성봉 목사께서 신촌에 교회를 개척하였으니 꼭 찾아 뵙고 인사를 드리고 신앙생활도 철저히 하라고 당부하셨다.

나는 입학식을 끝내고 첫 주일 아침에 아버님이 적어 주신 주소를 가지고 집을 찾아 나섰다. 이성봉 목사님은 큰 부자일 것으로 생각하고 신촌 창천동에서 제일 큰 기와집만을 찾아 다녔으나 모두 허탕이었다. 주소대로 골목골목 찾아 들어가니 초라한 10평 남짓 되는 후생주택에 '이성봉'이라는 문패가 보였다. 의아하게 생각되었지만 문을 두드려 보기로 했다. 어떤 초라한 아가씨가 나왔다. "혹시 이곳이 부흥사이신 이성봉 목사님 댁이 맞습니까?" 하고 물으니 "아, 청주에서 오신 김종호 장로님 아들이세요?" 하면서 아주 반갑게 맞이했다. 나는 그 아가씨가 가정부인 줄 알았다. 알고 보니 목사님께서 그렇게 자랑을 하시던 막내딸이었다. 그때 당시 정신여고 2학년인 꿈 많은 여학생이었고 훗날 나의 아내가 된 이의숙 권사였다. 이성봉 목사님은 10여 평 되는 집에서 방 하나와 마루를 개척 교회로 쓰셨다. 대여섯 평 되는 곳에 탁자 하나를 놓고 오기선 전도사가 설교했고, 신도는 여자 10여 명과 남자는 몇 명 되지 않았다.

나중에 알고 보니 강사료로 받은 사례금은 모두 미자립 교회 지원, 신학생 지원, 고아원 등 어려운 곳에 쓰시고 집에는 최소한 연명할 식생활비만 주신다는 것을 알았다. 그의 딸들은 교복 한번 맞춰 입고 검정구두 한번 신어 보는 것이 소원이었다는 말을 듣고 나는 또 한 번 놀랐다. 목사님은 참으로 가난하고 청렴결백하게 사셨다.

배가례 전도사의 중매로 연애 반 중매 반으로 고제하던 중, 1960년 내가 대학을 졸업한 이듬해에 경기여대 보육과를 졸업하고 유치원 선생을 하고 있던 이의숙(현재 신촌성결교회 권사)과 청주 서문교회에서 결혼식을 올렸다. 당시 아버지가 충북의 유지였으므로 내 결혼식장에는 도지사, 시장, 국회의원을 비롯하여 수백 명의 청주 유지들이 참석해 있었다. 결혼식이 끝날 무렵 나의 아버님의 간단한 말씀에 이어 이성봉 목사께서 인사를 하게 되었는데, 이때다 싶으셨는지 하객들을 모아 놓고 전도 설교를 하셨다. 그러나 그날의 즉흥적인 설교는 모든 사람들을 감동시킨 훌륭한 설교였다.

이성봉 목사님께서 94세로 세상을 마치는 날 신촌교회 이정익 목사님과 이옥희 전도사님과 함께 임종을 지켰는데 아무 고통 없이 천사의 모습으로 하나님 앞으로 가셨다. 청주 근교에 있는 선산에 나의 아버님 김종호 장로, 어머님 최순환 권사와 나란히 이성봉 목사님과 이은실 사모를 합장하여 모셨고 틈틈이 성묘를 하고 있다. 장충단교회 김원철 장로가 만들어 세운 묘비에는 "말로 못하면 죽음으로"라고 새겨져 있다.

마부(馬夫)에서 총회장(總會長)이 된 이자익 목사

전라북도 김제에 있는 금산교회가 전라북도 도민들에게 알려진 것은 1994년 1월 1일부터 〈전북일보〉가 창간 30주년을 맞이하여 전북지방 개신교 100년사를 1년간 연재하면서부터이다. 김제 역사를 정리하는 중 "금산교회는 역사적으로 보존할 가치가 있다"고 역설하였고 이 신문 기사로 금산교회가 전 도민들에게 알려졌다. 드디어 1997년 7월 18일 금산교회는 전라북도 문화재 제136호로 지정되었다.

금산교회가 문화재로 지정되어 알려지면서 금산교회에 숨어 있었던 금과 같은 간증들이 함께 쏟아져 나왔다. 필자가 금산교회와 그와 관련된 이야기를 듣고 방문한 때는 약 7년 전으로 기억된다. 그 후 여러 번 방문하면서 죽었으나 지금도 살아서 믿음으로 말하는 조덕삼 장로님과 이자익 목사님의 모습을 볼 수 있어서 가슴이 뜨거웠다.

한국 기독교 역사상 마부(馬夫)가 목사가 되어 총회장을 세 번(1924년-13대, 1947년- 33대, 1948년- 34대)이나 역임한 이자익 목사의 불꽃처럼 살다 간 인생을 만나 보자.

1. 배가 고파 육지로

이자익은 1879년 경상남도 남해군 이동면 탑정리에서 출생하였다. 6세 때 돌림병으로 부모를 잃고 친척집에 맡겨졌지만 많은 농촌 일과 배고픔으로 견디기 힘든 나날을 보냈다. 그러던 어느 날 바다 건너편에는 큰 육지가 있다는 사실을 뒤늦게 알게 된 그는 '**육지로 나가서 밥이나 실컷 먹었으면 여한이 없겠다**'는 생각에 배를 타고 하동으로 갔다. 하동에 내린 소년은 남의 집에 가서 머슴으로 살면 된다는 생각으로 계속 걸어서 전라북도 남원까지 가게 되었다. 다행히 전라도 인심이 좋아서 사랑채만 있는 집이면 끼니와 잠자리는 거뜬히 해결되었다.

그러던 중 일하는 머슴과 얼마 동안 함께 머물면서 사정을 이야기하자 김제로 가라고 일러 주었고, 이자익은 북쪽으로 걸어가 전주를 지나서 구이를 지나 김제군 금산면 금산리 용화마을 어느 큰 집 앞에 멈추어 대문을 힘껏 두들겼다. 이 소리를 듣고 담뱃대를 길게 물고 나온 조덕삼에게 허리를 굽혀 덥석 큰절을 하고 자신에 대해 소개하였다. 조덕삼은 나이가 어리지만 똘똘하게 생겼다고 생각하였고 그때부터 이자익은 조덕삼의 집 사랑채에 짐을 풀고 그 집 식솔이 되었다. 이자익의 나이 17세 때이다. 조덕삼은 장날이 되면 비단을 싣고 전라도 각 지방을 다니며 장사를 하였고 배나무 과수원과 논농사와 마방을 운영하는 이 지역 사회의 유지였다. 이자익은 여기서 마부의 일을 맡게 되었다.

2. 지주(地主) 조덕삼과 함께 예수를 믿은 마부 이자익

조덕삼의 집은 **마방**(馬房, 당시 마방은 말을 타고 다니던 손님들이 말을 메어놓고 자고 가는 곳으로 한마디로 말 여관이었다)을 운영하여 지역에서 돈이 제일 많고 집안 대대로 유교를 믿는 보수적인 집안이었다.

그러던 어느 날 조덕삼은 마방 손님인 테이트(L. B. Tate, 최의덕) 선교사에게 접근하여 **"선교사님, 저는 당신을 오랫동안 지켜보았는데 왠지 당신한테 관심이 갑니다. 또 당신이 믿는 예수교에 대해서도 관심이 많습니다"**라고 했다. 이 말을 듣던 최의덕은 기뻐하며 용화마을 삼거리에 교회를 세우고자 하는 자신의 괴로운 마음을 털어놓았다. 마침 선교사의 조사 김필수가 있어서 어려운 말을 쉽게 풀어 주고 기독교를 이해하는 데 많은 도움을 주었다. 김필수도 경기도 안성에서 지주의 자녀로 유교에 깊이 빠져 있다가 언더우드(H. G. Underwood, 원두우) 선교사를 만났고 그의 말에 매료되어 기독교로 개종을 하였다는 말에 감동받은 조덕삼은, 자신의 집 사랑채를 예배드리도록 내어놓았고 용화마을 사람뿐만 아니라 두정리, 청도리, 신기리에 사는 사람까지 불러모아 예배가 시작되었다.

3. 학습과 세례를 받은 이자익

조덕삼의 사랑채는 시간이 갈수록 너무나 많은 사람이 몰려왔기에 더 이상 이곳에서 예배드릴 수가 없었다. 1905년 두정리에 있는 조덕삼의 과수원 대지에 다섯 칸짜리 예배당을 마련하고 예배를 드렸다. 그 예배당을 두정리교회(이후 금산교회로 호칭함)라 불렀다. 1905년 10월 11일 최의덕 선교사와 김필수 조사가 학습문답을 실시하였다. 이날 5명이 받았으나 3명만 합격하였으며, 합격자 조덕삼, 이자익, 박서화는 저녁 예배 시간에 교인들 앞에서 서약을 받고 금산교회 학습교인이 됨을 발표하였다. 1906년 3월 13일 6명의 2차 학습교인이 탄생하였고, 1906년 5월 마지막 주일에 조덕삼, 이자익, 박서화는 세례를 받고 역사적인 세례교인이 탄생되자 성찬식을 거행했으며, 이 일로 인해 세례와 학습 받기를 원하는 교인이 점점 많아졌다.

4. 결혼하고 영수(領袖)가 되다

조덕삼은 마부 이자익이 자신의 아들 조영호가 한문 공부하는 소리를 듣고 있는 것을 보고 방으로 불렀다. 이자익은 큰 죄라도 지은 것처럼 방문을 열고 들어가자마자 무릎을 꿇고 기도를 하였다. 이 모습을 본 지주 조덕삼은 속으로 '참으로 믿음이 나보다 더 좋구나' 하는 생각을 하고 아들 조영호와 함께 천자문을 배우도록 하였다. 그리고 1905년 5월 이자익은 전주 서문교회에서 최의덕 선교사의 주례로 김선경과 결혼식을 올렸다. 최의덕 선교사는 1906년도 후반기에 조덕삼, 이자익, 박화서를 집사로 임명하였고, 1907년 1월 조덕삼 집사와 이자익 집사를 영수(領袖)로 임명하였다. **영수직은 장로보다는 조금 밑에 있는 직분으로서 교회의 살림과 행정을 맡아야 하며, 목사를 모시거나 장로를 세울 때까지 설교까지 해야 하는 주요직이었다.**

5. 마부(馬夫) 이자익이 장로로 선출되다

어느덧 세례교인만 30명이 넘어서 최의덕 선교사는 금산교회 당회장으로 장로 2명의 피택 청원을 상정하였다. 그리고 1908년 3월 5일 장로 선거를 했는데 지주인 조덕삼 영수는 떨어지고 마부 이자익 영수가 장로로 피택되는 사건이 벌어졌다. 조덕삼 영수는 발언권을 얻고 **"우리 금산교회 교인들은 참으로 훌륭한 일을 해냈습니다. 저희 집에서 일하고 있는 이자익 영수는 저보다 신앙의 열의가 대단합니다. 오늘 이 결정은 하나님이 내리신 결정입니다. 나는 교회의 결정에 순종하고 이자익 장로를 받들어서 열심히 교회를 섬기겠습니다. 대단히 감사합니다"** 라고 하며 교인들에게 인사하였다. 이 말을 들은 교인들은 조덕삼에게 큰 박수를 보냈다.

이 시기에 서울 승동교회에서 백정 출신인 방성춘 집사가 먼저

장로로 선출되자 양반들이 승동교회를 이탈해 안국동 안동교회를 설립했으며, 서울 연동교회에서 갖바치(가죽신 만드는 일을 직업으로 하던 사람) 출신 고찬익 집사가 먼저 장로로 선출되자 양반들이 이탈하여 종묘 근방에 묘동교회를 설립한 것과는 너무도 대조적이었다.

이러한 사건으로 바라볼 때, 금산교회 교인들도 훌륭하고 조덕삼 영수는 더 훌륭하였다. 조덕삼 영수는 그로부터 2년 후인 1910년 10월에 금산교회에서 장로 장립식을 했다.

6. 'ㄱ'자 교회인 금산교회가 세워지다

최의덕 선교사가 매주 금산교회를 출석할 수 없었으므로 이자익 장로가 매주일 낮, 밤, 수요예배까지 인도하게 되었다. 그가 마부였기에 누구나 알아들을 수 있도록 쉽게 설교하여서 교인들이 점점 늘어 새 건물이 필요하게 되었다. 조덕삼 영수가 교회당을 신축하라고 과수원 농장을 내놓았고 교인들은 모악산에 올라 교회에 쓰일 소나무를 준비하였다. 3월 2일 기공예배를 드리고 목조건물의 'ㄱ'자 초가 건물로 완성되었다. 건물이 완성되자 1908년 4월 4일 아침 11시에 최의덕 선교사를 비롯해서 전주 선교부에 소속된 선교사들이 참석한 가운데 헌당식을 하였다.

'ㄱ'자 교회는 남·여 좌석 위에 천장을 쳐다보면 상량문이 쓰여 있는데 여자 신도석은 한글, 남자 신도석은 한자로 성경구절을 써 놓았다. 그 내용은 고린도전서 3장 16-17절 말씀이다. "너희가 하나님의 성전인 것과 하나님의 성령이 너희 안에 거하시는 것을 알지 못하느냐 누구든지 하나님의 성전을 더럽히면 하나님이 그 사람을 멸하시리라 하나님의 성전은 거룩하니 너희도 그러하니라."

금산교회당 내부 모양은 특이하다. 강단과 강대상은 남자를 향해 서 있어 설교자는 여성 쪽을 볼 수가 없었으며, 1920년도에 휘장이 철거되기까지 여성들은 설교자의 얼굴을 볼 수 없고 그저 휘장막을 통해서 들려오는 말씀만 듣게 되어 있다. 한편, 1909년 봄을 맞이해 50리(약 20km) 밖에서 오는 교인들이 가까운 지역에서 신앙생활 할 수 있도록 임실군에서 오고 있는 삼길리 교인을 중심으로 삼길교회를 분립해 주었으며, 10리 밖인 금산면 구봉리에서 오는 교인을 중심으로 구봉교회(후에 원평으로 이전하고 원평교회라 불렀음)를 설립하게 되었다.

7. 장로회신학교에 입학한 이자익 장로

이자익 장로가 장로 임직을 받던 1908년 3월, 그는 조덕삼 영수의 배려로 장로회신학교에 입학하였다. 이자익 장로가 신학교육을 받는 동안 조덕삼 장로는 강단을 맡아 설교하였고 **이자익 장로의 학비와 가족의 생활비까지 책임졌다.** 이 아름다운 소식이 금산면에 알려지면서 교회는 더욱 부흥 성장하였다. 신학교 교수들은 외국인이라 '**이자익**'을 '**이자식**'으로 부르는 에피소드를 만들어냈고, 교수들은 그 소속에 따라 전라도와 경상도, 함경도 사투리 등 각 지방 사투리를 사용하여 강의하였다. 이자익 장로는 주일이 되면 평양에서 유명하다는 교회를 순회하면서 목사 후보생으로서의 훈련을 철저히 받았고 1891년 평양 널다리교회(후에는 장대현교회)의 사경회에 참석하며 새벽예배를 통해서 일어나는 사도행전적인 회개의 역사를 두 눈으로 체험하였다.

신학생 이자익 장로에게 영향을 미쳤던 신학교 교수로는 이길함과 장로회신학교 창설자였던 마포삼열이 있다. 이길함 교수는 목회학을 강의하였는데 이자익은 강의를 들으면서 '나도 기도를 많이 하고 능력 있는 설교를 해야지', '항상 소외받는 자를 위하여 일해야지' 하고 다짐하고 또 다짐하였다. 마포삼열 교수는 성례와 선교 과목을 강의하였는데 선교의 중요성을 역설해 주었다. 특히 자신을 괴롭혔던 이기풍 신학생에 대한 이야기는 흥미진진한 살아 있는 간증이었다.

8. 금산교회 2대 목사로 부임한 이자익

1915년 6월 15일에 제8회 졸업식이 장로회신학교 강당에서 거행되었다. 교장인 배위량 선교사가 박사 가운을 입고 졸업생 하나하나를 호명하여 졸업장을 수여하였다. 이자익도 드디어 졸업을 하였다. 졸업식에는 자신을 전도하고 세례를 준 최의덕 교수까지 참석하였다. 생각하면 할수록 하나님의 은혜였다. 이들은 "우리 다시 만날 때까지 하나님이 함께 계셔 훈계로써 인도하며 도와즈시기를 바라네"라고 찬양하며 각기 자신의 사역지를 향하여 돌아갔다. 이자익은 임실군 하천리교회에 도착하였다. 그때 금산교회에는 최대진 목사가 타 교회에 부임하여 조덕삼 장로와 왕순칠, 강평국 장로가 강단을 지키고 있었다. 이에 금산교회 당회와 원평교회 당회가 이자익 목사를 청빙하여 1915년 8월 25일 조선예수교장로회 제5회 전라노회에서 목사 안수를 받았다. 이자익 목사는 안수를 받자마자 최의덕 선교사와 동사목사로 사역을 하게 됐으며, 모든 사람은 금산교회에서 마부로 출발했던 이자익 목사를 청빙한 일에 대해 매우 놀라고 말았다. 당시 교역자들이 부족하여 이자익 목사는 오전 10시 금산교회에서 말씀을 전하고 오전 11시 30분에는 구봉교회(현 원평교회)에서 말씀을 전하는 등 바쁘게 활동하였다.

9. 금산교회와 유광학교

조덕삼 영주는 을사보호조약이라는 허울 좋은 불평등 조약이 형성되는 것을 목격하고, 민족 교육을 위해 사제를 털어 1906년 금산교회 내 유광학교를 설립하였다. 유광학교에서는 한글과 우리나라 역사를 가르쳤으며, 아침마다 예배를 드리고 성경을 가르쳤다. 또한 8월 29일에는 국치일이라 하여 태극기를 그리는 시간을 가졌고, 1919년 3월 1일 만세운동을 부를 때 유광학교 학생들과 교수들은 모두 태극기를 꺼내 들고 독립운동에 가담하였다. 이자익 목사는 금산교회 주일예배와 유광학교 채플 시간, 성경 시간에 출애굽기를 가르치며 "하나님은 억압받는 백성 편에 서서 일하신다"고 역설하였다. 1919년 12월 17일 조덕삼 장로가 하나님의 부르심을 받아 장례식을 거행하였고, 조덕삼의 아들 조영호 집사는 이자익 목사를 모시고 계속 금산에 머물며 학교와 교회를 지켰다.

이자익 목사는 호주 장로교 선교부의 요청에 의해 1925년 7월 초 두 교회(금산교회와 구봉교회) 시무를 사임하고, 경상남도 거창 선교부로 이사를 하게 되었으나 1925년 6월 9일 제17회 전북노회에서 이명서는 주지 않기로 하고 계속 전북 노회원으로 이름을 놔두기로 결의하였다. 그 후 유광학교는 조영호 교장의 건의로 동쪽의 빛이라는 의미의 동광(東光)학원으로 개명하였고, 조영호 집사는 1926년 6월 10일에 장로 장립을 받고 아버지를 이어 금산교회 장로가 되었다.

10. 동광학교 폐교와 야학운동

독립운동 가담으로 인해 일본 경찰들은 동광학원과 금산교회를 더욱 감시하였다. 1941년 일제가 태평양전쟁을 일으키면서 조선어 사용 금지와 가미다나(일본 신도(神道)에서 가정이나 상점에 꾸며놓고 참배하는 작은 제단)를 설치하라는 명령이 오자 조영호 장로는 스스로 학교를 폐교(閉校)하였다. 일본 제국주의의 교육정책 차별로 많은 사람이 교육의 기회를 놓친 것을 보고 금산교회 당회에서는 동광학원 건물에 야학당을 설치하였고, 문맹 퇴치운동과 함께 음력설

폐지, 서기력(西紀曆) 사용과 양력 사용을 주장하고 농사법도 가르쳤다. 조영호 장로는 철저한 기독자적인 삶을 살아야 한다며 아버지 조덕삼 장로의 평등사상을 재정립하여 농부들과 어울려 함께 식사를 하고, 농부들의 가족까지 식사를 챙겼으며, 세상 돌아가는 이야기를 들려주었다.

11. 마부 출신 이자익 목사가 13대 총회장으로 당선되다

이자익 장로는 목사 안수를 받고 금산교회와 구봉리교회 담임목사로 사역을 하면서 목사가 된 지 1년 만에 전라노회 목사 총대로 제5회 총회(1917년), 제6회 총회(1918년), 제7회 총회(1919년)에 참석하였다. 1919년 9월 2일 군산 개복교회에서 열린 제5회 전북노회에서는 이자익 목사가 노회장으로 선임되었다. 1924년 9월 13일 함경남도 신창리 교회당에서 총회가 열렸다. 제12대 총회장 함태영 목사가 증경총회장 김성택 목사에게 기도하게 한 후 총대원 196명이 제13대 총회장 선거에 들어갔다. 그 결과 **"과반수 이상을 획득한 이자익 목사가 제13대 총회장으로 당선되었음을 발표합니다"**라고 함태영 목사가 발표하였다. 총대원들은 현 부회장인 안승원 목사가 당선될 줄 알았기에 깜짝 놀랐다.

이자익 목사는 "먼저 부족한 저를 이곳까지 인도해 주신 하나님께 감사를 드립니다. 총대 여러분의 기도로 제가 이 자리에 서게 되

없습니다. 기도하면서 총회를 1년간 잘 이끌어 가겠습니다. 많은 기도를 부탁드립니다"라고 인사하였다.

전북노회 금산교회는 전라북도 김제군 금산면에 위치한 200명밖에 모이지 않는 아주 작은 시골 농촌 교회였다. 이곳에서 마부에서 장로로, 신학교를 졸업하여 목사로, 여기에 대한예수교장로회 수장까지 올라간 이자익 목사에게 모두들 뜨거운 박수로 축하해 주었다. 그에게 전도를 하고 세례를 베풀어 주고 영수로, 장로로, 신학교까지 갈 수 있는 길을 열어준 최의덕 선교사는 그를 온몸으로 끌어안으며 축하해 주었다. 정회를 마치고 모두들 숙소로 돌아가고 이자익 목사는 신창리교회당에 남아 기도를 하였다.

12. 전북노회로의 복귀와 신사참배 거절

이자익 목사는 거창 선교부의 사역을 마감하고 1936년 9월 30일 전북노회로 복귀하였다. 전북노회는 물론 금산교회와 원평교회에서는 대환영을 하였다. 전북노회는 신사참배 결의에 앞장섰던 노회였다. 전북노회가 신사참배 결의에 앞장섰던 관계로 이자익 목사는 금산교회와 원평교회 담임목사이면서도 일체 노회에 불참하였다. 전북노회를 이끌고 간 김세열 목사는 친일 인사로 일본 제국주의를 찬양할 뿐만 아니라 중일전쟁에 적극적으로 협력했다. 그래서 총회가 개회될 때마다 예배드리기 전에 중일전쟁에 적극 협력하자는 식전행사를 행하였다.

1941년 한국에 남아 있는 선교사들을 최종적으로 추방시키고 1941년 12월 8일 새벽에 일본 제국주의 천왕 군대는 미국의 군사기지인 하와이 진주만을 습격하였다. 서울에 있는 교역자들이 모여 경성 기독교연맹을 조직하였는데, 이 단체는 친일단체로 1942년 5월 11일 밤 8시에 승동장로교회에서 조선 청년도 천왕군(天王軍)에 입대할 수 있는 기회가 주어졌다며 감사예배를 드렸다. 뿐만 아니라 창씨개명을 실시할 때도 앞장서서 협력하였다. 1942년 10월 18일 평양 서문교회에서 모인 제31회 총회부터는 일본어로 말하였고 일본어를 할 줄 모르는 목사, 장로는 총대로 선출하지도 않았다. 또 이들은 각 지역 연맹으로 교회 종을 비롯하여 철을 모조리 헌납하였는데 이 철은 공장에서 총알을 만드는 데 사용되었다.

13. 해방과 전북노회의 재건

이자익 목사는 증경총회장과 전북노회장을 역임했던 지도자였기에 전북교구에서 협력해 달라는 교구장 김세열 목사의 끈질긴 권유도 뿌리치고 교회 사역만을 자신의 일로 알고 원평교회 담임목사의 역할만을 담당하였다. 해방과 함께 1946년 5월 일본 기독교 조선교단 전북교구는 곧 해산을 하고 전북노회를 재건하였다. 그동안 친일 행각을 하며 신사참배를 주도해 온 김세열 목사는 자신이 시무하고 있던 전주 서문교회에서 노회를 소집하고 재건에 대해서 논의를 하였다. 이날 사회를 맡았던 김세열 목사는 노회원들 앞에 나타나서 회의를 주관하고 있었다. 이때 이자익 목사가 김세열 목사에게 신사참배에 대한 책임을 지고 이 자리에서 사과하고 하단해 줄 것과 신사참배는 국민의식이므로 참배해도 좋다는 의견을 갖고 총회에 헌의했기 때문에 먼저 회개기도 할 것을 건의하였다. 이에 따라 신사참배에 헌의했던 것에 대해 회개기도를 하기 시작하였다.

14. 제33회(1947년), 제34회(1948년) 총회장으로 당선된 이자익 목사

이자익 목사가 해방의 기쁨을 만끽하며 김제 들녘에 복음을 전하려고 기도하던 중 전북(현재는 충남) 금산군 금산읍교회에서 동사목사로 사역 요청이 오자 전북노회 임원회에서 허락하였다. 이에 이자익 목사는 금산읍교회에서 마지막 여생을 보내기로 새로운 각오와 결의를 갖고 이사하였다. 금산읍교회는 미국 남장로교 선교사였던 마노덕에 의해 설립되었지만 소문난 오지였다. 금산읍교회는 1924년 제13회 총회장으로 역임했던 이자익 목사가 부임한다는 소식에 크게 기뻐하였다.

1947년 4월 제33회 총회가 대구 제일교회에서 개최되었는데 이 자리에서 이자익 목사가 총회장으로 당선되었다. 총대들은 해방 후 남북이 분단된 어려운 시기에 총회를 지혜롭게 이끌고 갈 적임자로 이자익 목사를 생각했던 것이다. 이자익 목사는 사양하며 **"총대 회원**

여러분, 대단히 죄송하지만 저는 여러 가지로 부족한 사람입니다. 저보다 훌륭한 목사가 많으니 저는 이 자리를 빌려 사양하겠습니다"라고 말했다.

그러나 총회가 재건된 지 1년밖에 되지 않으며 총회법을 잘 아는 목사가 총회장으로 선출되었으니 이것을 하나님의 뜻으로 알고 회의를 진행하자는 총대들의 말에 모두 박수를 쳤다.

1947년 제33회 총회 때 미국 남장로교 선교부에서 요청한 대전 선교부 개설을 허가하자 금산읍교회에서 시무하고 있던 이자익 목사가 대전 선교부로 가게 되었다. 이러한 관계로 이자익 목사는 대전 선교부 소속으로 1948년 4월 20일부터 23일까지 개회된 조선예수교장로회 34회 총회에 33대 총회장 겸 전북노회 총대로 출석하게 되었다. 회순에 따라 임원 선거가 실시되었다. 그런데 뜻하지 않게 전북노회 소속인 이자익 목사가 33대 총회장에 이어 34대 총회장으로 당선되었다. 이자익 목사보다 유능한 목사가 많이 있지만 총회가 해결하고 넘어가야 할 문제가 많기 때문에 재치 있게 총회를 잘 이끌어 갈 수 있는 인물은 이자익 목사밖에 없다는 판단에 그를 또 총회장으로 당선시킨 것이다.

15. 대전고등성경학교를 시작하다

1950년 4월 6일 보이열(E. T. Boyer) 선교사와 인돈(W.A. Linton) 선교

사의 적극적인 협조로 대전시 삼성동 387번지 자리에 대전고등성경학교가 문을 열었다. 때마침 해방은 되었지만 일제의 차별 교육으로 인하여 교육의 기회를 갖지 못했던 농촌 청소년들이 대전고등성경학교에 몰려들었다. 이자익 목사는 부교장이었지만 교무 행정까지 맡아 수고하였다. 대전고등성경학교의 1학년 1학기 교과 과정은 다음과 같았다. **창세기, 출애굽기, 구약사기, 신약, 공관복음, 사도행전, 고린도전서, 개인 전도법, 교수법, 야고보서, 베드로전서, 한글** 등이다. 교과 과정만 보더라도 개인 전도법과 교수법 그리고 한글을 제외하고는 모두 성경을 공부했으며 개인 전도법, 교수법, 한글을 배운 것을 보면 지식보다는 실천신학에 전념했음을 알 수가 있다. 학생들은 강의가 끝나면 공동작업으로 밭 7두락을 경작하였다. 여기서 얻어진 대가로 기숙사의 식비는 해결되었으며 등록금은 전원 장학금이었다.

16. 6·25동란과 이자익 목사

그렇게 벅찬 감격 속에 시작한 대전고등성경학교의 생활이 채 두 달도 되기 전에 6·25전쟁이 발발했다. 학생들은 무기한 방학으로 헤어졌고 대전에 있는 선교사들은 전주 선교부에 모여 부산으로 피난을 갔으며, 일부 선교사들은 승용차를 이용하여 부산으로 피난을 갔다. 이때 대전에서 병원을 개업하고 있던 둘째 아들 이봉호가 **이자익 목사에게 어머니와 함께 전북 완주군에 있는 절로 피신하라고 일렀다.** 송광사 지주로 있던 해광 스님은 이자익 목사와 인척관계가 있기에 그곳이 좋겠다는 생각으로 권유한 것이다. 그곳은 인가가 드물고 사람들이 자주 드나들지 않기에 이자익 목사는 송광사로 피난을 떠났고 해광 스님의 따뜻한 영접을 받으며 그곳에 머물렀다. 해광 스님은 새벽 4시만 되면 불공을 드린다며 대웅전으로 들어가 목탁을 치며 불경을 읽었고, 이자익 목사 부부도 이에 뒤질세라 송광사 구내에 있는 자그마한 거처에서 성경과 찬송을 펴 들고 가정제단을 쌓았다.

그러던 중 이자익 목사는 언더우드 선교사의 강의가 떠올랐다. 한국에 최초로 한글로 번역해서 들어온 마가복음서가 일본 요코하마에 있는 성불사 절간에서 번역되었다는 사실이다. 이를 해광 스님에게 말하자 그는 "목사님, 걱정하지 마시고 열심히 성경을 보시면서 하루속히 전쟁이 멈추기를 위해 기도나 하세요. 저는 열심히 부처님께 불경을 외우고 있겠습니다"라고 이야기했다.

어느 날 붉은 완장을 한 청년들이 절에 들이닥쳐서 이자익 목사를 찾았다. 그는 해광 스님에게 피해를 끼치지 않기 위하여 방에서 나와 김제내무서(경찰서)로 연행되었다. 이때 김제 원평에서 약국을 운영하며 인심을 베풀었던 셋째 아들 이성환의 도움으로 곧 풀려나 아들 집에 거하면서 골방에 앉아 매일 성경을 읽고 기도에 전념하였다. 9·28 서울 수복까지 이자익 목사 부부는 원평에서 무사히 지낼 수 있었다.

17. 대전신학교의 개교와 초대 교장 이자익

1953년이 되면서 각 지방마다 중·고등학교가 많이 설립되어 대전 고등성경학교 지원자가 감소하였다. 또한 교역자가 되려면 신학교에 가서 신학을 공부해야 한다는 여론이 대전노회를 비롯하여 충남노회, 충북노회에서 일고 있었다. 이에 대전노회와 이사회에서는 1954년 4월 1일 이자익 목사를 초대 대전신학교장으로 발령했다. 그리고 그해 8월 25일, 역사적인 대전신학교 개교 및 입학식을 하였다. 그해 겨울방학을 3일 앞둔 1954년 12월 7일, 이자익 교장은 개인 사정으로 교장직을 사임하고 원평으로 낙향했다. 그러고는 전북 김제군 금산면 원평리에서 약국을 운영하는 셋째 아들 이성환의 집에서 여생을 보냈다. 이자익 목사는 원평에 자리를 잡고 주일이 되면 자신이 설립했던 'ㄱ'자 교회 금산교회에 가서 예배를 드리고, 때로는 마지막 목회를 했던 원평교회에서 예배를 드렸다.

18. 하나님의 품으로

이자익 목사는 1958년 10월 7일, 79세의 일기로 하나님의 부르심을 받았다. 그는 갔지만 그가 믿음으로 남긴 유산들은 지금도 남아서 우리에게 말하고 있다. 사람들은 이자익 목사를 말할 때 마부(馬夫) 출신에서 역사적으로 전무후무한 세 번의 총회장을 역임한 사람으로 기억한다.

그러나 이자익 목사가 존경받는 것은 세 번의 총회장 역임과 같은 화려한 이력에 있지 않았다. 그는 생전에 두정리교회(금산교회), 구봉리교회(원평교회) 등 약 20개의 교회를 개척하였으며 큰 교회의 청빙에도 불구하고 시골의 작은 교회를 지켰던 위대한 농촌목회자였다. 또 창씨개명은 물론 일제의 신사참배에 가담하지 않았으며, 1952년에는 친구 목사였던 함태영 부통령이 교통부와 체신부 장관을 제의해 왔을 때도 일언지하(一言之下)에 거절하고 목회 현장을 지켰다. 그리고 그는 정치적 흥정에 전혀 흔들림 없이 교회헌법에 정통하고 회의 규칙에 완벽한 지식을 갖추었던 전설적인 사회자(Moderator)로서, 한국 교회에 법치주의 정신을 심어 주었던 최고의 법통(法通), 깨끗한 교회정치인의 표상이었다.

19. 글을 마치면서

이자익 목사님과 조덕삼 장로님을 생각하면 잘살아야겠다는 것을 늘 다짐한다. 짧은 인생이지만 간증을 남기는 사람, 나의 삶과 죽음이 후대에 간증이 되는 삶을 살아야겠다는 다짐을 하게 된다. 필자는 금산교회를 네 번 방문했다. 네 번째 방문했을 때 담임목사님이 직접 나오셔서 금산교회에 대한 소중한 자료를 상세히 설명해 주셨다. 특히 금산교회의 사료들은 'ㄱ'자 교회 벽면에 걸려 있다. 목사님께서 한참을 설명하시더니 강대상 밑에서 두 개의 사진액자를 꺼내셨다. 그 액자에는 금산교회 제17회, 제25회 당회록이 기록되어 있었다.

1921년 10월 21일 하오 8시 두정리교회 제17회 당회록

김명보와 김명보 모친은 가정 불화로 인하여 권면하고,

김명보댁 김수열은 부모 불효와 주일 범함으로 회개할 동안 성찬 불참케 하다.

김갑술 주일 범함으로 권면하고, 이공숙은 도박한 일로 출교하고,

박선경 귀신 공경함으로 출교하고, 김제규는 도박일로 학습 제명하고,

조영진 신행을 심사키 위하여 호출하기로 가결하다.

1923년 6월 10일 오전 7시 40분 두정리교회 제 25회 당회록

정인섭 모친은 불신자와 예(禮) 없이 혼인함으로 출교하기로 가결하다.

목사님께서는 이 당회록이 다른 사진이나 기록물처럼 자랑스럽게 걸어두지 못하고 강대상 아래로 숨겨야 했던 이유를 이렇게 설명해 주셨다.

"얼마 전에 금산교회를 고향으로 두고 있는 사람들이 자신의 자녀들과 함께 이곳을 방문하였습니다. 그리고 후손들에게 이곳이 할머니, 할아버지가 살던 고향이며 그분들이 다니던 교회라고 자랑스럽게 이야기를 했습니다. 그리고 교회 내부에 걸려 있는 기록물들을 둘러보는데 당회록의 기록 속에 자신의 조상 이름이 나오니 얼마나 영광스럽겠습니까. 그런데 자세히 읽어 보니 이름은 맞는데 잘했다는

기록이 아니라 가정이 불화하여, 부모에게 불효를 하여, 주일을 범하여, 도박을 하여……이런저런 일로 교회에서 징계를 받았다는 내용을 읽고 후손들이 충격을 받았습니다. 그리고 저를 찾아와서 역사적 기록이니 지울 수는 없지만 이 당회록은 떼어 달라는 부탁을 했습니다. 그래서 이 기록물들은 빛을 보지 못하고 강대상 아래로 들어간 것입니다."

비록 벽에 걸리는 영광은 누리지 못했지만 강대상 속에서 오늘도 그곳을 찾는 사람들에게 말하고 있었다.
"잘 믿어야 한다, 끝까지 잘 가야 한다……."

맨발의 성자
이현필

평생을 맨발로 다닌 맨발의 성자 이현필. 죄인이 어떻게 밥상에 밥을 차려놓고 먹겠느냐며 평생 땅바닥에서 밥을 먹었던 이현필. 결혼한 부인을 부인이라 하지 않고 매씨(妹氏)라 부르면서 아내에게도 순결을 강조하여 가정불화가 그친 날이 없어 반대자들의 큰 비난거리가 되기도 했던 이현필. 그러면서도 평생 **청빈(淸貧), 순결(純潔), 순명(順命)의 복음 삼덕(福音三德)**으로 살았던 이현필의 삶을 따라가 보자.

1. 출생

이현필(李鉉弼, 1913-1964)은 1913년 1월 28일 전남 화순군 도암면 용하리에서 아버지 이승노, 어머니 김오산 사이의 둘째 아들로 태어났다.

이현필의 어머니는 27세에 이현필을 낳고 단산하였는데, 소금 일곱 가마니를 누가 싣고 와서 아랫방에 내려놓는 꿈을 꾸고 낳았다 하여 정절을 지킬 몽조라 하였다. 학력은 자세히 알 수 없지만 독학으로 다방면의 지식을 습득하였다. 다만 천태보통학교를 다녔다고 하는데 서당에서 4년 공부한 것이며 16살에는 서울 YMCA에서 영어와 성경을 공부하였다. 그는 어려서 인근 영산포 장에 닭 장사를 하러 다니면서 일본 사람 관파(管波) 목사의 전도로 예수를 믿게 되었다.

2. 스승 이세종과의 만남

이현필의 신앙생활에 결정적인 영향을 미친 사람은 같은 도암면 출신의 이세종으로, 그를 만나 성경 공부를 하면서부터 본격적인 신앙의 길에 들어섰다. 이세종은 1880년 전남 화순군 도암면 동광리 천태산 기슭에서 태어났다. 어려서 부모님을 잃고 남의 집 머슴살이를 하면서 한글을 배웠다. 30세에 14세 문순희와 결혼식도 하지 않고 살았다. 10년을 작정하고 돈을 모아 그 동네에서 제일 가는 부자가 되었지만 40이 넘어서도 자식이 없었다. 자식을 얻기 위해서 무당을 불러다가 굿을 하고 날마다 정성을 쌓았는데 무당이 죽자 회의에 빠졌다.

그러던 중 성경책을 얻어 스스로 읽는 중에 예수를 믿게 되었다. 예수를 믿으면서 이세종은 세상의 모든 것을 버리기 시작했다. 빚진 자들의 채무를 모두 탕감해 주었고, 창고의 문을 열어 가난한 사람들에게 나누어주었으며, 머슴살이로 번 100마지기에 가까운 땅은 구제로 써 달라며 면사무소에 바쳤다.

그는 오직 성경 통독, 기도, 실천의 삶을 살았다. 이세종은 다른 책은 아무 유익이 없으므로 보지 말고 성경만 보라고 했다. **"파라, 파라. 깊이 파라. 얕게 파면 너 죽는다. 뿌리도 깊이 팔수록 좁다. 좁은 길이다. 깊이 파고, 깊이 깨닫고, 깊이 믿어라. 어설프게 파면 의심밖에 나는 것이 없다"**라고 가르쳤다. 이세종은 단지 성경 연구를 위해서 성경을 공부하는 것이 아니라 한 번 읽은 말씀은 반드시 실천하는 주의였다. 철저한 청빈의 삶을 살았고 슈바이처처럼 생명 경외 사상을 철저히 가졌다. 슈바이처는 병원을 건축하다가 개미집이 터지면 공사를 중단했다고 한다. 이세종 역시 산길을 가다가 누가 밟은 칡넝쿨을 들고 흐르는 진액이 피 같다 했으며, 가뭄 때 논 웅덩이에 있던 올챙이와 미꾸라지를 자기 옷에 담아다 방생해 주었다. 그의 마지막 유언도 **"언덕으로 벗 삼고, 천기로 집 삼고, 만물로 밥 삼으라"**였다.

3. 이현필의 영성

이현필이 십자가의 사랑과 겸손에 대하여 성경을 들고 목이 쉬도록 가르친 것이 복음 삼덕(福音三德)이다. 삼덕(三德)이란 **청빈(淸貧), 순결(純潔), 순명(順命)**인데 순결은 생명과 같다고 가르치고, 나 하나의 인격 완성이 가장 귀한 것이요 그것을 위해서는 무엇보다도 순결, 청빈, 순명의 수도가 필요하다고 가르쳤다.

1) 청빈(淸貧)

이현필의 청빈사상은 **"청빈사상이 곧 수도다. 가난하게 살면서도 늘 기뻐하는 것을 나에게 보여주는 것이 전도"**라고 한 가르침에서 잘 나타난다. 이현필은 제자들에게 인도의 간디가 손수 물레를 돌리던 이야기를 자주 해주었다. 불은 성냥을 쓰지 말고 화로에 불씨를 담아서 사용하자고 했다. 짚신을 신든지 찢어진 헌신을 신고 다니는 것은 성신(聖神)을 순종하는 일이라 가르쳤다. 산중을 걸을 때도 맨발로 다녔고 거리에서만 신을 신었다. 추운 겨울에도 단벌옷을 입고 차가운 방에서 거처하였다.

이현필의 마지막 유언이라고도 말하는 **'한 숟갈 덜 먹기 운동'**은 "첫째, 밥 한 끼에 1원씩 모아서 불쌍한 형제들을 도웁시다. 둘째, 내 몸이 세상 떠날 때에 장례비로는 1원도 들이지 말고 속옷 내복 한 벌만 입혀서 조용히 묻어 주시오. 셋째, 의심 말그 믿으십시다. 하나님께서 내 형편 다 잘 아십니다"였다. 그의 영성은 검소한 생활을 바탕으로 몸에 필요 이상의 것을 가지지 않는 무소유 사상이 담겨 있다. 엄두섭 목사는 이런 삶을 "말씀의 화신 생활"이라 하였다.

2) 순결(純潔)

이현필의 순결사상은 스승 이세종에게서 전수받은 것이다. 이세종은 하나님의 존재를 깨닫고 나서 자신이 결혼하여 가정과 자식 생각에 얽매여 있는 것을 부끄럽게 생각하였다. 그리고 자신도 예수나 바울처럼 금욕 생활을 하면서 하나님의 말씀을 증거하기로 하였다. 그 후로는 부부가 남매처럼 지내야 한다면서 해혼(解婚)하였다. 아내를 누님이라고 부르며 곁에 오지 못하게 했다. 이런 결혼 생활을 참지 못하고 아내는 두 번이나 다른 남자에게로 갔는데 그때마다 아내의 세간을 옮겨다 주었다. 그 후에도 옛 아내가 사는 집에 심방 가서 전도를 했다. 이세종은 아내에게 "글을 배워 성경으로 벗 삼으시오. 성경을 못 보면 외로워서 못 삽니다"라고 권했다. 부인 문순희는 그 후 자기 잘못을 뉘우치고 남편을 떠나지 않고 지켰다. 이세종이 말년에 세상을 버리고 깊은 산속으로 들어가자 함께 들어가서 쑥을 먹으며 살았다. 그 후 이세종이 죽자 3년 동안 남편의 무덤을 지켰다.

이현필은 스승인 이세종이 강조하는 순결사상이 처음에는 마음에 들지 않았다. 그래서 23살에 광주 황종원 씨와 결혼하여 새 살림을 차렸다. 이세종은 이현필이 결혼하였다는 소식을 듣고 매우 실망하였다. 스승으로서 제자가 자신의 순결사상을 따라 정절을 지키지 못한 것이 영영 서운했던 것이다. 그래서 "참 좋은 인재를 놓쳤구나!"라고 탄식하였다.

그러나 이현필의 결혼생활은 오래 가지 못했다. 결혼 2년도 채 못되어 아내에게 부부로 말고 남매로 살자고 요구했다. 그리고 아내를 매씨(妹氏)라 불렀다. 그러나 부인이 동의하지 않아서 잦은 가정불화가 계속되는 가운데 아내는 독약과 칼을 품고 남편을 쫓아다녔다. 끝내는 한동안 여순경 노릇을 하다가 다른 데로 개가해 소생 없이 살았고, 비록 개가는 했으나 이현필의 인격만은 존경하고 그를 변호했다고 한다. 이현필은 부부생활을 거의 죄악시했다. 그는 일기에서 "여자들을 멀리할 것, 여자 지도를 말 것, 식사 대접 받지 말 것, 접근케 말 것"이라고 적고 있다.

3) 순명(順命)

순명은 공동생활의 질서를 위한 복종의 길이`다. 이현필의 공동생활은 남원에서 출발한다. 동광원은 이 공동체의 모체라 할 수 있다. 이현필은 동광원 수녀들에게 간호 훈련을 시켜서 화순, 중촌 같은 무의촌에 가서 봉사하게 했다. 동광원 수녀들의 환자 봉사는 일반 간호사들과는 달랐다. 폐병 환자가 각혈을 하면 동광원 수녀들은 토한 피를 닦아 주고 시중하였다.

이현필의 하루는 24시간이 기도하는 시간이었다. 남들이 보는 데서 한 것이 아니라 시간을 정하여 깊은 밤 시간을 이용했다. 매일 저녁식사를 한 뒤 해가 넘어가면 들에 나가 밤새 묵상하며 이슬을 맞고 앉아 있었다. 여름에 모기가 많은데 제자가 **"낮에 기도드리시지요"** 하였더니 **"기도는 드리는 것이 아니고 은혜를 받는 시간입니다"**

라고 답했다. 어떤 때는 이현필이 뒷산에 올라가 온 밤을 새우고 새벽에야 하산해서 초막에 돌아오는 것을 보면 등에는 서리가 하얗게 엉켜 덮이고 수염에는 고드름이 달려 있었다. 찬송이나 노래할 때도 힘없이 부르면 다시 부르도록 고쳐 줄 뿐만 아니라 찬송의 뜻을 설명하고는 마음으로 부르라고 하였다. 산중에 가서 혼자 노래를 부르더라도 산천초목도 천사들도 듣고 있으니 함부로 부르지 말고 언제 어디서나 정성스럽게 불러야 한다고 하였다.

성경을 강의할 때는 성경 본문의 강해에 치중하기보다는 그때 그때 일어나는 영감을 말하면서도 말씀 중심에서 벗어나지 않았다. 그의 말씀에는 대단한 감화력이 있었다. 성경 공부 중이나 예배 시간에 조는 것과 등을 구부리고 앉는 것을 철저히 금하기도 하였다.

4) 죄의식

이현필은 기독교 영성에서 하나의 이정표를 제시했는데 그것은 바로 본인이 평생 동안 느꼈던 죄의식이다. 이 죄의식은 죄로부터 자유함을 얻지 못했다는 의미의 죄책감이 아니라 **하나님 앞에서 항상 부족함을 느끼는 것이었다**. 이현필의 죄의식은 로마서 7장 24절의 "오호라 나는 곤고한 사람이로다"라고 인간을 완전하게 부정하는 인간의 전적 부정(total negation)으로서의 죄의식이었다. 따라서 이현필의 죄의식은 죄에 대한 인식이 아니라 인간에 대한 철저한 인식이었는데, 이러한 자아 인식의 실천방안으로 그는 두 가지를 실천하고 살았다.

먼저는 맨발로 다니는 것이었다. 이현필은 짚신을 신거나 찢어진 헌신을 신고 다니는 일은 성신(聖神)을 순종하는 일이라 가르쳤다. 이현필은 자신이 산중 길을 다닐 때는 신을 벗어들고 맨발로 다녔고 거리에서만 신을 신었다. **두 번째는 밥그릇을 밥상에 올려놓지 않고 방바닥에 놓고 먹었다.** 죄인이 어떻게 밥상에 올려놓고 먹겠느냐며 방바닥에 놓고 먹었던 것이다. 음식을 먹을 때는 먹다 남기지 않았으며 미리 먹을 만큼 담았고 남은 것은 빈 그릇에 물을 부어 마셨다. 이현필은 일식주의자(一食主義者)였다. 여러 해를 하루 한 끼만 먹되 꼭 저녁 때만 먹었다. 주로 금식으로 지내는 때가 많았고, 며칠에 한 번씩 미숫가루로 때우는 때도 많았으며, 생식으로 오이, 쌀 가루, 물로 끼니를 때웠다.

이현필은 임종할 때도 옷을 벗으면서 죽은 사람에게 깨끗한 옷이 필요없으니 옷 없는 사람에게 주라고 했다. **"나는 죄인이므로 내가 죽으면 관에 넣지 마시고. 죄인의 시체니까 거적때기에 싸서 사람들이 많이 다니는 곳에 아무도 모르고 밟고 지나가게 평토장 해주시오. 무덤에 봉분(封墳)을 만들어 놓는 사람은 화를 받을 것이오"**라고 했다.

죄의식이 이현필에게 주는 것이 무엇이었는가? 죄의식은 자책감에 빠져서 헤어나오지 못하는 현실 도피 혹은 자기 멸시가 아니었다. 하나님과 예수님 앞에서 이현필은 평생 동안 인간으로서의 부족함을 고통을 통해서 느끼려는 마음으로 출발하였다. 그리하여 그는 평생 맨발과 방바닥 식사와 하루 일식을 통하여 예수님의 희생에 대한 생각을 잊지 않으려 하였다.

5) 사랑

이현필의 사랑은 인간 사랑과 자연 사랑으로 나눌 수 있다. 이현필은 "생명과 사랑은 하나다. 예수님께서 십자가 위에서 보혈을 흘리심으로써 하나님의 사랑을 보여주셨다. 그런데 그 보혈이 생명이다. 그러니 생명과 사랑은 하나다!", "사랑은 주려는 것입니다. 받으려는 것은 미움입니다. 각자가 사랑 없다는 탓을 하나, 자기가 주려는 사랑이 없어서 걱정하는 것이 아니고 받을 사랑이 없다는 말들뿐입니다. 사랑은 줄 때는 만족하고 받을 때는 씁니다"라고 강조했다.

이현필의 사랑은 초월적인 사랑이었다. 이현필의 제자 김광석 집사가 지리산에 들어가 특별기도를 하고 있을 때의 일이다. 이현필은 그 추운 눈 오는 겨울밤에 제자가 생각나서 수건에 떡을 싸서 옆구리에 끼고 40리(약 16km) 산길을 찾아갔다.

그 후 엄두섭 목사가 김광석 집사를 만나 "이현필 선생의 이야기 좀 해주시오" 했더니(그때는 이현필 선생이 세상을 떠난 뒤였다) 다음과 같이 말하였다고 한다. 갑자기 두 눈에서 눈물을 주르르 흘리면서 "목사님, 저는 예수가 누구인지 잘 모릅니다. 그러나 우리 이 선생님은 **예수 같은 분이라고 생각합니다**"라고 할 뿐이었다고 전한다. 40리 눈길을 맨발로 찾아갔던 초인적인 사랑을 생각하면서 김광석 집사는 다음과 같이 말하였다.

"그런 사랑을 받은 내가 어찌 선생 따르기를 주저하겠는가. 나를 죄와 멸망의 불속에서 구원해 주신 분은 바로 이현필 선생이다. 그 분의 은혜를 생각한다면 백골이 진토 된다 해도 이 선생의 뒤를 따를 것이다. 선생을 따라 지옥에 가는 한이 있다 해도 끝까지 그 뒤를 따르자."

남원에는 나병 환자가 많았다. 이현필은 남원에 갈 때면 떡을 많이 해서 나병 환자들이 살고 있는 집을 찾아다니며 나누어주었다. 또한 환자들의 진물 나는 손을 잡아 주며 악수하고 문안하자 그들이 너무나 황송해하였다. 이런 모습은 프란체스코나 선한 사마리아인이라 불렸던 포사이트 선교사의 모습처럼 예수님을 닮은 사랑이 아니고는 할 수 없는 일이었다.

이현필은 사람에 대한 사랑이 남달랐다. 6·25 이후 어느 해 눈이 내리는 날 저녁, 이현필과 제자 김준호가 자는 방은 생전 불도 때지 않은 차가운 방이었다. 그날도 김준호는 하루 종일 걸식탁발을 했지만 따뜻하게 쉴 방이 없었다. 너무나 서글펐다. 그런데 눈이 오는 밤이니 이현필이 또 불쌍한 사람들을 생각하는 눈치였다.

"준호, 오늘밤 이 거리에 가장 헐벗고 굶주린 사람이 있을 것이다. 자네는 가서 그 사람을 찾아 돌봐주고 오너라." 그 당시 양림다리 부근에는 200여 명의 거지가 살고 있었는데 김준호는 금동시장 곁에서 가장 불쌍한 거지 셋을 만났다. 그중 청년 하나는 임종을 거의 앞둔 상태였다. "오늘 종일 다니며 본 사람 중에 제일 불쌍한 거지는 이 추위 속에 덮을 것이 아무것도 없는 거지였습니다. 아마 오늘 밤 얼어 죽을지 모릅니다." 조끼도 없는 맨 저고리에 얇은 바지를 입고 불도 때지 않은 방에 요도 없이 떨고 있던 이현필은 하나밖에 없는 이불을 주고 오라 하였다. 결국 하나밖에 없는 이불까지도 그 거지에게 주었다. 이현필은 예수를 닮으려고 애를 쓴 숭고한 사랑의 작은 예수였다.

이현필은 6·25 때 유화례(Florence Elizabeth Root) **선교사의 목숨을 구해 주었다.** 유화례 선교사는 미국 남장로교 선교부 소속으로 1926년에 한국에 와서 수피아 여학교에서 교사로 봉직하다가 1933년에 교장으로 부임하였다. 신사참배 반대로 학교 운영에 어려움이 있자 곧 폐교하였고 그 후 일제에 의해 강제 추방당해 미국에 귀국하였다가 해방 후 1947년 가을에 다시 한국으로 돌아와 수피아 여학교 재건에 힘썼다. 1948년에 교장으로 재취임하였고 1950년 6월 25일 한국전쟁이 일어나자 미 대사관으로부터 긴급 철수 명령을 받았다. 그러나 양을 치는 목자가 양을 버려 둘 수 없다는 심정으로 이 국난을 한민족과 함께 보내기로 결정하였다.

공산군이 광주에 진입하였을 때 **조용택 전도사**(전남 곡성 옥과교회에 시무 중 신사참배를 거부하다가 옥고를 치른 적이 있었는데, 이현필에게 부탁하여 유화례 선교사와 함께 화학산으로 피신했다가 김재턱 전도사와 함께 인민군에게 순교를 당했다)가 이현필에게 도움을 요청하였다. 이현필은 유 선교사에게 한복을 입혀서 그 밤에 유 선교사를 지게 위에 지고 담요를 덮고 70리(약 27km) 길을 강행군하였다. 이현필과 유 선교사는 이전에 친분이 있는 것도 아니었다. 그런데도 생명을 건 위험한 길을 마다하지 않았다.

프란체스코는 자연을 하나님의 모습으로 보았다. 날짐승, 들짐승, 벌레, 식물을 하나님의 피조물로 사랑하였다고 한다. 꽃이 만발한 초원을 보면 그 초원이 이성이라도 가지고 있는 듯이 하나님을 찬양하라고 말했으며, 순수한 마음으로 하나님을 사랑하라고 타일렀다. 프란체스코는 모든 피조물을 형제라 불렀으며 동물이나 바람이나 바위도 형제 자매라 불렀다.

이현필도 프란체스코와 같이 자연을 사랑하였다. 김준호가 학생 시절에 처음으로 이현필의 설교를 들었을 때 첫 마디가 책상 위 꽃병의 국화꽃을 보고 **"저를 위해 이렇게 꽃을 꺾어다 꽂아 주신 것은 감사합니다. 그러나 이것마저도 하지 않았다면 더 좋았을 것입니다"**라는 것이었다. 이에 김준호는 감동을 받아 그의 수제자가 되었다.

어느 날 곡성 원달의 한 청년이 강에서 큰 메기를 잡아서 집으로 가져가고 있었다. 마침 그곳을 지나가던 이현필은 그 청년을 쫓아가서 그 물고기를 자기에게 팔라고 사정하였다. 그리고 그 당시 1원이라는 비싼 돈을 주고 사서 메기를 강에 놓아주었다.

또한 이현필은 살생(殺生)을 하지 않았다. 이현필이 길을 걸을 때는 보통 사람들보다 배는 느리게 걸었다. 길가의 개미, 지렁이 등 벌레가 밟히지 않도록 조심하면서 목숨을 가진 것을 주워 옮겨 놓거나 피해서 조심히 걸어갔다. 빈대나 이를 잡으면 성냥갑에 넣어 개울물에 띄워 보내면 보냈지 직접 죽이지는 않았다. 먹는 것도 육식(肉食)은 생선도 절대 안 먹고 너무도 가려 먹기에 냉수와 쌀(보리)가루나 쑥, 무밖에는 땅 위에서 먹을 것이 없었다고 하였다.

6) 금욕주의

이현필을 따르는 동광원 수도사들은 남자와 여자의 엄격한 분별 원칙에 따라 남녀를 구별시켰으며, 옷 입는 것과 먹는 것을 제한하였다. **남자와 여자는 일체의 화장을 하지 않도록 하고, 육식을 금하**

고 채식을 원칙으로 하였다. 이 원칙은 동광원 원아들에게도 적용하여 일체의 육식을 금하였다. 실제로 해방 후 미군들의 원조물자가 배급되었을 때에도 각종 육류 통조림과 우유 통조림 등을 시장에 내다 팔아서 야채로 교환하여 배식한 일도 있었다. 이로 인하여 원조물자를 팔아서 사리사욕을 챙긴다는 비방을 들은 일도 있었다.

또한 병이 들었을 때에는 병원에서 진료를 받거나 약국에서 약을 처방받지 않고 자연치유를 원칙으로 하였다. 1961년 이현필은 결핵으로 광주기독병원에 입원하였다. 그 당시 병원장은 미국 남장로교 선교사 의사 카딩턴(Herbert A. Codington)이었고 한국인 의사는 여자인 여성숙 선생이었다. 여성숙 선생은 이 당시의 모습을 이렇게 회고한다.

이현필 선생이 입원한다고 해서 자리를 마련하였다. 그는 이 고장에서 꽤 알려진 도인이라서 조심스럽게 맞았다. 열은 40도를 오르내리고 목이 아파서 말도 못하고 음식도 먹지 못한 지가 여러 날 되어서 몹시 쇠약해져 있었다. X-레이에 속립성 결핵으로 나왔는데 이 병은 결핵균이 혈관을 타고 전신으로 퍼지는 급성 전신 결핵이다(결핵약이 나오기 전에는 속립성 결핵에 걸렸다 하면 모두 사망할 만큼 두서운 병이었다). 그분도 후두에까지 결핵균이 침범하여 목이 부어서 말을 할 수 없고 음식을 넘길 수도 없는 형편까지 왔다. 그러나 당시에는 결핵 치료제가 몇 가지 나와 있어서 입원시키고 집중치료를 했더니 회복도 빨라 한 열흘 후에는 겨우 목소리가 나오게 되었다.

"음식은 어떻게 할까요?" 하고 물었더니 "병원에 입원하였으니 병원 규정에 따라야지요" 하고 아량을 보인다. 그는 고기는 물론 생선도 안 들고 스스로 가꾼 채소로만 식생활을 하던 분인데, 병원 식사를 그대로 들겠다고 해서 놀라면서도 그분의 아량을 반갑게 생각했다.

이렇게 3개월 가량 치료하여 증상이 거의 없어지고 겉으로는 다 나은 것처럼 보이자 그분은 퇴원하겠다고 고집을 피웠다. 겉으로는 좋아 보여도 이제 겨우 어려운 고비를 넘긴 셈이니 아직 퇴원은 이르다고 누누이 설명해도 나가서도 잘할 거라고 우기면서 퇴원하고 말았다.

얼마 후 간호사가 그분이 퇴원 후로는 약을 꽁꽁 싸놓고는 안 먹고 있고 주사도 거절하고 있다는 보고를 하여, 내가 일부러 찾아가서 다시 설명을 하며 약을 안 들면 얼마 안 가서 다시 악화된다고 역설했다. 당신을 바라보고 있는 100여 명의 사람들의 정성과 기도를 생각해서라도 이렇게 해서는 안 된다고 여러 이야기를 했더니 "우리 한국의 결핵 환자들이 이 약을 다 먹을 수 있게 되면 나도 먹겠습니다"라고 대답하는 것이었다.

그 뜻을 이해 못 하는 바는 아니지만 이대로 두면 몇 달 안 가서 병이 다시 커지고 처음 치료할 때보다 더 어렵게 된다는 충고만 남겨두고 돌아오고 말았다. 이분의 고집을 그대로 놔두어서 죽게 할 수는 없다는 생각에 주사기에 약을 담아서 다시 찾아갔다. 치료해야 한다고 아무리 권해도 막무가내로 거절한다. 더 이상 말이 소용이 없기에 당신이 죽는다 해도 나는 다시 오지 않을 거라고 약간 화가 난 소리를 던지고는 돌아오고 말았다.

그 후 한 1년을 살았을까, 그동안 거기서도 나를 부르지 않고 나도 다시 가지 않은 채 그는 그대로 세상을 뜨고 말았다. 그의 죽음을 어떻게 받아들여야 할까? 치료하고 싶어도 못하고 죽어 가는 한국의 많은 결핵 환자와 함께 고통을 겪으며 죽음까지도 같이 짊어져 보고자 하는 따뜻한 이웃 사랑을 엿볼 수는 있다. 그러나 좀 더 적극적으로 생각해 보면 어떨까? 내가 완쾌되어서 이 고통받는 사람들 중 몇 사람이라도 더 치료받도록 주선하는 일을 해 나가는 것이 많은 사람의 고통을 덜어 주는 일이 되지 않을까? 그는 그렇게 할 힘을 넉넉히 가지고 있었다고 생각한다. 그러나 사람은 다 자기 판단에 의해서 살아가는 것이기에 내 판단대로 그를 나무랄 수는 없으므로 여기서 긴 말은 접어두기로 한다(여성숙 《꿈의 주머니를 별에다 달아매고》 중에서).

7) 복음을 통한 구원의 깨달음

이렇게 철저히 수도회에서 규정한 규율을 지키던 이현필은 1963년 9월 어느 날 서울 신촌에 있는 제자의 움막으로 갔다. 목은 후두결핵으로 부을 대로 부어서 말도 제대로 나오지 않았다. 이 선생은 필담(筆談)으로 놀라운 고백을 하였다. 그 고백을 제자 정인세, 김준호가 지켜보았다. 떨리는 손으로 확고한 자기의 깨달음을 고백하였다.

"저는 지금까지 예수님을 섬김에 있어서 선행 위주(善行爲主)로 해왔습니다. 오늘 지금 저는 그동안 잘못 믿어 온 점을 자백합니다. 우리 예수님의 보혈만이 저를 구원한다는 것을 저는 미처 깨닫지 못했습니다. 저는 일평생 오늘까지 밥이 귀한 줄, 밥만 좋은 줄 여기고 살아왔습니다. 그러나 이제 와서 제게는 물이 제일 귀합니다. 지금 제게는 밥이 아니라 물! 생명수가 귀합니다(자기 신앙적 변화를 밥과 물로 비유한 고백). 제게 있어서는 이 물이 생명수입니다. 이 물을 마셔야 저는 살고, 이 물을 마시지 않는 날엔 저는 죽습니다. 선행으로는 구원 얻지 못합니다. 예수님 보혈로만 구원을 얻는 사실을 깨닫습니다. 제게 있어서 선행이 아니라 예수님 보혈이 귀합니다. 예수님 보혈이 내 몸에 한 방울 흘러 들어오면 저는 삽니다. 제가 앞으로 걸어갈 걸음은 주의 보혈을 의지하는 신앙으로 뛰어 들어갈 것입니다"(엄두섭의 책 《맨발의 성자》에서).

이현필의 신앙은 물론 예수 그리스도를 나의 구주로, 그 대속하신 보혈을 믿는 믿음임에 틀림이 없었다. 그러나 다른 사람들의 눈에는 금욕주의자 같았다. 이현필은 어려서부터 예수를 구주로 믿었다. 다만 실천적 생활을 많이 강조한 것이다. 이현필은 이 깨달음 이후에 율법적인 인간에서 복음적인 사람으로 완전히 변했다. 이것을 엄두섭 목사는 "이현필 선생의 신앙의 승리다"라고 말하였다.

8) 율법으로부터의 자유를 선언하며 고기를 입에 넣다

이현필의 위대한 점은 금욕고행이나 뛰어난 선행이 아니라 자기의 주장을 끝까지 고집하지 않고 깨달음을 솔직히 고백한 점이다.

"제가 오늘 이대로 죽으면 저는 천국에서 예수님께는 역적 같은 놈이 되리라고 느낍니다. 그동안 제가 절대선행(絶對善行)을 강조해 왔던 고로, 저를 따르는 이들을 철저한 율법주의자들로 만들어 버렸습니다."

이현필은 생의 마지막 순간에 자기의 근본 신앙을 분명히 함으로써 제자들이 오해를 하거나 잘못될 것을 미리 방지했다. 그는 **"나는 위선자입니다. 나도 그리스도의 보혈을 의지하여 구원 얻을 사람이지 선행이나 금욕고행으로 구원을 얻으려는 사람이 아닙니다"**라고 했다.

그러한 가운데 이현필은 제자에게 고기를 구해 오도록 명령하였다. 제자는 넝마주이로 번 돈으로 조기 한 다리를 사왔다. 이현필은 그것을 끓이라고 하고는 "수고했소. 그 국물을 내 입에 떠넣어 주시오"라고 했다. 그 제자는 '우리 선생님이 어찌된 셈인가?' 하고 생각하며 스승의 명령대로 고기국물을 수저로 떠서 입술에 적셨다. 제자의 손이나 이현필의 입술에 경련이 약간 있는 듯하였다. 김한나 수녀는 눈물을 흘리며 김준호에게 이현필이 시험에 들었는지 모르니 절대로 국물을 넣어 드려서는 안 된다고 하였다. 그러자 이현필이 "당신이 하나님이요?"라고 책망하였다. "어서 고기를 조금 내 목에!" 제자들은 서로 망설였다. 그때 김준호는 '에라 모르겠다. 지옥에 가도 선생님과 같이 가겠다'는 생각으로 숟가락을 빼앗아 국물을 푹 떠서 이현필의 입에 넣어 드렸다. "더 떠 주어. 조금 더." 이렇게 세 번이나 그랬다. 이것을 파계라 한다. 그 후 이현필은 병이 좀 회복된 후에 이때의 심정을 이렇게 말했다.

"내가 저지른 이 파계(破戒) 사실이 세상에 알려져 모든 사람들이 듣게 된다면 그동안 나의 금욕주의, 고행, 불살생(不殺生) 때문에 나를 존경하고 따르던 제자들이나 청년들 중에 크게 실망하여 그 때문에 소동이 일어나 격분하여 나를 위선자라 정신이 돌았다고 욕하고, 혹은 나를 저버리고 떠날 것이고, 혹은 더 분하게 생각하는 이는 몽둥이로 나를 때리며 동광원에서 쫓아내기까지라도 할 것이라 각오하면서 고기를 먹은 것이다."

이현필은 죽음을 얼마 앞두고 기독교 영성 수도자의 삶에서 중요한 발견에 이르렀다. 그것은 **기독교의 구원은 교단의 계율이나 본인**

이 스스로에게 정한 규칙을 지키는 데 있지 않고, 예수 그리스도의 은총에 있다는 대(大) 발견이었다. 이것은 루터가 어거스틴파 수도회 안에서 2년여 영적인 투쟁(Anfechtung)을 겪다가 "오직 의인은 믿음으로 말미암아 살리라"(롬 1:17)는 말씀과 "사유하심이 주께 있음은 주를 경외하게 하심이니이다"(시 130:4)라는 말씀을 깨닫고 수도자의 생활을 청산하고 기독교인의 자유를 부르짖은 위대한 발견과 같은 것이었다.

그렇다고 해서 이현필은 율법으로부터의 자유를 율법의 파기로 가는 무(無) 율법주의로 흐르도록 하지는 않았다. 다만 이현필은 임종 직전에 자신이 지켰던 각종 엄격한 계율에 제자들이 얽매이지 않도록 해방을 주었던 것으로 보인다.

4. 글을 맺으면서

기독교 실천적 영성을 강조한 이현필은 1964년 3월 17일 새벽 3시 하나님의 부르심을 받았다. 이현필은 한국 교회 인물사(人物史)에 있어서 분명히 특이한 존재이면서도 잘 알려지지 않은 인물이다. 그러나 죽는 날까지 선한 싸움을 싸우며 일보의 후퇴도 하지 않은 사람, 타오르는 정열로 그리스도를 따른 사람, 그리스도의 자취를 따르려는 데 생사를 걸고 피를 토하며 전력을 다한 평신도요, 지도자적 그리스도인이었다.

마음까지 어루만진 의사 장기려

1909년 평북 용천에서 태어나고

1995년 서울에서 승천한

의학박사 장기려

그는 모든 것을 가난한 이웃에게 베풀고

자기를 위해서

아무것도 남겨놓지 않은

선량한 부산 시민, 의사, 크리스천,

이곳 모란공원에 잠들다

1995년 12월
장기려 박사님의 영혼에 천사들의 날개가 함께하시기를 빌면서 채규철 선생이 쓴 장기려 박사의 비문(碑文)이다. 짧은 글이지만 장기려 박사의 일생을 함축해 놓았다.

1940년 춘원 이광수 선생이 결핵에 걸려 6개월 동안 서울대학교 부속병원에 입원한 적이 있는데 이때 장기려 박사가 이광수 선생의 주치의였다. 어느 날 장 박사가 회진을 하다가 이광수 선생의 병실에 들렀다. 이광수 선생은 장 박사를 보자 대뜸 **"장 박사! 당신은 아주 천재든지 아니면 아주 바보야!"**라고 했다. 이 말은 장 박사의 성품을 정곡으로 찌른 말로 신화처럼 전해져 내려오고 있다.

장기려 박사는 우리나라 외과학회에서는 타의 추종을 불허하는 업적을 남긴 외과 전문의였지만 그의 인생은 너무나도 서민적이고 초라했다. 1995년 12월 25일 서울 백병원에서 86세로 생을 마감할 때까지 부산복음병원 원장으로 40년, 복음간호대학 학장으로 20년을 역임했지만 그에게는 서민 아파트 한 채, 죽은 후에 묻힐 공원묘지 10평조차 없었다. 그래서 사람들은 그를 가난한 사람들의 친구, 바보의사라고 한다. 그는 환자들의 마음까지 어루만진 참 의사였다. 또한 북에 두고 온 아내를 평생 그리워하며 45년 동안 독신으로 산 남자였다.

장 박사가 평생의 신앙 동지요, 스승으로 모신 분이 함석헌 선생이다. 매달 한 번씩 장 박사 집에서 여럿이 모여 성경을 공부하곤 했는데 그때 함 선생은 "이렇게 장 박사처럼 단순하게 예수 믿는 것도 정말 믿는 걸까?" 하고 묻고는 한참을 뜸을 들이고 난 후 하얀 턱수염을 쓰다듬으며 결론처럼 **"예수는 장 박사처럼 단순하게 믿어야 해"** 라고 하셨다. 장 박사는 그렇게 단순하게 살았고 단순하게 믿다가 단순하게 돌아가셨다.

소중한 간증의 자취를 남기고 떠난 장기려 박사의 삶을 따라가 보자.

1. 출생

장기려(張起呂, 1911-1995)는 1911년 음력 7월 15일 평안북도 용천군 양하면 입암동에서 장운섭(張雲燮) 씨의 둘째 아들로 태어났다. 호적에 1909년생으로 된 것은 동장(洞長)으로 일하던 삼촌이 조금이라도 빨리 장가를 보내기 위해서 나이를 높였기 때문이다. 아버지는 글씨를 잘 쓰고 한학을 잘했지만 1년 365일 모두 술에 취해 사는 한량이었다. 어릴 때 장기려는 할머니가 금강석처럼 단단한 사람이 되라는 의미에서 '금강석'이라는 아명(兒名)을 지어 줄 정도로 병치레가 심하고 의지도 약했다.

2. 경성의전에 합격

송도보통고등학교를 입학한 장기려는 2년 동안 친구들과 화투로 시간을 보내다가 교회에서 세례를 받았다. 그리고 어릴 때 요셉과 다윗 같은 인물이 되겠다던 결심을 회복하고 신앙생활과 공부에 전력했다. 그리고 경성의전(후에 서울대 의대가 됨)에 가기로 하고 매일 밤 기도했다.

"주님, 저를 합격만 시켜 주신다면 평생 의사를 한 번도 못 보고 죽어 가는 사람들을 위해 일생을 바치겠습니다."

3학년 때부터 정신을 차리고 공부는 했지만 경성의전에 안심하고 갈 수 있는 실력은 아니었다. 그런데 졸업시험에서 1등을 했다. 공부를 잘하는 친구들이 친구의 결혼식에 갔다가 술 먹고 개성 시내를 다니다가 적발되어 정학 처분을 받았기 때문이다. 또한 다른 친구들이 풀지 못한 수학문제를 장기려만 풀어서 생각지도 않게 1등을 하여 수석 졸업을 하였다.

그리고 경성의전에 합격했다. 장기려는 자신이 의전에 입학한 것은 하나님이 자신을 가난하고 아픈 이들을 위해 쓰시려는 뜻이라고 믿게 되었다. 그 후 의사가 되어도 그는 늘 수술 전에 기도를 했다. 병은 의사가 고치는 것이 아니라 환자가 스스로 치유하고 하나님이 도와주시는 것이라는 믿음을 가지고 있었다.

3. 결혼

어느 날 친구 백기호가 찾아와서 김봉숙이라는 처녀를 소개했다. 그렇게 맞선을 보고 구혼 편지를 썼는데 편지 끝에 자기가 원하는 3

가지 조건을 밝혔다. **첫째**, 나는 평생 예수님을 믿고 섬기며 살 사람입니다. 나의 아내 또한 예수님 원하시는 길로 가는 사람이어야 합니다. **둘째**, 나의 부모님을 잘 섬겨 줄 사람이 필요합니다. **셋째**, 내가 공부를 할 동안 생활비를 벌어 오지 못하더라도 살림을 꾸려갈 수 있는 사람이어야 합니다.

그런 조건을 내걸고 장가를 가겠다는 것은 너무도 뻔뻔한 일이지만 솔직히 말하지 않고는 결혼할 수 없었다. 얼마 후 신랑감의 미래를 보고 딸을 주겠다는 소식이 왔다. 그래서 졸업을 하자마자 결혼식을 올렸다.

4. 백인제(白麟濟) 선생과의 만남

장기려는 졸업을 앞두고 처음에는 안과를 지망했다. 그러나 그 당시 안과는 별 인기가 없었다. 다음에는 내과를 선택했고, 최종적으로는 백인제 교수의 영향으로 외과를 선택했다. 곧 장인이 될 내과의사였던 김하식도 **"백 교수 밑에서 제대로 수련을 쌓고 자네랑 나랑 같이 개업하세"** 하며 외과를 권유했다. 장기려는 두 번이나 마음을 바꾼 끝에 백인제 교수의 조수로 들어갔다. 당대 최고의 외과의사였던 백인제 교수 아래서 수련을 받는다는 것은 평생의 자랑이었다. 그는 의사로서도 명성을 날렸을 뿐만 아니라 민족정신이 투철한 분이었고 장안의 명필로도 유명했다.

1940년 9월. 장기려는 박사 학위를 받았다. 백인제 교수는 장기려에게 학교에 남아서 도와 달라고 부탁했다. 다른 사람 같으면 그런 제의를 받으면 두말할 것도 없이 승낙하고 기뻐했을 것이다. 그러나 장기려는 경성의전 시험을 볼 때 하나님께 기도하며 약속한 것을 떠올렸다.

"주님, 저를 합격만 시켜 주신다면 평생 의사를 한 번도 못 보고 죽어 가는 사람들을 위해 일생을 바치겠습니다."

스승의 말을 거역할 수도 없었지만 하나님께 서약한 것을 저버릴 수가 없었다. 그래서 가난한 환자들이 많은 평양의 기홀병원으로 갔다. 기홀병원은 기독교 선교사 홀(J. Hall, 한국 이름 허을)을 기념하기 위해서 1897년 세운 기독교 계통의 병원이었다. 백인제는 아끼는 제자가 평양으로 가자 서운함을 감출 수가 없었다. 그런데 막상 평양 기홀병원에 부임하자 〈동아일보〉에 '입지전중(立志傳中)의 인물'이라는 기고까지 해서 그를 '초지(初志)를 잃지 않은 사람'으로 칭찬해 주었다.

5. 기홀병원에서의 훈련

가난한 사람들을 위해서 기홀병원으로 한걸음에 달려온 장기려에게 생각지 않은 어려움들이 기다리고 있었다. 첫 번째는 기홀병원 의사들은 거의 세브란스 의전 출신이어서 경성의전 출신인 장기려가 단번에 과장으로 온다는 데 대한 거부감이 있었다. 또 하나는 대우 문제였다. 그 당시 기홀병원 원장은 앤더슨 박사였고, 앤더슨 박사에게 장기려를 추천한 사람은 세브란스 의전 출신의 이용설 박사였다. 이용설 박사는 장기려를 추천할 때 "박사 학위가 있으면 월급은 300원은 줘야 합니다. 그 사람은 박사 학위 통과가 내정되어 있으니까 우선 250원을 주고 학위를 받으면 300원을 주십시오"라고 했는데 이것이 문제였다. 장기려보다 1년 선배인 유기원도 월급이 215원밖에 되지 않는데 아무리 박사 학위를 받는다 해도 300원은 너무 많다고 생각한 것이다.

그래도 이용설 박사가 추천한 사람이라 그럭저럭 지나갔다. 그런데 기홀병원으로 부임한 지 8개월 후 앤더슨 원장이 개인 사정으로 귀국하면서 장기려가 뜻하지 않게 원장 자리에 앉게 되었다. 우여곡절 끝에 원장으로 취임했지만 발생하는 문제가 하나 둘이 아니었다.

그러던 중 생각지도 않은 일이 벌어졌다. 당시 부원장 조 씨(산부인과)와 회계 양 씨(소아과)는 회의할 때마다 사사건건 싸웠다. 어느 날 환자들 앞에서 싸우고 있는 두 사람을 보고 **"그만 좀 싸우세요. 당신네 세브란스 출신은 왜 그렇게 의견이 맞지 않습니까?"**라고 학교 이야기를 하자 두 사람의 얼굴이 변했다. 순간 장기려는 자신의 말실수를 알아차렸지만 주워 담을 수가 없었다. 그 후로 앙숙이었던 두 사람은 마음을 모아 이런저런 모함을 하면서 장기려 원장 퇴진운동에 앞장섰다. 그리고 원장이 된 지 두 달 만에 월급 25원이 깎이고 다시 과장으로 내려앉았다.

후에 장기려는 **"그 후의 열 달은 내 평생을 통해 가장 밀도 있는 신앙생활을 한 시기였습니다"**라고 회고할 정도로 힘든 시기였으며 동시에 주님을 의지하는 기회가 되었다.

6. 최초 간암 수술 성공

1943년 우리나라에서는 간암 환자의 간을 쿠분적으로 잘라내어 수술을 한다는 것은 상상할 수 없는 일이었다. 1940년에는 일본인 오가와 교수가 간암 수술을 시도한 적이 있었지만 결국 환자가 사망하고 말았다. 그런데 장기려가 시도하려고 하자 '장 박사가 만용을 부린다', '오가와 교수도 실패한 수술인데 뭘 믿고 하려느냐'는 우려와 비난의 목소리가 높았다. 그러나 장기려는 기도했다. "주여, 저에게 힘을 주옵소서. 이 환자를 위해 저에게 힘을 주옵소서." 그리고 간의 윗조각을 떼어내는 설상절제수술(楔狀切除手術)을 성공적으로 해냈다. 우리나라 최초였다. 그때 설상절제수술의 성공은 의학계에서 최고의 뉴스였다. 기자들이 몰려와 소감을 묻자 **"제가 한 일은 없습니다. 다 하나님께서 하라는 대로 수술 칼을 잡았고 그분의 명령에 따라 수술한 것입니다"**라고 대답했다.

장 박사만큼이나 화제를 뿌렸던 환자도 기다렸다는 듯이 장 박사에 대한 칭찬을 늘어놓았다. "그분은 하늘이 내린 분입니다. 저도 그런 하나님을 믿게 됐습니다."

7. 김일성대학 의대 외과학과 강좌장(講座長)으로

사람들은 간암 수술 성공으로 유명해진 장기려에게 치료받기를 원했다. 그는 정신없이 바쁜 하루를 보냈으며 휴일에는 의료 봉사까지 했다. 그러다 그만 1945년 5월에 쓰러지고 말았다. 몸이 극도로 쇠약해진 장기려는 부인과 함께 묘향산의 작은 집을 빌려 요양하고 있던 차에 조국의 해방 소식을 들었다. 그리고 조만식 선생이 구성한 민주주의 건국준비위원회에서 위생과장 직을 맡았다.

평남 제1인민병원 원장 겸 외과 과장으로 일하던 장기려에게 김일성대학 부총장이 찾아와 의과대 외과학과 강좌장을 맡아 달라고 했다. 장기려는 공산주의 이름으로 수많은 사람들이 고통을 당하는 것을 목격했기에 가고 싶지 않았다. 그러나 섣불리 거부했다가는 반동으로 몰릴 위험도 있어 정중히 사양했다. **"저는 유물론을 잘 알지 못하기 때문에 자격이 없습니다. 그리고 저는 크리스천입니다. 일요일에 일할 수 없습니다. 주일에는 기도하며 하나님을 섬기는 날이기 때문입니다."**

부총장은 일요일에 일하지 않아도 좋다는 조건으로 장기려를 김일성 대학으로 데려갔다. 더 이상 버틸 명분이 없었던 것이다. 그러던 차에 1947년 김일성이 맹장염으로 입원했다. 김일성의 측근들은 의사들을 믿지 못했다. 정치적인 신념이 다른 의사가 고의로 수술을 잘못해서 김일성에게 해를 입힐 수도 있기 때문이었다. 그래서 수술은 소련군 의관이 했다. 이 일이 계기가 되어 장기려는 김일성의 첫째 부인 김정숙의 주치의가 되었다.

8. 북한에서 의학박사 학위를 받다

김일성이 맹장 수술을 받았던 1947년 말, 장기려는 김일성 장군이 준다는 모범 일꾼 상을 받았다. 부상으로는 상금 3천 원을 받았는데 그는 주일에 상금을 전액 헌금했다. 그러면서 **"저는 주님의 뜻을 따라 환자들을 열심히 치료했을 뿐입니다"**라고 고백했다.

1948년에는 김일성대학 총장이 장기려를 부르더니 박사 학위를 주기로 했다는 것이다. 해방 이후 북한에서는 처음 있는 일이어서 대상자 선정에 각별한 신경을 썼다는 것이다. 박사 학위를 주려면 학문적 연구 실적뿐 아니라 당성이나 인민에 대한 기여도를 검토하고 김일성의 최종 승인을 받아야 했다. 장기려는 기독교인이므로 당성은 0점이었지만 환자를 위해서 헌신하는 모습은 공산주의자들의 마음까지도 움직였던 것이다.

9. 최응석의 회개

장기려에게 김일성대학 의대 외과학과 강좌장을 맡아 달라고 한 사람 중 하나가 김일성대학 부속병원장 최응석이었다. 그는 당성도 아주 훌륭했으며 유물사관에 사로잡힌 인물이었다. 그래서 장기려가 기독교인이지만 자기와 1년만 같이 있으면 틀림없이 공산주의자가 될 것이라고 장담했다. 장기려가 성경을 읽고 외우고 있었다면 최응석 원장은 변증법적 유물론을 꿰고 있을 정도로 철저한 공산주의자였다.

그러나 최고위층에 속해 있던 최응석 원장은 북한이 화폐 개혁을 단행한다는 것을 미리 알고 시행 하루 전에 쌀 두 가마와 재봉틀 2개, 그리고 생필품 몇 개를 사들인 것이 발각되었다. 그리하여 그 당시 8개나 되었던 공산당의 감투를 모두 박탈당했으며 혹독한 자아비판을 하고서야 겨우 의사직만 보전할 수 있었다. 이런 최응석 원장의 눈에 승승장구하는 장기려는 이해할 수도 용서할 수도 없는 인물이었다.

"나는 공산당에, 김일성 장군에 충성을 다하며 온갖 과업을 다 했는데 생활필수품 몇 개를 사놓았다고 해서 모든 직책을 잃었다. 그런데 저놈은 예수 믿는다고 공공연하게 큰소리치고 다니는데도 갈수록 출세한다."

그러던 그가 어느 날 '인민에 대한 봉사' 항목에서 최고임을 인정받고 있는 장기려를 찾아왔다. 인맥 같은 것을 동원해서 성공할 수 있는 처세술을 배우려는 목적에서였다. 그러나 최응석은 장기려의 집에서 저녁을 먹다가 깜짝 놀랐다. 장기려의 부인이 내 온 밥상에는 수란국에 김치밖에 없었기 때문이다. 최응석은 그 반찬이 장기려의 집에 있는 반찬 전부라는 사실을 알고 장 박사를 너무 몰랐던 자신의 잘못을 고백하고 용서를 구했다.

10. 6·25전쟁 그리고 이산(離散)

1950년 6월 장기려는 묘향산에 있는 공산당 고급 간부 전용 휴양소에서 휴가를 보내고 있었다. 그러던 중 6월 20일 아침 비상대기 명령을 받고 아무것도 모른 채 병원으로 달려갔다. 그리고 드디어 6월 25일 전쟁이 일어났다. 처음에는 북한군이 이기는 듯했지만 유엔군의 참여로 전세는 불리하게 되었다. 당시 김일성의과대학 외과의사였던 장기려는 대학병원과 야전병원에서 밀려드는 부상병들을 치료하느라 정신이 없었다. 10월 20일 평양이 유엔군의 손으로 넘어가자 경성의전의 후배들이 장기려를 찾아와 국군 부상자를 치료해 달라고 부탁을 했다. 환자가 있는 곳으로 오라고 하는데 거절할 명분이 없었다. 그러나 12월 3일 중공군에 의해서 평양이 포위되자 장기려는 피난을 결심했다. 10명의 식구가 함께 움직이기에는 힘들었다. 우선 아내가 자녀들과 친정식구들을 데리고 대동강을 건너기 위해 집을 떠났다.

　장기려도 오후 2시 산정현교회에서 예배를 드리고 짐을 전해 주러 온 아들 가용과 함께 평소 친분이 있는 안광훈 소령이 준비한 야전병원용 환자 수송 버스를 타고 집으로 갔다. 집에는 아내가 이미 아이들을 데리고 떠나고 없었고 부모님과 몇 명의 친척이 있었지만 완강히 반대하여 함께할 수가 없었다. 그는 일주일 아니 길게 잡아 한 달이면 중공군을 물리치고 집으로 돌아올 것이라 믿고 **"잠깐 다녀오겠습니다. 곧 돌아올 테니 건강하게 계세요"** 라는 말을 남기고 피난길에 올랐다.

　장기려와 아들 가용은 버스를 타고 가다가 아들의 손을 잡고 피난가고 있는 아내를 보았다. 그러나 차를 세울 수가 없었다. 만약 차를 세우면 너도 나도 타기 위해서 아수라장이 될 것이 뻔하기 때문이었다. 그러나 아, 그 모습이 아내와 자식들의 마지막 모습이 될 줄이야.

　장기려는 1990년 〈동아일보〉에 쓴 망향의 편지에서 40년 전 가슴 속 아픔을 이렇게 담아냈다.

　"여보, 창문을 두드리는 빗소리가 당신인 듯하여 잠을 깨었소. 그럴 리가 없건만, 혹시 하는 마음에 달려가 문을 열어 봤으나 그저 캄캄한 어둠뿐. 택용 어머니, 나는 요즘도 이따금씩 당신과 아이들의 꿈을 꿉니다. 다 내 불찰입니다. 그날 아침 당신과 애들을 먼저 대동강변에 보내지 않았더라면……또 종로 거리에서 차를 세우기라도 했었다면……"

대동강을 건넌 장기려는 아무리 기다려도 아내를 만날 수가 없었다. 후에 부산으로 피난 간 장기려는 우연히 아는 사람으로부터 아내의 소식을 들었다. 장기려의 아내와 식구들이 집으로 되돌아가고 있는 모습을 보았다는 것이다. 그 사람은 웬만하면 함께 탈출할 수도 있었는데 아내가 데리고 있는 식구들이 많아 엄두를 내지 못했다는 것이다. 아내는 며칠간 사력을 다해 남하하다가 그만 미군이 퇴로를 막는다는 소리를 듣고 해주로 방향을 틀어 고향으로 돌아가버린 것이다.

11. 당신! 김일성이 보냈지!

1950년 12월 18일. 장기려는 평양을 떠난 지 보름 만에 부산에 도착했다. 부산에 임시로 몸을 맡긴 피난민들은 불확실한 미래, 고향에 두고 온 가족들에 대한 그리움 같은 억장이 무너지는 사연을 가슴에 담은 채로 살았다. 장기려는 아는 사람의 도움으로 제3육군병원에서 일할 수 있었다. 그곳의 원장도 백인제 박사의 수제자인 장기려 박사의 명성을 잘 알고 있어서 쉽게 자리를 마련해 주었다. 부산에서 일하고 먹고 잘 곳을 무사히 마련한 것은 기적이었다.

12월 24일. 성탄 전야가 되어 평양에서부터 알고 지내던 한상동 목사가 시무하는 초량교회에 예배드리러 갔다. 눈을 감으니 한 달의 시간이 악몽 같기만 했고 이런 종교의 자유를 얻은 것이 믿어지지 않았다.

그때 누군가 팔을 잡아당기며 **"장기려 박사님이시죠? 같이 가주셔야겠습니다"**라고 했다. 그날 장기려는 314 방첩부대에 끌려가서 온갖 고초를 다 겪었다. 장기려는 김일성대학의 교수였고 김일성에게 상까지 받았으니 김일성이 내보낸 첩자라고 생각하는 것은 무리가 아니었다. 12월 31일 한상동 목사와 미국인 치즘 목사의 헌신적인 노력으로 장기려는 석방될 수 있었다. 치즘 목사는 미국 정통장로교(OPC) 선교사이자 치과의사였으며 최의손이라는 한국 이름을 갖고 있었다. 언제 죽을지 모르는 전시(戰時)에 장기려는 한상동 목사가 내세운 미국인 목사의 보증으로 풀려날 수 있었다.

12. 복음병원을 세우다

부산은 전국에서 피난 온 사람들로 아수라장이었다. 장기려 박사가 근무하는 국군병원에서는 군인들만 치료할 수 있기 때문에 민간인 치료를 위한 민간병원이 절대적으로 필요했다. 그때 한상동 목사는 장 박사에게 전영창이라는 사람을 소개했다. 미국에서 유학중이던 전영창은 조국에 전쟁이 일어났다는 소식을 듣고 동료들을 상대로 모금운동을 벌였다. 유학생들은 아르바이트로 번 돈을 아낌없이 내놓았다. 전영창은 그렇게 모은 5천 달러를 손에 들고 귀국했던 것이다. 그때 전영창은 신학대학 졸업을 1주일 남기고 있어서 친구들이 졸업장이라도 받고 가라고 했지만 조국 없는 졸업장은 의미가 없다고 생각하고 귀국한 것이다. 그렇게 만난 장기려와 전영창은 부산 영도구의 제3교회 창고를 병원으로 꾸미고 '복음병원' 간판을 걸었다.

복음병원은 외관은 허술하기 짝이 없었지만 일류 의사들이 진료비도 받지 않는다는 소문을 듣고 하루에 100여 명이 넘는 환자들로 북적였다. 유엔 민사원 조처(UN Committee of Assisting Civilians)에서 매일 50인분의 약은 주었지만 절대적으로 부족했다. 더 큰 문제는 직원들의 월급이었다. 미국 개혁선교회에서 월 500달러를 보내 주었지만 직원들에게 딸린 식구까지 합치면 44명분의 식량을 사기도 빠듯했다. 그때 장기려는 **"월급은 식구 수대로 받기로 합시다"**라는 엄청난 결정을 하게 된다. 오히려 직원들이 "원장님, 좀 이상하잖습니까?" 하고 쑥스러운 표정을 짓자 그는 **"뭐가 이상한가? 난 아들하고 둘밖에 없는데, 돈 쓸 일이 뭐 있나?"** 하면서 자신의 결정을 밀고 나갔다. 그러니 적은 월급이었지만 직원들이 불만을 가질 턱이 없었고, 그들의 손끝 하나하나에는 환자를 대하는 정성이 가득했다. 그래서 식구가 둘인 장기려 원장은 운전기사와 월급이 같았다. 운전기사는 주위 사람들에게 나는 원장님과 월급이 똑같은 사람이라고 자랑을 하곤 했다.

13. 뒷문으로 도망가시오

복음병원은 병원 운영상 어쩔 수 없이 입원비 100환을 받았다. 그러나 치료비가 없는 환자는 장기려 박사가 여러 방법을 써서 도와 치료를 받게 했다. 어느 날 저녁이었다. 장 박사가 막 수술을 마치고 원장실로 돌아와 책상을 정리하고 있는데 꾸부정한 몸의 50대 남자가 들어왔다. 그는 경남 거창 출신의 농부로서 오랫동안 입원해 있었으므로 장 박사도 잘 알고 있는 환자였다. **"원장님, 죄송합니다. 내일모레가 퇴원인데 입원비가 없습니다."**

장 박사는 잠시 생각에 잠겼다. '어차피 돈도 없는데 병원에 묶어둔다는 것은 도리에 맞지 않다. 이 사람의 집에서는 이 사람이 가장이니 집안 식구 다른 누군가가 돈을 마련할 가능성도 거의 없다. 오히려 이 사람이 나가서 다시 농사를 짓고 돈을 벌면 가능성이 있을까 모르지만······.' 그러나 병원 식구들에게 사정 이야기를 해주고 싶어도, 서슬 퍼런 병원 식구들의 얼굴을 떠올리니 용기가 나지 않았다. 지난 번에도 비슷한 일이 있어서 **"원장님 혼자만 스타 되고 우린 굶으란 애깁니까?"** 라는 핀잔을 들은 바 있었기 때문이었다.

장기려는 고개 숙이고 있는 농부에게 **"그냥 오늘 밤 살짝 도망가시오. 내가 퇴근 시간 후에 뒷문을 열어놓을 테니 가서 몰래 퇴원 준비를 해놓고 기다리시오. 지금은 직원들이 버티고 있으니 안 되지만……." 농부는 어이가 없어 입을 벌리고 장 박사의 얼굴을 물끄러미 쳐다보고만 있었다. 장 박사는 의자에서 일어나 책상 앞으로 나왔다.

"자, 이제 일어나 가서 빨리 퇴원 준비를 하시오. 직원들이 보면 불호령이 떨어집니다. 그리고 퇴원 준비는 다른 사람들이 눈치채지 못하게 하시오. 들키면 끝장입니다." 농부는 그날 밤 원장이 열어 준 문으로 병원을 도망 나와 퇴원을 했다.

다음날 아침 서무과 직원이 원장실로 달려와서 환자가 도망갔다고 알리자 장 박사는 "내가 도망가라고 했네" 하며 웃었다. 직원은 기가 막혀 하며 그냥 돌아갈 수밖에 없었다. 이런 일이 이 병원에서는 다반사(茶飯事)였다.

"이러다 원장님만 복덕을 쌓고, 우리는 병원이 망해서 깡통 차는 거 아냐?" 직원들이 수군대는 것을 눈치채면 장 원장은 다섯 손가락의 비유로 그들의 불평을 잠재웠다. 그는 다섯 손가락을 펴 보이며 말했다.

"하나님이 이 세상을 다스리시는 원리는 우리 인간이 자기 방식대로 생각하는 원리와는 다릅니다. 여기 돈 없는 입원 환자가 나가지 못하고 묶여 있다고 칩시다. 그 환자는 처음에는 자기가 입원비를 내지 않아 이렇게 됐다고 생각할 겁니다. 죄책감도 느끼겠지요. 그러나 시간이 흐르면서 병원을 원망하고 의사를 원망하고 결국은 하나님을 원망할 겁니다. 그런 사람들이 하나 둘 생기면 하나님을 모시는 이 병원을 그들이 어떻게 생각할 것입니까?"

14. 서울로 가셔야죠?

1953년 7월 27일, 전쟁이 끝나자 사람들은 고향으로 돌아갈 수 있게 됐다며 기뻐했다. 복음병원에서 동거동락했던 경성의전 3년 후배 전종휘 박사가 서울대 의대 교수로 돌아가자는 제안을 했다. 그러나 장기려는 복음병원을 포기할 수가 없었다. 그래서 서울의대에서는 강의를 하고 부산복음병원에서는 진료를 하는 두 가지 일을 같이 하였다. 그러나 1956년에 복음병원이 250평 규모의 30개의 침상으로 커지면서 그만두었다.

15. 청십자 운동과 채규철

지금처럼 의료보험이 없던 시절, 병원은 너무나 넘기 힘든 문턱이었다. 큰 돈을 지불해야 했기에 아파도 참으며 살았다. 장기려는 가난한 사람들이 아플 때 치료를 받지 못하는 현실이 안타까웠지만 한편으로 복음병원이 운영되기 위해서는 돈을 받아야만 하는 또다른 현실 속에 슬퍼하고 있었다. 그때 채규철이 조합을 만들자고 제의했다. 채규철은 덴마크에서 유학하던 시절, 아파서 병원에 갔는데 모든 치료가 무료라는 소리를 듣고 놀랐던 경험을 가지고 있었다. 그래서 채규철은 "우리나라가 아직 그런 여력이 없다면 부산에서만이라도 우리끼리 조합을 만들어서, 건강할 때 돈을 내고 아플 때 적은 비용으로 의료 혜택을 받을 수 있는 조합을 만들자"고 제안한 것이다. 이렇게 해서 만들어진 것이 청십자 운동이다. 그리하여 1968년 5월 13일 **"건강할 때 이웃을 돕고, 병이 났을 때 도움을 받자"**라는 표어로 조합이 문을 열었다. 청십자 정신은 '**진실**, **사랑**, **협동**'이었으며 첫 창립 회원은 723명이었다.

1989년 7월 1일 도시지역 의료보험을 실시함에 따라 1989년 6월 30일 발족 21년 만에 청십자 의료보험이 발전적으로 해체될 때까지 수많은 사람들에게 희망이 되었다. 청십자 의료보험이 해체될 당시 가입자가 23만 명, 지정 병원이 440곳에 이르렀다는 것을 보아도 청십자 의료보험조합은 지역 의료보험의 산파이자 모델의 역할을 해낸 것이다.

16. 거지에게 수표를!

어느 날 장기려가 외출하기 위해 병원을 나서는데, 한 나이 많은 거지가 그의 옷을 붙잡았다. 장기려는 불쌍한 거지를 위해 주머니를 뒤졌지만 돈이 없었다. 그래서 실망하며 뒤돌아서는 거지 노인에게 장기려는 월급으로 받은 수표를 건넸다. 그러자 **"이 종이 나부랭이**

가 돈이란 말이오?" 하며 돌아서려는 그 거지 노인의 손을 붙들고 자세히 설명하여 그 수표를 손에 쥐어 보냈다.

또 한번은 추운 방에서 자취를 하는 제자가 찾아와 고생담을 늘어놓자 며느리가 혼수로 해 온 새 이불을 선물했고, 며느리가 이에 항의하자 **"그럼 헌 이불을 주랴?"** 라고 고함을 친 일도 있었다. 어찌 그의 선행과 착함을 여기에 다 기록할 수 있겠는가!

17. 막사이사이상(賞) 수상

막사이사이상(賞)은 필리핀의 정치가이며 항일 게릴라를 지휘했고 1953년 대통령이 되었지만 1957년 비행기 사고로 사망한 막사이사이 대통령을 기리기 위해서 미국의 록펠러 재단이 1958년 1월 50만 달러를 기금으로 막사이사이 재단을 설립하여 제정한 상이다.

정부 공무원, 사회봉사, 사회지도, 국제 이해 증진, 언론문화 등 5개 부분에서 수상자를 선정하는데 장기려는 1979년 사회봉사 부문 수상자로 선정되었다. 1979년 8월 31일에 그는 대한민국의 영광이자 하나님의 영광을 드러내며 수상을 했다. 장기려 박사는 귀국하자마자 부상으로 받은 순금메달은 집에 맡겨버리고 상금 1만 달러는 청십자 조합에 그대로 기부했다. 장기려는 막사이사이상을 수상하면서 이렇게 말했다.

"그리스도께서는 사람을 살리기 위해 십자가의 형벌까지 받으셨는데 나는 좋은 걸 먹고 입고 마시면서 또 좋은 집에 살면서 일해 오지 않았는가. 희생 없는 삶을 살면서 그리스도의 사랑을 실천한다고 생각했던 건 자만이다. 결국 공명심을 바라고 일했다는 게 증명된 것이 아닌가. 부끄럽다. 하나님 나라와는 권 삶을 살고 있다는 생각이 든다." 이것은 그의 인격과 신앙을 그대로 보여주는 겸손과 온유함 그 자체였다.

장기려는 정부에서 주는 국민훈장 동백장, 대한적십자사에서 주는 인도상 등 수많은 상을 받았지만 시상식에 잘 나서지 않았으며, 상을 받더라도 수상 기록을 밝히는 걸 원치 않았다. 언젠가는 직원을 시켜 상(賞)으로 받은 상패를 몽땅 돈으로 바꾸라고 지시한 적이 있었다. 후에 이 사실을 안 며느리는 시아버지가 몰래 팔려고 내놓은 상패들을 다시 사 모았다. 자식 된 도리로 아버지의 평생이 담겨 있는 그 상패들을 잃을 수 없다는 게 며느리의 생각이었다.

18. 나는 오늘 아침도 하나님 안에서 아내를 만났어요

평생 나누고 봉사하는 삶을 산 장기려 박사. 그 자신은 분단 조국에 의한 피해자였다. 1·4후퇴 때 환자를 돌보는 와중에 부모, 부인, 5남매를 평양에 남겨 두고 둘째 아들만 데리고 피난길에 올라 이산가족이 된 장 박사는 평생 재혼하지 않고 고향의 가족을 다시 만날 날

만 기다리며 살았다.

"이제 그만 재혼하시죠. 사모님이 이미 돌아가셨을지도 모르는데" 하고 권유하면 "사람이 살면서 결혼이라는 것은 한 번 하는 것이지 두 번 하는 건 아니지 않아요?" 하며 단호했다.

한번은 미국에 있는 어떤 여의사로부터 한 장의 편지를 받았다. "박사님! 이상적인 여성이 있어도 재혼하지 않으시겠습니까?" 일종의 구애 편지였다. 하지만 그의 뜻은 단호했다. "이상적인 여성이 있다 해도 재혼은 안 합니다. 내게 하나님께서 정해 주신 아내가 이북에 있고 하나님이 정해 주신 아내가 이상일 수밖에 없습니다."

1985년 9월 분단 40년 만에 남북 고향 방문단 및 예술단이 서울과 평양을 오고 갔을 때 장기려는 정부로부터 깜짝 놀랄 만한 제안을 받았다. 정부는 천주교 지학순 주교를 비롯한 몇몇 인사들을 대상으로 이산가족을 상봉시켜 준다면서 장기려에게도 아내를 만나고 싶으면 방북 신청을 하라고 했다. 그러나 그는 끝내 그 제의를 거절했다.

"나는 매일같이 영적으로 아내와 교통하고 있는 사람이오. 육신으로 며칠 만나고 오는 것이 내 나이에 무슨 득이 있겠소. 내가 평양에 간다면 그곳에서 내 생명이 다할 때까지 함께 살 수 있든지,

아니면 내가 아내를 데리고 남한에서 살 수 있다면 가겠지만 그렇지 못하다면 사양하겠소. 이 땅에서 지금 만나 봤자 무슨 의미가 있겠소. 그렇게 짧게 만나느니 차라리 하늘나라에서 영원히 만나야지."

또한 "이산가족이 나 하나뿐이 아닌데 가족을 두고 온 사람들이 얼마나 가고 싶겠소. 그 사람들도 다 보내 준다면 나도 갈 생각이 있겠지만 그렇지 않다면 거절하겠소."

장기려는 보고픈 그리움을 신앙의 힘으로 이겨냈지만 가족들은 그의 그리움을 느낄 수 있었다. 아들 장가용 박사의 며느리 윤순자 씨의 고백이다.

"북에 계신 시어머니 생일이 3월 26일이에요. 그날은 일부러 평소보다 반찬을 두어 가지 더 차리곤 했습니다. 어느 해인가 어머님 생신을 맞이하여 북어찜을 상에 올려놓았는데 아버님이 아무 말도 하지 않으시고 북어찜을 상 아래로 내려 놓으셨습니다."

북어찜은 장 박사의 아내 김봉숙이 가장 좋아했던 음식이었다. 그 후로 며느리는 다시는 북어찜을 올리지 않았다.

1991년 미국에 사는 조카며느리가 직접 북을 방문해서 장기려의 가족을 만났다. 그리고 북한 식구들이 써 보낸 편지와 사진을 전달해 주었다. 아내 김봉숙은 약학을 전공한 장남 택용네와 강계에서 살고 있고, 셋째 신용은 식품회사 연구원, 넷째 성용은 평양 암 연구소 연구원으로, 다섯째 인용은 강계의대 교수로, 여섯째 진용은 중학교 교사로 근무하고 있었다. 아내 김봉숙의 편지다.

"기도 속에서 언제나 당신을 만나고 있습니다. 부모님과 아이들이 힘든 일을 당할 때마다 저는 마음속의 당신에게 물었습니다. 그때마다 당신은 이렇게 하면 어떠냐고 응답해 주셨고 저는 그대로 하였습니다. 잘 자란 우리 아이들. 몸은 헤어져 있었지만 저 혼자서 키운 것이 아닙니다."

1991년 평양의 가족들과 서신을 왕래하면서 41년 만에 아내의 사진을 보았다. 38살의 성숙한 여인의 모습으로만 기억했던 아내 김봉숙. 그녀는 어느새 79살의 할머니로 변해 있었다. 홀로 시부모와 다섯 아이를 키우느라 얼마나 고생이 심했을까?

19. 사상의 이념 속에 마음이 닫히고

틈만 나면 여윈 아내의 사진을 보고 그리움을 달래던 장기려는 북에 있는 셋째 신용의 편지를 보고 마음이 무거웠다.

"아버지, 우리는 어버이 수령님 덕에 잘살고 있는데 피골이 상접하다니 무슨 소립니까."

장기려는 아내의 편지를 받고 어느 신문과 인터뷰를 했는데 사진 속의 아내가 다섯 자녀를 홀로 키우느라 쪼글쪼글해진 것을 탄식한 것이 신문에 '피골이 상접했다'고 말한 것으로 보도됐다. 이 기사를 무슨 경로를 통해 보았는지 딸 신용이 이른바 항의 편지를 한 것이었다. 기나긴 분단이 혈육간에도 넘을 수 없는 높은 장벽을 만들어 놓은 것이었다.

남북이 화해의 분위기가 조성되고 남북정상회담 분위기가 무르익던 1994년. 장기려도 아내와의 재회를 기다리고 있었다. 그러나 그해 7월, 김일성의 갑작스런 사망으로 영영 고향 방문의 꿈을 잃고 말았다. 1950년 이후 45년간의 기나긴 세월 동안 간절한 기도 제목이었던 아내와의 만남은 이루어지지 못했다. 그러나 그는 혼수상태에 빠지기 전인 1995년 10월 가족들에게 심정을 털어놓았다.

"이 땅에서 지금 만나 봤자 무슨 의미가 있겠는가. 그렇게 짧게 만나느니 차라리 하늘나라에서 영원히 만나야지……."

20. 이 땅의 작은 예수로 살다간 장기려

장기려 박사는 우리나라 외과학회에서는 아주 뛰어난 업적을 남긴 외과 전문의였지만, 그의 인생은 너무나도 서민적이고 초라했다. 1995년 12월, 86세로 생을 마감할 때까지 부산복음병원 원장으로 40년, 복음간호대학 학장으로 20년을 근무했지만, 그에게는 서민 아파트 한 채, 죽은 후에 묻힐 공동묘지 10평조차 없었다.

1995년 12월 24일, 1992년 뇌졸중으로 쓰러진 지 3년 만에 영원한 안식을 얻었다. 그날 새벽 라디오 칼럼을 진행하던 이만열 교수는 장기려 박사의 사망 소식을 알리며 **"방금 우리는 우리 곁에 있었던 성자를 떠나보냈다"**라고 말하며 그에 대한 추모의 뜻을 나타내었다.

그는 유언으로 장례식도 없이 화장해서 부산 앞바다에 뿌려 달라고 했으나 그를 사랑하는 이가 너무도 많아, 아니 그의 사랑을 받은 이가 너무도 많아 차마 그럴 수가 없었다. 그리하여 그의 죽음을 애통해하는 많은 이들이 모인 가운데 장례식을 치렀으며 묘지는 경기도 마석으로 정해졌다.

장기려 박사의 비문에는 그분의 유언대로 **"주님을 섬기다 간 사람"**이라고 적혀 있다. 그는 '가난하고 소외받는 이웃들의 벗'임을 자처하며 기독교 신앙에 기초한 철저한 희생과 봉사의 삶을 살아간, '이

땅의 작은 예수'로 칭송받은 분이다. 그에게 붙은 '**한국의 슈바이처**', '**살아 있는 푸른 십자가**'라는 찬사에 한 점도 부끄럼 없이 평생 이웃 사랑을 몸으로 실천한 사람이었다.

그가 얼마나 정직과 신뢰를 바탕으로 인생을 살았는가는 어릴 때 겪었던 팽이 사건을 보면 알 수 있다. 어린 시절 교회를 다니던 장기려는 아이들과 모여 팽이치기를 했다. 그런데 아무리 해도 기려의 팽이는 다른 아이의 팽이를 이기지 못했다. 모든 문제는 팽이에 있다고 생각했다. 그러던 어느 날 주일학교를 마치고 나가려는데 신발장 위에 아주 튼튼하게 생긴 팽이가 놓인 걸 보고 주머니에 넣고 나왔다. 그리고 팽이치기를 할 때 그 팽이를 내놓자 주인이 달려들어 자기 팽이라고 내놓으라고 했다. 그러나 팽이라는 것이 비슷비슷하게 생긴 탓에 장기려가 자기 것이라고 우기자 더 이상 시비가 될 수 없었다. 기려는 며칠 그 팽이를 가지고 놀다가 고민에 빠졌다. 주인에게 돌려줄까도 생각했지만 너무 창피해서 그럴 수도 없었다. 그러다가 내버리고 말았다. 그것이 고민덩어리를 없애는 제일 간단한 방법이었다. 그런데 얼마 후 교회에서 부흥회가 열렸다. 목사님이 도둑질한 사람은 회개하라고 했다. 장기려는 팽이 생각에 잠을 못 이루다가 친구를 찾아가서 사실을 고백하고 팽이 값 2전을 물어주었다.

아직도 고신병원 3동 건물 옥상에는 20여 평 정도의 장기려 박사의 숙소가 그대로 보존되어 있다. 관사로 만든 장소가 아니고 원래는 전화 교환기를 설치하려던 옥탑방이었다. 장기려는 집이 없어서 여기 저기 누가 빌려 주는 곳에서 지냈다. 그래서 1980년대 후반 병원에서 특별히 마련해 준 장소였다. 서재에 걸린 달력은 장기려가 하나님의 품에 안긴 1995년 12월로 시간이 정지해 있다.

병원의 원장이었지만 월급은 늘 가난한 환자들을 위해 써버려서 집 살 정도의 목돈을 가진 적이 없었던 사람. 다른 의사에 비하면 너무도 가난한 살림이었지만 오히려 가진 것이 너무 많다고 늘 반성했던 사람 가까운 이들에게 나누어주는 세뱃돈은 늘 천 원이었고 식사는 주로 병원 구내식당에서 해결했던 사람. 사망하면서 남긴 돈 천만 원을 그동안 병간호를 해준 간병인에게 고마움의 표시로 주고 간 사람. 그는 그런 사람이었다.

하나님의 사람 장기려 박사가 남긴 3가지 교훈을 정리하면서 글을 마치려 한다. 그의 호를 딴 성산 3훈(聖山三訓)이다.
1. **사랑의 동기가 아니면 말을 삼가라.**
2. **옳은 것은 옳다 하고 아닌 것은 아니라 하라.**
3. **문제의 책임은 자신이 져야 한다.**

조선의 간디 고당(古堂) 조만식

국산 물산장려운동과 일본 제품 불매운동을 적극적으로 주도하여 '조선의 간디'라는 별칭을 가진 고당(古堂) 조만식(曺晩植) 장로. 그에게는 수많은 수식어가 함께 따라 다닌다. 독립운동가, 일제 강점기의 교육자, 시민사회 단체인, 정치가 등. 일평생 민족지도자로, 하나님의 사람으로 살다 간 조만식 장로의 일생을 따라가 보자.

1. 조만식의 가정사(家庭史)

'조선의 간디'로 널리 알려진 조만식(曺晩植 1883 - ?)은 1883년 2월 1일 평안남도 강서에서 조경학과 김경건 사이의 1남 2녀 중 독자로 태어났다. 그 지방은 대체로 빈궁한 살림살이였지만 조경학의 가세는 벼 100섬이나 한다는 말을 들을 정도로 비교적 풍족했다. 한학에 조예가 깊었던 조경학은 독자 아들의 교육을 위해 온갖 정성을 쏟았으며 6세 되던 해부터 평양 관후리에 있던 한학자 장정봉의 문하에 들어가 한학을 공부하게 하였다. 후에 조만식에게 기독교 입문의 계기를 마련해 준 한정교와 김동원이 그의 동창생들이었다.

조만식은 13세 때 부모님의 뜻을 따라 박 씨와 결혼을 했다. 결혼 후 4년 만에 칠숭이라는 아들이 태어났는데 정신 미발육 아이였다. 설상가상으로 부인 박 씨가 칠숭이를 낳은 지 3년 만에 사망했다. 조만식을 눈물과 술로 살게 한 아들 칠숭이는 9세에 세상을 떴다. 이후에 조만식이 평양에 최초로 고아원을 운영하게 된 것도 가슴에 묻은 칠숭이에 대한 사랑 때문이었다.

조만식은 1896년 15세 되던 해 한문 수학을 마치고 1897년 평양 성내 상점에서 일하며 장사를 배웠다. 그리고 1902년 안주(安州) 태생의 이의식(李義植)과 재혼하여 2남 2녀의 가정을 꾸렸다. 조만식은 상업에 진출하여 포목상을 경영하였고 얼마 후에는 한정교와 동업으로 지물상을 경영하여 상당한 재산을 모았는데, 이 무렵 술 잘 먹고 돈 잘 쓰는 사업가, 머리에서부터 발끝까지 모양을 내는 젊은이로 알려졌지만 술이 과하여 이따금 바닥에서 하늘을 이불 삼아 잠을 자기 일쑤였다. 조만식은 장사를 한 8년 동안 술과 담배에 찌든 삶을 살았으며 폭음으로 건강을 잃어 부모로부터 생활의 절제를 권유받기도 하였다.

2. 기독교 입교와 숭실학교 입학

1904년 2월 러일전쟁이 일어나자 조만식은 상업을 그만두고 3월 13일 가족을 따라 대동강 중류 배기섬으로 피난하였다. 이때 조만식은 동업자 한정교의 적극적인 권유로 22세에 술과 담배를 끊고 기독교인이 되었다. 그리고 한정교의 권유로 조만식은 1905년 23세에 선교사 베어드(W.M. Baird, 한국명 배위량)가 설립한 평양의 숭실학교에 입학했다. 조만식은 숭실학교에 입학하기 전 술친구들을 한자리에 불러 모아 놓고 마지막 술잔치를 벌였다. 마지막으로 친구들과 술자리를 같이 한 후 세상 친구들과 결별하겠다는 생각이었다.

"자네들은 모두 나에게 좋은 친구들이었어. 그러나 그런 우정도 오늘이 마지막일세. 난 예수 믿는 사람이야. 또한 숭실학교에 가서 공부하기로 했어. 앞으로는 술을 마시려고 나를 찾지 말게. 자네들과의 인연도 오늘이 마지막이네!"

조만식은 친구들과 인연을 끊겠다며 밤새 술을 마시고 다음날 술이 채 깨지 않은 상태로 갈지(之) 자를 그려가며 숭실중학교 교장 배위량 박사를 찾아갔다. 교장은 주정뱅이 모습을 하고 술 냄새를 풍기는 청년을 물끄러미 바라보며 물었다.

"공부는 무엇하려구 하나?"
"공부해서 하나님의 일을 하겠소."
"좋소! 그 마음 변치 말고 열심히 공부하시오."

그렇게 해서 조만식은 1905년 23세의 만학도로 숭실중학교에 입학하였다.

조만식은 공부해서 하나님의 일을 하겠다고 말했지만 사실 상업을 포기하고 놀고 있던 시기에 주위의 권고로 숭실학교에 입학한 것이었다. 숭실학교 입학의 가장 큰 이유는 그 당시 사회적 풍습처럼 유명한 사람이 되기 위해서였다. 조만식은 그때를 이렇게 말했다.

"개명하고 유명한 사람이 되려면 신학문을 배워야 한다는 말은 그 당시 사람들이 늘 하는 이야기였다. 나는 상업에 종사하다가 놀고 있던 차에 학교나 다니라는 권고를 받아 그 권고와 지도에 의해서 공부할 마음이 생겨서 입학하였다."

3. 동경 유학 시절

조만식은 숭실학교에서 민족에 대한 애착심과 긍지를 가지게 되었다. 조만식에게 숭실학교의 시간은 낙원이었고 삶의 전환기였으며 내일을 준비하는 시작이었다. 숭실학교를 졸업한 조만식은 1908년 일본 동경으로 유학하여 세이소쿠영어학원(正則英語學院)에 입학한 후 약 3년간 영어를 공부했다. 1910년에는 메이지 대학 법학부에 입학했다. 유학 중 조만식은 백남훈(白南薰), 김정식(金貞植)과 함께 장로교, 감리교 연합회 조선인 교회를 설립하였는데, 이러한 조선인 연합교회는 숭실에서의 민족의식이 처음으로 표출된 사건이었다. 고당은 유학 중 간디의 자서전을 읽고 무저항주의에 심취하여 민족운동의 거울로 삼았다.

4. 고향을 묻지 맙시다

조만식은 일본 유학중인 학생들이 지역별로 모임을 갖는 것은 민족 발전에 큰 장애물이 될 것이라고 판단했다. 한민족의 동지들이 외국에서 어렵게 유학하면서 그런 식으로 민족을 지역별로 나누면 힘이 분산될 것이라고 생각한 조만식은 이러다가 곧 망국의 길로 이어질 것이라고 예견했다. 평상시 지방색을 싫어했던 조만식은 인촌 김성수에게 말했다.

"우리가 앞으로 고국에 돌아가면 피차 고향을 묻지 말고 일해 나갑시다. 인화단결이야말로 앞날의 국권을 회복하는 과정에서 뿐만 아니라 독립했을 경우에도 마찬가지로 중요하다고 보오."

조만식은 민족이 하나 되어 힘을 모으는 것이 국권 회복의 지름길이라고 확신했다. 그는 유학생들을 만날 때마다 이렇게 말하곤 했다.

"우리는 하나로 뭉쳐야 하네. 우리는 하나야. 한 민족, 한 핏줄이지 않은가? 앞으로 우리가 하나 되지 않으면 민족의 살 길이 보이지 않아. 우리 젊은이들이 힘을 모아 함께 일해 보세."

후에도 만식은 기회 있을 때마다 유학생들에게 장차 우리가 민족을 위해서 일할 때는 **"고향을 묻지 말자!"** 라고 당부하곤 했다. 특히 고하 송진우와 인촌 김성수는 호남 출신이었음에도 불구하고 고당의 연합과 인화정신을 존중하여 지역색을 벗어버리고 후일 구국 투쟁의 삼총사가 되어 독립운동에 앞장섰다. 이처럼 조만식은 청년 시절부터 "고향을 묻지 맙시다!"라고 외치면서 교파 분열과 지역갈등을 승화시켜 민족적인 화합을 강조하였다. 고당 조만식의 민족 공동체 사상은 '하나님도 한 분'이요, '교회도 하나'요, '민족도 하나'라는 성경의 정신을 실현한 것이었다.

5. 오산학교 시절

1913년 봄, 조만식은 일본 유학을 마치고 귀국하여 31세의 나이에 평안북도 정주에 이승훈(李承薰)이 설립한 오산학교에 교사로 부임했다. 그는 부임과 동시에 기숙사에서 학생들과 동고동락했다. 매일 삶으로 보여준 조만식의 실천적인 교육은 학생들에게 큰 도전으로 다가왔다. 오산학교에서 고당으로부터 지도를 받았던 한경직은 고당에 대해서 이렇게 말했다.

"나는 일생 동안 여러 은사들에게 배웠지만 학생을 사랑하고 나라를 사랑하며 실제로 모범을 보여주며 그의 전 생애를 희생한 교육가는 오직 고당 한 사람뿐이라고 기억한다."

한편 고당은 촌각을 아껴가며 공부하는 길만이 민족을 살리는 길이라고 믿었기에 학생들에게 매우 엄격했으며 기도회 때나 수업시간에 종종 이렇게 말했다.

"하나님을 위해서 일하려면 실력을 쌓아야 한다. 조국을 위해서 살려면 부지런히 공부해야 한다. 더 큰 뜻을 품고 실력 배양에 주력하여라."

고당은 유학 시절 큰 감화를 받은 간디의 이야기를 학생들에게 종종 들려 주었다. 민족을 위해 일하는 지도자들을 배출하려면 철저한 삶의 훈련이 필요하다는 것을 깨달은 고당은, 예배 시간에 물산장려에 대해서 이야기하다가 학생들이 보는 앞에서 **"이제부터 나는 우리**

나라가 독립이 될 때까지 절대로 양복을 입지 않겠습니다"라고 말하고서는 그 자리에서 양복을 찢어버렸다. 다음날부터 고당은 무명 두루마기를 입었고 말총으로 중절모를 만들어 사철 내내 쓰고 다녔다. 구두 대신에 쓰다가 낡아서 버린 벨트를 주워 발의 치수를 재고 꿰매어 '편리화'라고 이름을 지어 신기도 했다.

고당은 자기 자신에 대해서 이렇게 엄격했다. 오산학교 제자 김기석은 다음과 같이 회고했다.

"고당은 소금으로 이를 닦고 일제 치약과 칫솔은 쓰지 않았다. 비누도 팥가루를 풀어서 쓰고 가게에서 파는 비누를 쓰지 않았다. 얼마 뒤에 학생들이 자발적으로 이것을 따라갔다. 고당은 자기가 하는 일을 학생들에게 강제적으로 명령하는 일이 없었다."

고당은 오산학교에서 2년 동안 교사로 일하다가 1915년 교장이 되었지만 9년 동안 거의 무보수로 일했다. 1919년 교장 직을 사임하고 3·1운동에 참가하였다가 잡혀 1년간 옥고를 치른다. 출옥 후 다시 오산학교 교장으로 복귀하였으나 일본의 탄압으로 제대로 재직하지 못하고 평양으로 돌아가 1921년 평양 기독청년회 총무에 취임하였다.

6. 숭인상업학교를 설립하다

고당에게 있어서 교육사업은 독립운동이었고 독립운동은 곧 교육사업이었다. 일제의 방해로 오산학교에서 뜻을 펴지 못한 고당은, 일제가 직접 교편을 잡지 못하게 한다면 학교를 경영하여 간접적으로라도 교육에 참여하겠다고 생각했다. 그때 마침 장로교 선교부에서 세운 숭덕학교가 운영에 어려움을 겪고 있다는 소식을 듣고 인수를 결심한다. 그리고 1928년 30만 원을 마련하여 숭인상업학교를 설립했다. 숭인상업학교에서 고당으로부터 배운 제자들은 졸업 후에 각 곳에서 독립을 위해 싸웠다.

7. 물산장려운동

우리 물건을 쓰는 것이 일제의 경제 침략을 막는 길이라고 생각했던 고당은 1920년 8월 조선물산장려회를 탄생시켰다. 일본의 자본주의 침략을 막아내려면 우리 손으로 국산품을 만들어 써야 한다는 것이다.

"오늘 우리 조선의 생활이 이렇게 궁핍하게 된 원인이 어디 있겠습니까? 제 것을 사랑하지 않고 천시하기 때문입니다. 그래서 외국의 침략을 자신도 모르게 당하고만 있는 것입니다."

물산장려운동이 한창 확산되고 있을 때 고당의 딸 선부가 결혼식을 치르게 되었다. 고당은 딸의 결혼식을 물산장려운동의 결혼식으로 하자고 제의했다. 그래서 신부는 면사포를 쓰지 않고 모시 적삼과 모시 저고리를 입고 결혼식을 치렀다. 또한 1930년 4월 13일 고당의 부친이 74세의 일기로 세상을 뜨자 물산장려운동의 정신대로 일체의 부의, 조화, 만장들을 사절함으로써 허례허식을 피하고 산정현교회에서 간소하게 장례식을 치렀다.

8. 한국 최초의 고아원

3·1운동 당시 일본 경찰에 체포된 청년 김병선은 일제의 가혹한 고문으로 반사(半死) 상태로 가석방되었다. 주변 사람들의 도움으로 김병선이 병원에 입원하여 치료를 받던 중 교통사고로 뼈가 부러지고 출혈이 심하여 위독한 소년이 병원에 실려 왔다. 김병선은 자기 몸을 돌보지 않고 생명이 위독한 그 소년을 위해서 헌혈을 했다. 이러한 김병선의 미담이 〈동아일보〉에 크게 보도되자 각계각지에서 위로금이 전달되었다. 감병선은 그렇게 모인 돈을 고아원 설립을 위해 기부했다. 이것이 1930년 평양 고아원 설립의 기초가 되었다. 고당은 이 일에 적극 가담하여 재단 설립에 앞장섰다. 그 결과 기금이 10만 원이 넘었고 원아 150명에 교원이 3명이 될 정도로 크게 확장되었다.

9. 〈조선일보〉 사장에 취임하다

1932년 고당은 경영난에 허덕이던 조선일보사를 뜻있는 친지들의 권고와 후원으로 인수하여 사장 자리에 취임했다. 고당은 고향의 거의 모든 논밭을 팔아 신문사 운영자금으로 사용했지만 신문사는 재정적인 어려움이 계속되어 직원들 월급이 체불되고 종이 값마저도 치르지 못할 지경에 이르자 방응모에게 넘기고 말았다.

사장 시절에도 간부들은 사장이 양복을 입었으면 좋겠다고 했지만 그는 여전히 검은 두루마기를 입고 다녔다. 고당은 점심시간에 삼류 음식점에 들어가 10전짜리 국수를 즐겨 들었다. 식사를 끝내면 미리 준비해 둔 동전 10전을 식탁 위에 일부러 "탁!" 소리를 내며 남겨 놓고 나가곤 했다. 평양에서 서울로 오가며 신문사를 운영할 때도 신문사 사장이면 1등 객실을 이용할 수 있었지만 3등 객실에 앉아 있곤 했다. 이런 지도자로서의 검소한 삶, 조금도 굴힘 없는 지조, 뜨거운 민족 사랑 정신, 철저한 신앙심 그리고 대중을 움직이는 강연 등으로 이미 그는 전국적인 인사가 되었으며, 그런 영향력 때문에 사람들은 고당을 '**조선의 간디**'라고 칭했다.

10. 산정현교회 장로가 되다

고당은 산정현교회에서 장로로 피택되어 1923년 6월 14일 평양노회의 장로 고시를 치르게 되었다. 그런데 교리문답에서 낙제하여 낙방하였다. 고당의 불합격은 지식이 부족해서가 아니라 장로직을 사양하려는 겸손함 때문이었다. 고당은 명예에 대한 욕심이 전혀 없을 뿐만 아니라 자신은 장로가 되기에 부족하다는 생각을 하고 있었다.

그러나 고시위원들은 고당의 겸손한 태도와 실력과 인품을 인정하여 준무시험(準無試驗)으로 장로 임직을 받게 했다.

11. 고당이 보여준 언행일치의 삶

고당은 신앙생활을 시작한 후 사랑을 실천하는 일에 앞장섰다. 어려운 이웃을 돌보는 것을 기독교인의 최고의 사명으로 생각한 것이다. 고당의 신앙을 가리켜서 김요나는 **"언행일치의 모습을 보여준 참된 신앙"**이라고 회고했으며 오산학교 8회 졸업생 김항복은 **"조만식 교장선생님은 말로 수신(修身)을 가르치지 않았습니다. 행동으로 가르치셨지요. 실천 있는 가르침으로 학생들의 표본이 되었습니다. 선생님은 우리의 존경의 대상이었습니다"**라고 했다.

고당이 장로 시험에서 의도적으로 낙방한 일이나 산정현교회에서 담임목사를 청빙하는 과정을 보아도 그가 얼마나 겸손한 삶을 실천하고 있었는지 알 수 있다. 당시 산정현교회는 진보주의 신학을 주장한 송창근 목사가 사임한 후에 새로운 후임자를 찾고 있었다. 그 무렵 임시 당회장으로 섬기던 박형룡 목사는 산정현교회의 위치를 고려하여 주기철 목사가 일제의 박해를 대항할 만한 리더십과 역량을 지녔다고 판단하고 그를 천거하였다.

그 무렵 주기철 목사는 마산 문창교회에서 목회하면서 일제의 탄압에도 불구하고 목숨을 걸고 신사참배 반대운등에 앞장선 목회자였다. 산정현교회 당회는 주기철 목사를 청빙하기로 하고 청빙위원으로 조만식 장로를 마산에 보냈다. 그런데 주기철 목사는 오산학교에서 고당으로부터 배웠던 제자였다. 하지만 고당은 마산으로 직접 내려가서 주기철 목사를 만나 예의를 갖추어 청빙했다. 주기철 목사의 전기를 쓴 김인서는 주기철 목사와 고당과의 관계를 다음과 같이 증언했다.

"조 장로가 오산학교 교장이었을 때에 주 목사는 오산학교 학생이었으니, 학교로는 조 장로가 선생이요 교회로는 주 목사가 선생이다. 두 분이 선생으로 모시는 미덕은 참 부러웠다. 그래서 고당은 주 목사의 지도라면 일일이 순종하였고 입옥(入獄)한 뒤에도 전 교인이 효자가 아버지에게 드리는 정성으로 받들었다."

12. 돈 앞에 정직했던 고당

고당은 자녀들에게 항상 진실과 정직을 강조했으며 자신도 평생 동안 정직하게 살려고 노력했다. 특히 돈 앞에서는 깨끗하기로 평양에서 명성이 자자했다. 한번은 백선행(1933년 5월 8일 새벽 86세를 일기로 세상을 떠나자 조선 최초 여성 사회장으로 장례를 치름)이 찾아왔다. 그리고 값진 일에 사용해 달라며 거금 20만 원(현재 약 200억 정도)을 내놓았다. 그러자 고당은 **"여사님의 중심을 잘 알았습니다. 그 귀한 결심이 너무나 장하십니다. 그런데 이 돈은 지금 받을 수가 없습니다. 우선 갖**

고 계시다가 선한 계획을 세우고 난 후에 직접 관리하셔야 합니다. 돈이란 항상 주의해서 관리하고 투명하게 사용해야 하거든요."

이 일을 계기로 고당은 백 여사의 선행을 기리기 위해서 '백선행기념관'을 건립하였다. 이 기념관은 후에 독립운동의 사령탑이 되었다. 백선행기념관과 쌍벽을 이루는 '인정도서관'도 평양의 재산가이며 과부였던 김인정 여사가 고당을 찾아와 백선행 여사처럼 뜻있는 곳에 일하고 싶다고 해서 건립된 도서관이다. 이처럼 고당은 기독교인으로서 진실과 청렴결백한 삶을 보여주었다.

13. 조선인의 지조를 지킨 조만식

조만식은 일본 유학을 통해서 쌓은 능통한 일본어조차도 귀국한 후에는 일체 사용하지 않을 정도로 조선인의 지조를 굳게 지켰다. 신앙생활을 시작하면서 술과 담배를 끊고 40년 동안 금주·금연했다. 3·1운동 직후 평양 형무소에서 2개월의 형 만기를 남겨 두고 가석방 통보를 받았을 때도 백절불굴(百折不屈)의 의지와 지조를 보여주었다.

"내가 우리 조국을 위해서 만세를 부르다 10개월 동안 수감된 것 자체가 불법인데 '가석방'이라는 이름으로 은전(恩典)을 받는다는 것은 더욱 불명예스러운 일이오. 나는 가출옥을 하지 않고 이대로 잔여 형기를 모두 채우고 나가겠소."

일제는 독립투사들을 회유하기 위한 정책으로 가석방을 주려 했지만 고당은 거부한 것이다. 결국 고당은 그날 밤 강제로 가출옥되고 만다.

또한 1945년 8월 15일 해방이 된 후 평남 도지사가 시골에 은거하고 있는 고당을 부르려고 일본 지사가 타던 차를 보냈다. 그때 고당은 심부름 온 김항복을 돌려 보내면서 **"일본 지사가 타던 차를 내가 탈 수 있겠는가? 조만식을 그렇게밖에 보지 않았는가! 나는 정국을 수습할 자격이 있는 사람이 아니다"** 라고 했다.

14. 소련군의 달콤한 유혹

고당은 1944년 주기철 목사가 옥중에서 순교하고 산정현교회가 강제로 폐쇄되자 울분을 삼키며 1945년 봄 식구를 이끌고 강서 고향으로 내려갔고 그곳에서 해방을 맞았다. 해방과 함께 평양으로 나온 그는 8월 17일 이윤영 등과 함께 조선건국준비위원회(약칭 건준) 평남위원회를 조직하고 그 위원장이 되어 민족 정부 수립을 위한 준비 작업을 착수하였다. 그러나 곧이어 평양에 진주한 소련군은 조선 공산당과 평남위원회의 합동을 강요하였고 이에 8월 26일 평남 인민정치위원회가 결성되어 조만식이 그 위원장이 되었다. 그러나 이 위원회는 공산 진영과 민주 진영이라는 서로 합할 수 없는 두 세력의 표면적 결합에 지나지 않아 모든 일에 통일을 가져오지 못했다.

해방 후 소련 측은 조만식이 민중 속에서 차지하는 비중을 알았기에 조만식을 '조선의 간디'로 선전하면서 회유하기 시작했다. 어느 날 소련 민정 사령관 로마넨코가 찾아와서 협박 반, 위협 반으로 설득하다가 최후통첩을 보냈다. "선생이 우리를 지지해 주기만 한다면 북조선에서 최고의 지위에 오를 것이고 김일성에게는 군부 책임만 맡기려 하오. 그러나 우리의 요구에 응하지 않는다면 큰 불행이 찾아올 것이오."

며칠 후에는 소련군 총사령관 치스차코프 대장이 대통령의 지위까지 보장하겠다고 회유했다. "당신이 조선의 간디라는 것은 전 세계가 다 알고 있소. 조선에서 당신보다 훌륭한 지도자가 어디 있소? 신탁 통치 결정서에 사인만 하면 당신이 반드시 조선의 대통령이 되도록 소련연방의 전 권력으로 보장하겠소."

15. 19번이나 찾아온 제자 최용건을 돌려보낸 조만식

최고의 자리를 보장하겠다는 회유에도 고당은 끄떡하지 않고 고개를 저었다. 그러자 소련 측은 김일성 다음가는 세력가로 오산에서 조만식 선생의 사랑을 받으며 공부한 제자였던 최용건을 보내서 설득했다. 최용건은 스승 앞에서 무릎을 꿇고 고당을 설득했다.

"선생님, 이제 모든 상황이 끝났습니다. 일단 신변의 안전을 위해서라도 신탁에 동의해 주십시오. 그러고 나서 소련 측과 타협해서 북한 인민을 지도해 나가면 되지 않겠습니까? 선생님께서 우리의 지도자가 되어 주십시오."

최용건은 무려 19번이나 스승에게 간청했다. 그러나 고당은 고개를 저으며 조용히 죽음의 길을 선택한 것이다.

16. 일천만 북한 동포와 생사를 같이하겠다

최용건이 다녀간 다음날부터 공산주의 진영은 고당을 민족 반역자로 날조, 매도하기 시작했다. 이로써 1946년 1월 5일 소집된 소위 평양 인민정치위원회에서 고당은 위원장을 사퇴한 후 곧바로 연금되었다. 그 후 이윤영 등 민족 진영은 월남하여 서울에서 조선 민주당 재건에 힘썼다. 한편 고려호텔에 감금된 고당은 그를 구출하려던 청년들의 권유에도 끝까지 월남을 거부했다. "지금 민중들이 고통을 받고 있는데 어떻게 나 혼자만 가겠느냐. 내가 평양에 머물러 있어야 공산당이 이 민중을 마음대로 못한다. 나는 일천만 북한 동포와 생사를 같이하겠다. 나는 여기서 희생을 당해도 괜찮다."

그 후 고당의 소식은 알 수가 없었다. 그러다 6·25사변 직전 북한은 남한에서 간첩 활동을 하다 체포된 김삼룡, 이주하를 고당과 6월 26일 교환 석방하자고 제의했다. 그러나 6월 25일 새벽 4시 남침함으로써 이것이 위장 약속임이 탄로나고 말았다. 전 북한 외무성 제1

부상 박길룡의 증언에 따라, 1950년 10월 18일 고당은 공산당원에 의해 순국한 것으로 추정되고 있다. 정부에서는 1970년 8월 15일 대한민국 최고 훈장인 대한민국장을 추서했고, 1976년 8월 15일 어린이대공원에 그의 동상을 건립했으며, 1992년 10월에는 오두산 통일전망대에 동상을 건립했다. 또한 1991년 11월 5일 고당의 부인 전선애 여사가 45년간 간직해 온 그의 두발을 동작동 국립묘지 국가 유공자 제2묘역 안에 안장했다.

17. 조만식의 인격과 신앙에 영향을 준 사람들

조만식의 인격과 사상 및 신앙에 큰 영향을 주었던 스승이 있다. 그에게 아버지 이외에 가장 큰 영향을 끼친 사람은 **숭실중학교 교장 배위량 박사이다.** 그는 주일이 되면 전교생이 한 사람도 빠짐없이 예배에 참석하도록 했으며, 주일예배 후에는 도장을 받아와서 제출하도록 할 정도로 규율을 엄하게 정했다. 배위량 박사는 조선 사람들이 술을 지나치게 좋아해서 생기는 수많은 폐단을 보고 금주령을 내렸다. 수업 중에 '술 주(酒)'라고 써야 할 대목이 나오면 그 글자를 일부러 피하기 위해서 'X표'와 함께 '술 주'자를 쓸 정도였다. 배위량 박사의 그런 엄격한 지도에 따라 만식은 숭실중학교 시절에 비로소 술과 세상을 완전히 끊게 되었다.

또한 고당은 도산 안창호 선생으로부터 큰 영향을 받았다. 1907

년 미국에서 귀국한 도산은 탁월한 웅변력으로 사람들의 마음을 사로잡았다. 조만식은 도산이 연설할 때면 맨 앞자리에 앉아서 하나하나 기록하며 들었다.

"그대는 매일 5분씩이라도 나라를 생각해 본 일이 있는가?"
"청년이 다짐해야 할 2가지 과제가 있다. 첫째, 속이지 말자. 둘째, 놀지 말자. 나는 이것을 어렵게 생각하지 않는다. 우리 청년은 스스로 생각할 때 깨달음을 얻을 수가 있다."
"죽더라도 거짓이 없으라. 농담이라도 거짓말을 마라. 꿈에라도 성실을 잃었거든 통회(痛悔)하라."

남강 이승훈은 도산 안창호의 영향으로 실력을 양성하는 길만이 국권을 회복하는 길임을 깨닫고 1907년 정주에 오산학교를 세웠다. 그는 옥중에서 성경을 100번 읽을 정도로 신앙을 체험했고, 1930년에 남겼던 최후의 유언은 제자들의 가슴에 독립운동의 새로운 불을 지펴 주었다. "낙심하지 말고 겨레의 광복을 위해서 힘쓰라. 내가 죽거든 땅에 묻지 말고 뼈를 표본으로 만들어 학생들의 의학 연구에 쓰게 하여라. 이것이 내가 나라를 위해서 할 수 있는 마지막 일이다."

18. 글을 마치면서

3·1운동을 전후해서 독립운동에 온 힘을 다 쏟고 있던 고당은 가

족에게 이런 유언을 했다.

"애국 애족을 하다 보면 내가 언제 죽을지 모른다만, 내가 죽은 뒤에 너희가 비석을 세우려거든 비문을 쓰지 마라. 그 대신 큰 눈을 두 개 새겨다오. 그러면 죽어서라도 한 눈으로는 일본이 망하는 것을 보고, 또 한 눈으로는 조국의 자주 독립을 지켜보리라."

이 글을 접하는 순간 나라 사랑에 두 번째 가라면 서러운 백범 김구 선생님의 글이 생각났다.

"'네 소원이 무엇이냐?' 하고 하나님이 물으시면, 나는 서슴지 않고 '내 소원은 대한 독립이오' 하고 대답할 것이다. '그다음 소원은 무엇이냐?' 하면, 나는 또 '우리나라의 독립이오' 할 것이요, 또 '그다음 소원이 무엇이냐?' 하면 그 물음에도 나는 더욱 소리를 높여서 '나의 소원은 우리나라 대한의 완전한 자주독립이오' 하고 대답할 것이다. 동포 여러분! 나 김구의 소원은 이것 하나밖에는 없다. 내 과거의 70 평생을 이 소원을 위해 살아왔고, 현재에도 이 소원 때문에 살고 있고, 미래에도 나는 이 소원을 달하려고 살 것이다."

부끄럽다, 오늘 우리나라가 바로 당신들의 유산물임을 잊고 산 것이. 본받아야겠다, 선배들의 정직과 겸손함을.

농촌운동과 신앙의 선구자
조용택 전도사

주여! 당신의 십자가 가시면류관으로 이 고통을 이깁니다.
주여! 나와 이 겨레의 죄를 사하시고 저들이 물러가 회개하게 하시며
우리에게 자주 독립의 날을 주소서. 아멘.

옥중에서 님은 평생 주의 말씀을 전파하고
애족의 숭고한 정신으로 일제의 불의에 항거
모진 형극의 고난을 십자가의 능력으로 이기셨습니다.
이 거룩한 일은 자손 대대 빛나고 육신은 희생되어
여기 잠드시니 천국에서 만날 약속으로 우리 서로 위로합시다.

- 대전 국립현충원 제2애국지사 묘역에 있는 고(故) 조용택 전도사의 비문.

2010년 9월 29일 전남 곡성군 옥과면에 있는 옥과교회에서는 아주 뜻깊은 행사가 열렸다. 60년 전(前) 공산 치하에서 믿음을 지키다가 순교한 고(故) 조용택 전도사 순교기념비가 제막된 것이다. 그동안 조용택 전도사의 순교자적 삶이 땅에 묻혀 있다가 전남노회, 옥과교회 그리고 가족들의 노력으로 그의 삶과 신앙이 지상에서 꽃피우게 되었다. 필자가 담임목사로 약 9년 동안 시무했지만 그분에 대한 자료를 전혀 손도 대지 못했던 일을 후임 목사님과 온 성도들이 옥과교회와 그 지역 신앙의 밀알이었던 조용택 전도사의 삶을 조명하고 순교비까지 세운 일은 참으로 감사하고도 다행한 일이다. 이에 농촌 계몽운동과 신앙의 선구적 삶을 산 조용택 전도사의 삶을 따라가 보려 한다. 먼저 이 글은 옥과교회에서 펴낸 **《순교자 조용택의 믿음과 삶》**이라는 책을 참고하였음을 밝혀 둔다.

1. 출생과 기독교 입문

조용택(趙龍澤, 1902-1950) 전도사는 1902년 1월 15일 전남 옥과에서 아버지 조동윤과 어머니 박치선 사이에서 장남으로 태어났다. 중학교를 졸업하고 독서와 집안 농사일을 돕고 있던 조용택은 당시 탈메이지(J. V. Talmage) 선교사의 조사로 활동하던 고모 조덕화의 전도를 받고 25세 때 예수를 믿게 되었다. 조용택에게 신앙의 씨앗을 심어 준 조덕화는 남다른 신앙의 열심이 있었다. 조덕화는 친구의 권유로 예수를 믿은 후부터 옥과에서 광주까지 50리(약 20km) 길을 걸어 주일을 성수했다. 세례를 받고 싶었지만 조상 제사를 하는 사람은 세례를 받을 수 없다는 목사님의 말에 남편이 집을 비운 사이 3대째 내려오던 조상의 제사 위패를 대나무 숲으로 가지고 가서 불 태우고서야 세례를 받은 열정이 그녀에게 있었다. 이런 조덕화에게 신앙을 전수받은 조용택은 탈메이지 선교사의 조사(助事)가 되어 그의 당회 구역인 순창과 담양 지방의 교회를 순회하며 탈메이지를 도왔다.

2. 결혼과 평양신학교 입학

청년 조용택을 면밀히 살펴본 탈메이지 선교사는 제중병원 간호원으로 근무하는 권덕희 양을 소개했다. 둘은 마음이 하나 되어 결혼을 하여 가정을 이루었고 두 사람 사이에 딸 '은숙'이 태어났다. 조용택은 결혼 후에도 남장로회 선교부에서 탈메이지 선교사를 도왔다. 그러던 어느 날 탈메이지 선교사가 조용택을 불러 학비는 선교부에서 지원해 줄 테니 신학을 공부해 보라는 권유를 하였다.

집에 돌아온 조용택은 아내와 기도하며 하나님의 뜻을 찾다가 드디어 1937년, 36세의 나이에 평양신학교에 입학했다. 평양신학교 기숙사에서 조용택은 고향 친구 박동환과 같은 방을 사용하면서 장차 이 민족과 교회가 당할 고난을 생각하면서 하나님께 기도했다.

3. 신사참배 거부와 자퇴

1930년부터 일본 제국은 이른바 '황국신민화 정책'에 의해 공공기관은 물론 학교에서 아침 조회 때마다 동쪽을 향하여 일본 천황에게 절을 하게 하였다. 전국 지방마다 신사를 세우고 신사에 절할 것을 강요하기 시작했으며 교회에 신사참배 공작이 시작되었다. 한국 기독교에 대한 일제의 혹독한 탄압에 한국 교회는 신사참배 강요에 굴복하고 말았다. 일제는 먼저 천주교, 감리교를 굴복시키고, 마침내 1938년 9월에 열린 제27회 장로회 총회에서 강압적으로 신사참배를 결의하도록 하였다. 이에 따라 우리나라 기독교 전체가 공식적으로 신사참배를 하기로 결정한 것이다. 이때부터 개인 또는 소집단적으로 신사참배를 반대하는 움직임이 본격화되었다.

조용택이 1938년 신학교 1년을 마치고 났을 때 신학교, 총회, 각 노회가 일제의 강요에 굴복하여 신사참배를 결의하였다. 이에 격분한 조용택, 박동환, 그 외 호남 학생들은 신학교를 자퇴하고 고향으로 돌아갔다. 돌아온 조용택을 탈메이지 선교사는 그 큰 몸으로 감싸 안았다.

"참 잘했어요. 미스터 조는 하나님이 사랑하는 분이에요. 신앙 절개란 한 번 팔면 계속 팔게 되는 것입니다. 가룟 유다가 돼요" 하며 조용택을 반갑게 맞이해 주었다. 탈메이지 선교사가 조용택 전도사를 소개한 글을 보면 이렇다.

"나의 비서가 병으로 일을 볼 수 없게 되자 조덕화가 십자가의 뜻을 알고 있는 조용택을 추천하였다. 그의 일은 나를 도와 선교회가 노회 재단 설립을 위하여 소유하고 있는 재산들의 법적인 업무를 처리하는 것이었다……미스터 조는 정직하였고, 충실히 일하였으며 능률적으로 하였기 때문에 관계자들로부터 존경을 받았다. 미스터 조가 없었다면 노회 재단 설립은 어려웠을 것이다. 그리고 미스터 조는 선고회의 많은 돈을 관리하면서도 물질의 유혹을 받지 않는, 사심이 없는 사람이었다. 미스터 조는 언제나 자신의 확고한 의견을 가지고 있었으며, 때로는 신학적인 문제에 관해서도 나의 생각에 동의하지 않을 때가 있었다. 그때마다 우리는 깊이 있는 토론을 하였다. 그래서 나는 미스터 조를 좋아했다."

4. 신사참배 거부와 고난의 가시밭길

평양신학교를 자퇴하고 돌아온 조용택은 고향인 옥과에서 옥과교회 담임전도사가 되었다. 일본 경찰에게는 신사참배를 거부하는 조용택이 눈엣가시였다. 1939년 광주경찰서 고등계 형사들에게 끌려간 조용택은 앞뒤로 손이 묶인 채 강제로 신사참배 동의서에 지장을 찍히고 6개월 만에 풀려났다. 풀려난 후에도 계속해서 신사참배를 거부하자 1940년 9월 20일 옥과교회에서 담양경찰서 형사들에게 다시 체포되어 담양경찰서 유치장에 수감되었다. 조용택의 뒤를 이어 신학교 동기인 박동환, 담양읍교회 김용하 장로, 백영흠 전도사, 노하복, 구피득 전도사 등이 줄줄이 잡혀왔다. 그러나 이들은 서로 위로하며 고난의 감방 생활을 이겨 나갔다.

경찰은 이들을 분산 수용하여 조용택은 광주경찰서 유치장으로 이감되었다. 경찰은 이들을 재판에 회부하지도 않고 3년 이상을 유치장을 옮겨가며 감금하고 모진 고문을 하였다. 이때 수감된 남편을 기다리다 지친 아내 권덕희의 몸 상태는 말이 아니었다. 급기야는 너무 몸이 쇠약하여 다니던 병원 간호사 일을 그만두었다. 그녀는 마를 대로 마른 몰골을 남편 조용택에게 보이면 남편 마음이 약해지고 근심하게 되는 것이 싫어 면회를 가지 않고, 조 전도사의 어머니와 어린 딸 은숙이만 면회를 다녔다.

광주에서 나주로 이감된 조용택은 3년을 유치장에 갇혀 있었고 어머니와 딸 은숙은 3년 동안 그렇게 면회를 다녔다. 유치장에서도 조용택은 남달랐다. 유치장은 항상 수감자로 가득 찼는데 냄새 나는 변기통 옆은 새로 들어오는 사람의 자리였다. 그런데 조용택은 새로 들어오는 사람은 다른 데 앉히고 자기가 냄새 나는 변기통 옆에 자리를 잡았다. 그 상황에서도 전도자로서의 사랑을 실천한 것이다.

5. 가가와로 창씨개명을 하다

조용택 전도사는 창씨개명을 거부했다. 딸 은숙이도 신사참배를 시키는 학교에 입학시키지 않았다. 이 일로 인해 조용택 전도사 가정이 당하는 시련과 고초는 말로 다 할 수가 없었다. 보다 못한 동생 용운이 형 조용택을 면회하여 창씨개명을 하고 은숙이를 학교에 보낼 것을 누차 부탁했다. 그러자 조용택은 자신을 가가와로 창씨개명하라는 승낙을 했다. 가가와는 일본의 유명한 기독교 신학자로서 일본의 한국 침략을 반대하여 옥고를 치른 학자다. 그는 조 전도사가 존경하는 사람이며 그의 저서를 즐겨 읽었다.

6. 아내 권덕희와 사별

조용택 전도사의 딸 은숙의 말이다.

"아버지가 4년 가까이 미결수로 경찰서 유치장에 수감되어 있는 동안에 어머니는 혹시 오늘이라도 풀려 나오지 않을까 하는 기대감에 매일매일 기다리셨다. 신사참배 동의서에 지장만 찍으면 풀려날 수 있기 때문이다. 간혹 인력거가 고개를 넘어오는 딸랑딸랑 종소리가 들리면 뛰어나가 지나가는 인력거를 보다가 고개를 돌리고 돌아서는 어머니의 모습이 지금도 내 눈에 선하다. 어머니의 병환은 점점 악화되어 외숙인 권병래의 병원으로 옮겨 치료를 받았으나 몸은 더 쇠약해져 아버지의 재판 법정에 나가 보지도 못하고 떠나셨다. 어머니는 운명하실 때 감았던 눈을 뜨며 '은숙아'라고 간신히 부르고 눈을 감았다. 내 나이 열 살 때였다. 어머니의 장례는 외삼촌께서 치르고 나는 아버지가 출옥할 때까지 그곳에서 학교를 다녔다."

7. 출옥하여 다시 옥과교회로

1944년 8월 12일 무려 6년 가까운 세월을 경찰서 유치장과 형무소 감옥 생활을 마치고 출감했다. 조용택은 옥문 앞에서 기다리는 사람들과 인사하고 나서 그 길로 딸 '은숙'만 데리고 아내의 묘가 있는 방림동 넘어 기독교 공동묘지로 향하였다. 출감한 조 전도사는 이제 신사에 절하지 않아도 일본 경찰이든 그 누구든 아무 말도 할 수 없게 되었다. 순종에서 얻어진 승리인 것이다.

조 전도사는 옥과교회를 찾았다. 유리창이 깨지고 부서지고 건물은 안팎으로 거미줄로 엉켜 있으며 폐가처럼 방치되어 있었다. 그는 교회 마당에 서서 "주여, 이 예배당이 다시 문을 열고 예배드릴 수 있는 날이 올 것을 믿고 기다립니다. 이 죄인이 다시 이 자리에 와서 기도드리게 됨을 감사합니다. 아멘" 하고 기도했다.

일제 치하에서, 신사에 절한 교회들은 주일을 지켜 예배는 드릴 수 있었으나 옥과교회는 그렇지 못하였다. 경찰이 문을 닫아 버린 것이다. 조용택 전도사는 밤이면 숨어서 미국 방송을 들으며 태평양 전쟁의 전황을 알고 있었기 때문에 일본의 패전이 얼마 남지 않았음을 확신하고 있었다.

8. 옥과교회에서 시작한 옥과농민학원(玉果農民學院)

신사참배 거부로 옥과교회의 문이 닫히자 조용택은 할 일이 없었다. 그래서 총기가 있어 눈여겨 본 사촌동생 조용기를 불러 계란 장사를 시작했다. 자전거를 타고 집집마다 다니며 계란 모아놓은 것을 사서 되팔았다. 이때 조용택은 조용기에게 평생 잊을 수 없는 꿈을 심어 주었다.

"나는 옥과교회에서 교회를 통해 주님의 일을 할 것이니, 너는 공부를 더해 앞으로 학교를 세우고 교육사업을 통해 이 고장을 교육의 요람으로 만들어라."

1945년 해방 이후 좌우 이념 대결로 인한 정치적 혼란과 취약한 경제구조 속에서 한국사회는 빈곤이 악순환했다. 문맹률 또한 78%에 달했다. 농촌의 상황은 더욱 심각했다. 대를 이은 가난과 가난에서 파생된 무지, 그리고 다시 이어지는 가난, 이 질곡을 벗어던지기 위해 의기 있는 청년들과 지식인들이 뜻을 모았다. 옥과 지역에서는 조용택의 영향을 받은 조용기(趙龍沂, 우암학원 설립자), 김성옥(金成玉), 이창원(李昌源) 등 세 사람이 주축이 된 농촌 계몽운동이 활기 있게 진행되었다. 농촌 계몽반을 만들어 주보 〈과학농민〉을 발행하고 사랑방 좌담회를 열었다. 이들이 펼친 계몽 활동의 철학은 삼애정신(三愛精神)이었다. '하늘의 도를 공경하며 인간을 사랑하고 흙을 사랑한다'

는 삼애정신은, 이 계몽활동이 단순히 일회성 활동으로 끝나지 않으리라는 것을 보여준다. '농도'(農道)를 개발해 피폐한 농촌을 일으켜 세우기 위한 초석이었던 것이다.

1946년 12월, 조용택 전도사의 도움으로 옥과교회 내 목사관에 사촌동생 조용기를 중심으로 드디어 옥과농민학원이 설치되면서 본격적인 농민 교육이 시작되었다. 과학영농을 실현하기 위한 구체적 농법을 가르치고 서로 협동하는 공동체 의식을 북돋았다. 일제 시대 신사참배 거부운동을 전개하는 등 항일운동의 기지였던 옥과교회는 이로써 해방 이후에는 재건을 위한 배움터이자 지역 공동체 의식을 심는 구심점으로 역할을 감당했다.

9. 우암학원(愚岩學園)의 꿈이 영글어지다

조용택 전도사의 영향을 받은 사촌동생 조용기를 중심으로 옥과교회 사택에서 시작한 옥과농민학원(玉果農民學院)은 우암학원의 첫 출발이라고 할 수 있는 옥과농민고등학원(玉果農民高等學院)의 모태이다.

1946년 12월, 그렇게 시작한 옥과농민학원은 60여 년 동안 건실한 교육의 뿌리를 내려 세계로 뻗어가는 명문사학 우암학원(愚岩學園)으로 발돋움했다. 우암학원은 옥과농민고등학원의 천막 교실에서 시작해 옥산중학교, 옥과고등학교, 전남과학대학, 남부대학교 등 중·고등학교, 전문대학, 4년제 대학교를 모두 갖춘 대규모 학교법인으로 성장하였다.

10. 우암학원 조용기 학원장의 신앙과 청렴

* 사랑으로 교회를 돌보아 주세요

필자가 1999년 처음 옥과교회에 부임하고 전남과학대학 학장으로 재직하고 있던 조용기 학원장을 찾아가 인사를 했다. 그때 평생 잊을 수 없는 소중한 교훈을 들려 주셨다. 당신이 어릴 때 소를 길렀는데 다른 사람이 가면 뒷발질을 하며 거부하지만 당신이 가면 소들이 얌전했다는 것이다. 그것은 소를 사랑하는 마음으로 쓰다듬고 정성을 다해 길렀기 때문이란다. 그런 마음과 사랑으로 교회를 돌보아 달라고 필자에게 부탁했는데 지금도 생생하게 그 이야기가 기억되는 것을 보면 그 당시 충격을 받았음에 분명하다.

* 이 학교가 기독교 학교인가요?

우암학원은 기독교 학교가 아니다. 그러나 교내 여기저기에 기독교적 냄새가 진하게 풍기는 학교이다. 특히 학교의 모든 행사의 처음은 목사의 축도로 시작한다. 전남과학대학과 광주에 있는 남부대학교는 전국 각지에서 학생들이 몰려오는 곳이다. 입학식 마지막 부분에 가운을 입은 목사가 축도를 하고 내려오면 사람들은 기독교 학교에 입학한 것이 아닌가 하는 착각을 할 정도로 행사의 내용이 기독교적이다. 입학식 축도를 마치면 몇 분의 학부모들이 찾아와서 기독교 학교냐고 묻는 것을 필자도 여러 번 경험하였다. 또 어떤 분은 자녀를 멀리 보내면서 걱정했는데 참 잘 보낸 것 같다는 소리를 많이 했다. 이 모두가 옥과교회의 신앙의 자리에서 학원이 시작한 이유이며 그 신앙의 뿌리를 지금도 간직하고 있는 조용기 학원장과 부인인 이연희 이사장의 믿음이리라.

* 예배는 언제나 앞자리에서

필자가 담임목사로 있을 때 조용기 학원장은 한국사학연합회장 등 사회적으로 많은 일을 맡았음에도 불구하고 주말이면 내려왔다. 그리고 주일이 되면 맨 앞자리에 부인과 함께 앉아서 말씀을 경청하며 예배를 드렸다. 나가실 때는 필자의 손을 꼭 잡아 주면서 "수고하셨어요"라는 격려도 잊지 않았다.

* 학원장님의 집에 먼저 가 보세요

조용기 학원장이 한국사학연합회장을 맡아서 일했던 4년의 기간은 사학법 개정으로 몸살을 앓고 있었던 시기였다. 이런저런 이유로 학교에 감사(監査)가 들어왔을 때 직원들이 "우리 학교를 감사하기 전에 먼저 학원장님의 집에 가 보세요"라고 했다는 것이다. 평소 근면과 청렴이 몸에 밴 조용기 학원장은 24평의 서민 아파트에 살고 있다. 필자도 대심방 때 몇 차례 방문해서 예배를 드리곤 했는데 학원장의 집이라고는 믿겨지지 않을 정도로 검소함과 청렴함이 묻어 있었다.

11. 김복신과 재혼하다

해방을 얼마 앞두고 있을 때 광주동부교회 백영흠 목사가 조용택 전도사에게 재혼을 권유했다. 조국이 해방되면 목회를 해야 하는데 독신으로 한다는 것은 쉬운 일이 아니며, 중단한 신학교 공부를 계속하고 딸 은숙이도 돌보려면 재혼을 해야 한다고 설득한 것이다. 조용택은 백 목사의 권유대로 신앙심 깊은 김복신과 재혼하였다. 김복신은 옥고를 치른 조 전도사를 존경하면서 그의 딸 은숙을 잘 키우겠다는 마음을 가지고 결혼하였다.

12. 다시 문을 연 옥과교회

1945년 8월 15일. 드디어 해방을 맞이했다. 조용택 전도사는 가재도구를 팔아 옥과교회 유리를 갈고 건물을 손수 수리하였다. 그리고 교인들과 종각을 세우고 옥과교회 문을 다시 열었다. 조용택 전도사는 마을들을 찾아다니며 심방과 전도를 시작하였다. 아내 김복신은 쉽지 않은 교회 사택 살림을 기쁜 마음으로 시작하였다. 김복신은 교회 사택이 교인들에게 개방되어 있기 때문에 항상 몸가짐을 조심하였으며 심지어 쌀 씻은 물도 잘 모아 두었다가 돼지 먹이로 가져갈 수 있게 하였다.

13. 선교사들이 다시 돌아오고

본국으로 돌아갔던 탈메이지, 유화례를 비롯한 선교사들이 다시 돌아왔다. 이들은 돌아오면서 구호물자 의류를 가지고 와서 각 교회에 나누어주었는데, 조 전도사는 옥과교회 교인들과 가난한 사람들에게 나누어주고 자신은 다른 사람이 입을 수 없는 치수가 큰 것, 그것도 두터운 여자 옷을 입고 겨울에 자전거를 타고 심방을 다녔다. 조용택 전도사는 옥과교회에서 부인 김복신의 내조를 받으며 3년간 시무하다가 1949년 초 신학 공부를 다시 하기 위해 서울로 올라갔다. 김복신은 옥과에서 두 아들 은덕과 도영을 낳았다.

14. 6·25전쟁으로 화순 화학산(華鶴山)에 숨어들다

서울 장로회신학교에 편입한 지 1년 만에 6·25전쟁이 일어났다. 조용택은 한강 다리가 끊어지기 직전에 기차 지붕 위에 올라탈 수가 있었다. 그렇게 광주로 내려온 조용택은 아내 김복신과 어린 두 아들 은덕과 도영을 데리고 수피아여고 기숙사로 딸 은숙을 찾아갔다. 그리고 양림교회에서 유화례 선교사를 만나 피난 갈 것을 종용하였다. 그런데 공산당의 실체를 잘 알지 못했던 유화례 선교사는 수피아 학교와 양림동산을 지키겠다며 피난을 거부했다. 겨우 설득을 해서 유 선교사에게 한복을 입히고 수건으로 얼굴을 가리고 보자기로 몸을 싸서 지게에 태우고 화순 화학산 산중으로 떠났다.

유화례 선교사를 지게 봇짐에 지고 화순 너릿재 고개를 넘자 지방 공산당들이 완장에 죽창과 무기를 들고 길거리에서 지나가는 사람들을 검문하고 있었다. 공산당 7, 8명이 조용택 전도사 일행의 앞을 가로막았다. 유화례 선교사는 지게 봇짐 속에서 떨고 있었다. 공산 유격대들은 조용택 전도사에게 물었다.

"너, 개새끼지?(당시 경찰관을 이렇게 불렀다)"

"아니오. 나는 옥과교회 전도사입니다."

"너 생김새가 전도사 같지 않아(조용택의 눈이 부리부리하여 전도사로 보지 않았다)."

조용택은 주머니에서 조그마한 성경책을 꺼내 펴 보이며 "자, 보시오. 여기 내 이름이 있습니다" 했다.

그때 유격대 한 명이 지게 위에 있는 짐을 이상하게 생각하고 봇짐을 열어 보니 흰 수건을 쓰고 있는 유화례 선교사를 발견하고 "서양 여자다"라고 외쳤다. 조용택은 이들이 서양 여자를 그냥 놔 둘 리 없다고 생각하는 순간, 동광원에 있는 정인세가 그들 앞에 다가섰다.

"이 할머니는 27세에 선교사로 한국에 와서 지금까지 평생 광주에서 교육사업에 공헌한 분입니다. 피난도 가지 않고 우리와 같이 동광원 고아들이 있는 화순으로 왔습니다."

그리고 조용택 전도사도 동광원을 설명했다.

"동광원은 고아원입니다. 지금 100명 이상의 어린이들이 우리를 기다리고 있습니다. 직접 확인하러 가 보아도 됩니다."

이 말을 듣자 그들은 순순히 지나가게 했다. 일행은 가슴을 쓸어내리며 감사했다.

일행은 화학산에 도착하여 피난 생활을 시작하였다. 유화례 선교사는 아침 일찍 산에 올라가 동굴 속에서 기도로 하루를 보내고 밤에는 몰래 마을로 내려와 잠자리에 들었다. 이렇게 피난 3개월이 되는 어느 날, 유화례 선교사가 동굴 앞 바위에 수건을 쓰고 앉아 있는데 갑자기 저만치에 공산 유격대 사람들이 유화례 선교사를 보면서 산으로 올라가질 않는가. 그는 담담히 눈을 감았다.

"어찌된 일인가? 나를 보고 그냥 지나가다니. 주여, 내가 지금 살아 있습니다. 아멘."

유화례 선교사는 이 장면(동굴 앞 바위 위에 앉아 있는 모습)을 그림으로 그리게 하여 긴 족자를 만들어 방에 걸어 놓았고, 정년이 되어 미국으로 돌아갈 때 가지고 가서 선교사 안식관 방에 걸어놓고 피난 생활의 장면을 추억했다고 한다.

유격대가 산중으로 들어왔다는 소식을 들은 조 전도사는 공산군이 퇴각하면서 저지를 일을 생각하니 눈앞이 캄캄해졌다. 유화례 선교사를 비롯하여 같이 피난 온 교인들과 동광원 사람들, 그리고 고아들을 안전하게 구출하기 위해서 그는 한시라도 빨리 광주에 가서 트럭을 가져오려고 산을 떠나 길을 재촉했다. 그 길이 그의 마지막 길이 되었다.

15. 조용택 전도사의 순교

트럭을 가져오기 위하여 광주로 향한 조용택 전도사와 남녀 학생, 이렇게 세 사람은 화순경찰서 앞에서 지방 공산 유격대에게 붙잡혔다. 3개월 동안 이발도 못해서 산발한 머리에 남루한 옷차림의 조용택 전도사를 보고 공산 유격대원은 전날 광주형무소에서 옥문을 부수고 탈옥한 우익 사람들이라고 생각한 것이다. 쫓기는 신세가 되어 살기(殺氣)에 차 있던 유격대원들은 조용택 전도사 몸에서 조그마한 성경책이 나오자 "너, 예수쟁이구나!" 하며 세 사람을 화순 인근 저수지로 끌고 갔다.

저수지 입구 골짜기에서 여학생을 가운데 세우고 총을 겨누었다. 조용택 전도사 입에서 **"하나님, 이 죄인의 영혼이 하늘나라에 가게 되었습니다. 이 영혼을 받아 주십시오"**라는 소리가 나오자마자 총소리가 울렸고, 조용택이 앞으로 쓰러지면서도 "주여, 주여" 하고 주를 부르자 다른 유격대원 한 명이 "죽으면서도 주냐?" 하면서 뒷머리를 향해 또 방아쇠를 당겼다. 농촌운동과 신앙의 선구자였던 조용택은 그렇게 순교자가 되어 주님의 품에 안겼다. 그날이 1950년 9월 29일, 그의 나이 48세였다.

16. 아버지가 아들의 시체를 찾아 묘를 만들어 주다

트럭을 구하러 간 아들이 돌아오지 않자 조용택 전도사의 아버지는 아들이 공산 유격대의 손에 사망했을 것으로 생각하고서 지팡이를 끌고 다니며 화순 일대에 시체가 있다는 곳은 다 찾아 헤맸으나 찾을 수가 없었다. 그러던 12월 초 어느 날, 세 사람이 살해당하는 현장에 있었던 공산 유격대 한 사람이 조용택 전도사의 부친이 살고 있는 광주 방림동 집으로 찾아왔다. 그 사람은 조용택 전도사의 순교 모습에 감동을 받아 조 전도사의 주머니에 있던 부친(父親) 주소를 가지고 찾아와서는 시체가 있는 곳을 알려 준 것이다.

부친 조동윤은 한걸음으로 화순 저수지 아래 골짜기에 달려가서 가마니에 덮여 있는 세 구의 시신을 찾았다. 시신은 부패하여 알아볼 수 없었지만 옷과 신발, 성경책, 그리고 주머니에 있는 칼을 보고 확인할 수 있었다. 조동윤은 무너지는 가슴을 억누르며 살해된 장소 근처에 세 시신을 묻고 묘 셋을 나란히 만들었다.

결혼한 지 6년 만에 남편을 보낸 부인 김복신은 하늘이 무너지는 듯한 슬픔에 잠겼다. 그러나 어린 삼남매를 위해서 무엇인가를 해야 했다. 유화례 선교사의 도움도 있었으나 김복신은 화장품 보따리 행상을 하며 가난의 질긴 끈을 이겨 나갔다. 삶이 힘들고 외로울 때마다 남편 조 전도사가 항상 부르던 찬송 가사를 읊조렸다. **"이 기쁜**

마음을 가지고 예수의 일 하면……."

찬송을 부르고 이 가사를 외우면 마음의 구름이 사라지고 예수님의 일을 하면서 즐거워했던 남편의 모습이 떠올랐다. 이렇게 살아온 김복신 여사는 지금은 노쇠하여 하늘나라에 가는 날을 소망하고 있다. 장남 조은덕 장로와 며느리 홍영희 권사가 어머니를 극진히 모시며 병간호를 하고 있다.

17. 순교자의 자녀들

조용택 전도사의 딸 조은숙은 가족과 함께 미국에 거주하고 있다. 큰아들 조은덕은 광주양림교회 장로, 부인 홍영희는 권사로 섬기고 있으며, 차남 도영은 서울 월곡감리교회에서 권사로, 부인 정예숙은 장로로 섬기고 있다. 조용택 전도사의 자녀들 모두는 순교자의 후손답게 아버지의 믿음을 본받아 섬기는 교회에서 충성스럽게 봉사하며 신앙생활을 하고 있다.

고 조용택 전도사는 1980년 대통령 표창과 1990년 건국훈장 애족장을 추서받고 대전국립현충원 제2애국지사 묘역에 안장되어 있다.

예수 천당!
최권능 목사

"평양 거리에서 '예수 천당!' 소리가 끊어지면 평양이 망할까 두렵다"라고 말한 길선주 목사의 말처럼 최봉석(崔鳳奭, 1869-1944) 목사는 한국 교회의 위대한 전도자였다. 그리고 신사참배를 앞장서서 반대하다 사망한 순교자였다. 사역 가운데 권능과 이적이 많이 나타나 사람들로부터 최권능(崔權能)이라는 별명을 얻은 그의 인생을 따라가 보자.

1. 출생과 귀향살이

최권능 목사는 1869년 1월 7일 평양 장경문 안에서 최준서(崔俊瑞)의 셋째 아들로 태어났다. 7세에 서당에 들어가서 한학을 공부하던 그는 민란의 소문과 나라가 망했다는 얘기를 들으며 청년기를 맞이했다. 이런 영향 탓이었을까. 그의 성격은 무척 괄괄하고 급했다. 안이숙 여사는 자신의 수기에서 소년 최봉석을 이렇게 회고한다.

"최권능 목사님이 어렸을 때 어디선가 신주를 없애야 한다는 말을 듣고 신주에 오물을 넣었다가 아버지에게 죽을 정도로 얻어맞은 일이 있었다."

마음먹은 일은 당장 해치우는 성품을 가진 최봉석에게 우려했던 일이 벌어졌다. 당시 최권능 목사의 아버지는 평남 강동군 강동창의 창장, 지금으로 말하면 세무서장에 해당하는 직책을 맡아보고 있었다. 그러던 어느 날 현감과 아버지 사이에 언쟁이 일어나서 양반인 현감이 아전이었던 아버지를 치려 하자 청년 최봉석이 현감을 사정없이 내리친 것이다. 결국 평양감사 밑에서 감찰직을 맡으며 출세가도를 달리던 최봉석은 혈기를 참지 못하고 강동 현감을 구타한 사건이 계기가 되어, 감찰의 자리를 이용해서 국고 3만 냥을 횡령했다는 누명을 쓰고 6개월 동안 투옥되었다가 500리(약 200km) 밖에 있는 평북 삭주로 정배를 가게 되었다. 삭주에서 귀향살이를 하는 동안 식지 않는 울분 때문에 술에 취해서 세월을 보냈다.

2. 최봉석에게 전해진 쪽 복음

1896년 삭주에는 약국을 운영하던 백유계가 세운 교회가 있었다.

이 백유계를 전도한 사람은 그의 고종제인 양전백(한국인으로서 최초로 목사 안수를 받은 7인 중의 한 사람)이었다. 양전백도 1895년 24세 때에 세례를 받아서 세례받은 지 3년밖에 되지 않은 초신자였지만 그의 외사촌 형인 백유계에게 전도했고, 이것이 동기가 되어 삭주교회가 세워졌다.

백유계는 한의사였다. 그는 예수를 믿고 나서 복음을 전하기 위해서 양전백에게 쪽 복음 수백 권을 사갔다. 그리고 오는 손님에게 나누어주었다. 어느 날 최봉석이 싸움을 하다 심하게 다쳐 백유계의 약국을 찾았다. 백유계는 찾아온 최봉석을 위해 간절히 기도해 주고 쪽 복음을 전해 주었다. 그 후 백유계의 소개로 삭주교회를 나가게 되었는데 그때가 1902년, 청년 최봉석의 나이 33세가 되던 해다.

1903년 한국 교회 부흥의 불이 제일 먼저 원산에서 불붙기 시작해서 1907년 평양대부흥운동으로 확산되었다. 이러한 시기에 최봉석은 하늘에서 불덩이가 가슴에 떨어져 죽는 꿈에 놀라 자리에서 일어나 예수 그리스도의 십자가에 고꾸라져 회심을 하였다. 최봉석은 무슨 일이든지 시작하면 전력을 다하는 성미라 열심히 믿었다. 이 후 백유계의 소개로 평양에서 감리교의 노블(W.A. Noble, 노보을) 선교사를 만나 학습과 세례를 받았다.

3. 최봉석에서 최권능으로

1905년 삭주교회의 집사로 피택된 최봉석은 양전백의 추천으로 책을 팔며 전도를 하는 매서인(賣書人)이 되어 벽동, 강계, 위원, 초산 및 압록강을 건너 통화현까지 전도하다가 1906년에는 백유계의 뒤를 이어 삭주교회 영수가 되었다. 이 기간 동안에 그는 죽은 송아지를 놓고 3일간 기도하여 살려내서 가정과 온 동네가 예수를 믿는 기적을 행하기도 했다. 또한 만나는 사람마다 쪽 복음을 나누어주었는데, 어느 노인이 나누어준 쪽 복음으로 담배를 말아 피다가 사망하자 그 노인을 살리는 기적을 행하기도 했다. 이 일로 최봉석 집사는 3개월 동안 그곳에 머물면서 복음을 전하고 교회를 세웠다.

최봉석 집사는 1908년 평북노회에서 전도사가 된 후 그해 삭주의 이웃 군(郡)인 창성군의 벽동교회 조사로 부임했다. 이곳에서 노루에게 복음을 전한 이야기는 그 후에 많은 사람에게 회자(回刺)되기도 했다. 또한 일본군 연대장에게 '예수 천당' 소리를 질러 연대장이 말에 떨어져 기절한 것을 보고 일본 군인에게 "내가 기도하면 산다"라고 말한 후 기도해서 살려내기도 했다. 그는 1907년에서 1914년까지 7년간 벽동에서 지내는 동안 초인적인 이적을 많이 나타냈다. 이처럼 최봉석은 많은 병자를 치료했는데 특히 간질 환자를 많이 고쳤다. 그에게 이런 권능의 이적이 많이 일어나자 언젠가부터 사람들은 그를 최봉석 대신에 최권능이라고 부르기 시작했다.

4. 억지로 받은 신학교 졸업장

최권능 조사는 1908년에 평양신학교에 입학했다. 그러나 그는 신학교에서 기대하는 모범적인 학생이 아니었다. 전도하러 새벽에 나가면 잘 시간이 되어서야 돌아오는 아주 특별한 사람이었다. 전도하다가 수업 시간을 놓치는 경우가 많았고, 시험 때에는 시험을 잘 보게 해 달라고 성령님께 간절히 기도했지만 여전히 답을 쓸 수가 없었다. 그래서 그는 이렇게 중얼거렸다. "시험에는 성령님도 쩔쩔 매는구먼!"

1학년 때 성경 시험만 겨우 60점을 넘었을 뿐 조직신학이나 구약, 신약은 모두 낙제 점수였다. 어느 날 마포삼열 교장이 교내의 골칫거리가 된 최권능 조사를 불러 주의를 시켰지만 '우글거리는 마귀는 예수탄을 쏴야지 다른 총알 가지고는 안 된다'는 확고한 신념은 변함이 없었다. '신학탄'은 비둘기에게 콩알 쏘는 것밖에 안 되니 '예수탄!!! 예수 천당! 땅! 땅! 땅!'을 쏘아야 한다고 생각한 것이다.

1911년 최권능 조사는 졸업반이 되었다. 그러나 그동안 교수들과 동료들의 충고도 아랑곳하지 않고 백지를 내거나 점수를 줄 수 없는 답안지를 내놓는 최권능 조사에게는 학교도 어쩔 수가 없었다. 결국 1911년에 낙제, 1912년에도 낙제, 1913년에도 낙제하였다. 3년째 낙제가 결정되자 최권능 조사는 교무실을 찾아갔다. 드릴 말씀이 있다고 하고는 갑자기 **"교수님들, 기도합시다. 하나님 아버지, 감사합니다. 저 같은 미물을 예수 믿게 하셨고, 또 신학교에 와서 공부하게 하셨고,**

이번에 또 낙제가 되었습니다. 졸업을 못했습니다. 저는 기도하고 전도하는 일에 바빠서 공부를 못 하고 3년째 낙제를 했습니다. 그러니 어느 세월에 목사가 되겠습니까? 여기 많으신 교수님들의 마음을 감동시켜서 저에게도 졸업장을 주시어 목사가 될 수 있는 길을 열어 주시기 바랍니다. 예수님의 이름으로 기도합니다. 아멘" 하여 교수님들이 모두 "아멘" 하게 만들고 그 "아멘"에 대한 책임을 물어 억지로 졸업장을 받았다. 드디어 1913년 8월 26일 최권능 조사는 평북노회에서 목사 안수를 받고 벽동교회의 위임목사가 되었다.

5. 만주에 쏘아올린 예수탄

목사 안수를 받고 벽동교회 위임목사로 시무를 시작한 최권능 목사는 1914년 아내가 그의 전도의 길에 도저히 합할 수 없는 형편이 되어 합의이혼을 했다. 그리고 그해 2월 4일 평북노회에서 최성주 목사와 함께 만주 지방의 전도목사로 파송 받아 만주로 건너갔다. 그 당시 만주는 상당수 교회가 설립되어 있었지만 종교적으로는 혼탁한 지역이었다. 불교와 기타 미신이 합착되그 갖가지 무속신앙이 결탁되어 있었다. 강냉이 한 가마니에 딸을 팔 정도로 가난한 환경에서 최권능 목사는 올챙이와 소똥 속의 콩을 먹으면서도 전도를 계속했다. 소똥 속의 콩을 먹은 후에도 **"예수님, 소똥에서 익은 콩이 나왔습니다. 이제는 힘이 났으니 복음을 전할 수 있는 곳에 데려다 주시옵소서"** 라고 기도하고는 다시 걸음을 옮겼다. 열악한 환경 중에도 그의 전도 열정은 식지 않아 만주에서 12년간 50여 개의 교회를 세웠다. 이로 인해 남만주노회장으로 피선되고, 개척 전도 공로 표창을 받기도 했다.

6. 평양에 뿌린 '예수 천당!'

최권능 목사는 12년 동안의 만주 전도를 마치고 1926년에 평양으로 돌아와서 복음을 전하기 시작했다. 평양 거리는 이제 최권능 목사의 '예수 천당' 소리로 날이 밝게 되었다. 새벽 4시마다 들려오는 '예수 천당'의 외침은 생명길을 알리는 새벽 첫 닭의 울음소리였고 나라 잃은 평양 시민들의 멍든 가슴을 후련하게 하는 청량제였다. 그는 전도 현장에서 만나는 교역자들이 "나도 목사요", "나도 전도사요" 하면 그 말이 떨어지기도 전에 **"벙어리"** 하면서 **"송장이 수의(壽衣) 입고 다니는 것 같구나! 어서 전도하시오"**라고 외치기도 했다. 하루는 머리 좋고 설교 잘하는 채필근 목사가 지나가는데 최권능 목사가 큰 소리로 '예수 천당' 하고 소리를 질렀다. 깜짝 놀란 채필근 목사가 "나 채 목사요"라고 하자 **"목사는 목사지만 뻘지(벙어리) 목사요"**라고 하였다.

최권능 목사는 거리를 다니면서 큰 소리로 찬송 부르기를 좋아했다. 한번은 "예수 사랑하심은 거룩하신 말일세"를 큰 소리로 부르며 지나가자 일본 경찰이 시끄럽다고 소리를 쳤다. 그러자 **"자동차가 뿡**

뽕 울리는 소리는 시끄럽지 않고 내가 부르는 찬송 소리는 시끄럽다는 말이오? 당신들은 교통사고를 막기 위해서 자동차 소리를 그냥 놔두지만 나는 지옥으로 가는 영혼들을 사고에서 구하기 위해 찬송 소리를 내는 것이오."

한번은 시집가는 색시의 가마를 가마꾼들이 메고 가는데 너무 빨리 가니 최권능 목사가 따라갈 수가 없었다. 꾀를 내어 소리를 지르기를 "여보, 잠깐만! 큰일났소"라고 했다. 가마가 멈춰서니, 따라간 최권능 목사가 가까이 가서 가마문을 들고 색시를 들여다보면서 **"시집만 가지 말고 예수!"** 하고 소리를 질렀다.

그는 기생집에 들어가서도 전도하고 남의 부엌에 들어가서도 전도했다. 그는 장로건 목사건 누구에게나 '예수 천당'을 외쳤다. 이러한 열정으로 평양에서 전도하여 2년간 3천 명의 구도자를 얻었다. 평양에서 남자 여자, 신자 불신자를 불문하고 최권능 목사의 전도를 몇 번씩 듣지 못한 사람은 없었을 정도였다. 최권능 목사가 '예수 천당'을 외치고 다니는 것을 가장 고맙게 생각한 사람은 길선주 목사였다. 길선주 목사는 **"최봉석 목사의 '예수 천당' 소리가 멈추는 날 한국의 예루살렘인 평양이 망한다"**라고 하여 최봉석 목사를 격려하며 돌보아 주었다. 1927년에는 얼마 안 되는 사례비가 산정현교회에서 나왔다.

7. 신사참배를 반대하여 감옥에 갇히고

1937년 일본의 신사참배 강요로 신사참배를 반대하는 기독교 계통의 학교들이 문을 닫기 시작하였다. 1938년 평북노회는 김일선 목사 중심으로 신사참배를 가결하였다. 이때 신사참배를 하기로 가결한 데 공이 큰 김일선 목사는 형사 출신의 목사였다. 이에 장홍련이라는 신학생은 평양신학교 뜰에 있는 김일선 목사의 기념식수를 베어버렸다. 1938년 총회가 신사참배를 공식적으로 가결하자 최권능 목사는 공개적으로 이를 반대했다. 결국 그는 지명수배를 받았고 주위의 충고로 잠시 서해의 평북 선천국 신미도란 섬에 숨어 있었다.

그러다가 5월 15일 일본 형사에게 체포되어 평양경찰서에 수감되었다. 그곳에는 이미 오윤선 장로, 채정민 목사, 주기철 목사가 신사참배 거부의 고문을 신앙으로 이기고 있었다. 최권능 목사 역시 그곳에서 말할 수 없는 혹독한 고문을 받았다. 그러나 그의 육체는 가둘 수 있지만 예수 천당을 부르짖는 그의 영혼은 가둘 수가 없었다. 그는 그곳에서도 일본 왕도 예수를 믿어야 지옥을 면한다고 전도를 하며 예수 천당을 부르짖었다.

일본 경찰이 내세운 최권능 목사의 죄목은 다음과 같았다.
① 독립운동을 하였다.
② 일본 천황을 무시하고 하나님을 높였다.

③ 선교사인 미국인과 연락하여 비밀 공작을 했다.
④ 예수가 재림하고 천년왕국이 임한다는 것을 강조했다.
⑤ 교인들을 선동하여 민심을 소란케 하고 항일 사상을 선전하였다.
⑥ 교회의 원로로서 후배들에게 신사참배를 못 하게 하고 신사참배 하는 사람들을 괴롭혔다.

8. 순교

최권능 목사는 1944년 3월 1일을 기해 40일 금식기도를 시작하였다. 면회 온 가족들에게 "애들아, 집에 가서 날 위해 기도해야 한다. 그리고 금식기도가 끝나는 4월 10일까지 누구도 면회 오지 말고 함께 기도해 다오." 그날 가족들이 가져온 면회 음식은 모두 죄수들에게 나누어주었다. 그러나 70이 넘은 고령에다가 고문의 후유증을 몸이 이기지 못하고 병으로 쓰러져 1944년 4월 2일 병보석으로 석방되었다. **"조선 예수교 장로교 목사 최권능은 몸이 극도로 쇠약해서 건강해질 때까지 집에서나 병원에서나 건강이 회복될 때까지의 기간으로 한정하여 보석을 허락하는데 보석 중에 어디서나 전도하는 일을 절대 금지한다"**는 경고와 함께 출감한 것이다. 그러나 그의 몸은 고문으로 이미 임종에 가까웠다.

그는 평양형무소에서 기독병원으로 석방되어 가족들의 따뜻한 간호를 받으며 찾아오는 교우들을 다 만나 보다가 1944년 4월 25일 오후 1시에 가족들과 산정현교회 성도들이 지켜보는 가운데 **"하늘에서 전보가 왔구나. 나를 오라고 하신다"** 하면서 찬송가 "고생과 수고 다 지나간 후"를 부른 다음 세상을 떠나 하나님의 품으로 옮겨갔다. 그의 나이 75세, 주기철 목사가 순교한 지 4일 후였다.

해방 후 1946년 산정현교회는 그의 순교기념비를 건립하였다.
"순교자는 말이 없어라. 그래서 더 눈부신 빛깔 잠든 영혼을 일깨우네……그날 그 노을빛 언어 오늘은 사랑의 핵이 되어 우리의 얼 깊은 곳에서 빛무리로 폭발하여라."

9. 맺는말

최권능 목사의 별명은 '예수 천당', '미친 사람'이었다. 다른 사람들이 미쳤다고 할 때 "예수에 미친 사람, 이 얼마나 자랑스러운 면류관이란 말인가?" 하며 오히려 자신이 받기에 과분한 평가라고 여겼다. 매를 때리면 담요에서 먼지가 나오듯 '예수'가 나온, 예수 향기 가득했던 사람. 그는 예수 외에는 다른 것이 없었다. 예수로 인해서 핍박받았고, 예수로 인해서 기뻤고, 예수로 인해서 순교한 행복한 하나님의 사람이었다.

추양(秋陽) 한경직 목사

아무 말 없으셔도/ 무슨 일 안 하셔도/ 당신은 우리의 힘이셨습니다

한 사람을 만인만큼 소중하게 / 만인을 한 사람 대하시듯

어떤 요구에도 거절 못 하시고/ 누구의 의견에도 손들어 주시고

단 한 사람에게도 섭섭함 주신 일 없으신

한국의 성자여/ 한국의 작은 예수여

모든 것 가지고도/아무것도 없으신 가난한 목자

아무것도 없으면서/ 모든 것 다 가지신 사랑의 목자

우리가 오늘 여기 이토록 슬픈 것은

당신이 주님 곁에 가심이 싫어서가 아니오

당신을 영원히 우리 곁에 두고 싶어서도 아닙니다

아무리 둘러봐도/ 당신 같은 사람은 하나도 없고
당신 같은 스승은 하나도 없고
당신 같은 목자는 하나도 없는
이 텅빈 세상이 너무 슬퍼서입니다.

한경직 목사 1주기 추모식에서 안산제일교회 고훈 목사가 낭독한 시이다.

20세기가 마무리되고 새 밀레니엄을 준비하던 2000년 4월 19일 한국 교회는 큰 슬픔에 잠겼다. 이 시대의 사표(師表)라고 할 수 있는 한경직 목사가 별세한 것이다. 고(故) 한경직 목사는 한국 교회 역사에서 빼놓을 수 없는 인물이며, 한 시대를 대표할 수 있는 목회자요 신학자이다. 또한 한경직 목사는 우리나라 근대화를 함께해 온 국가의 지도자로 손꼽히는 인물이다.

한경직 목사가 남긴 말씀 중에 지금도 목회자들 사이에 회자(回刺)되는 이야기가 있다. 한국 교회의 지도자라고 할 수 있는 중진 목회자들을 향해 **"목사님들, 예수 잘 믿으세요"**라고 말한 것이다. 목회자들은 영적인 지도자들이다. 그런데 이들이 예수를 잘 믿으라는 말을 듣는다는 것은 수치스러운 일임에 분명하다. 그러나 그때 그의 말을 가슴에 담은 사람들은 목회 현장에서 눈물과 피를 흘리고 있으니 명언 중의 명언이다라 하겠다. 직분을 넘어 예수 믿는 우리 모두는 정말 예수를 잘 믿어야 한다.

한경직 목사 별세 10주년을 맞이해서 2010년 4월 숭실대학교 기독교 박물관에서는 유품 전시회를 했다. 최병현 숭실대 박물관장은 **"한경직 목사님 10주기 추모 유품전을 준비하면서 영락교회 등으로부터 인계된 목사님의 유품을 보고 매우 당혹스러웠습니다"**라고 했다. 내세울 만한 유품이 없었기 때문이다. 그러나 그는 **"내세울 만한 유품조차 없어 어떻게 전시회를 꾸밀까 걱정했는데, 바로 이것이 자신의 이름으로 된 집 한 채, 통장 하나 소유하지 않았던 한 목사님의 진면목이었다"**라고 하며 **"그분이 세상에 남긴 건 오직 참사랑의 정의였다"**라고 설명했다. 남긴 것으로 보면 보잘것없는 사람처럼 보이지만 그는 위대한 영적인 유산을 우리에게 남겼다.

필자는 지난 2월에 안식주간을 얻어 경기도 가평에 있는 어느 공동체에서 묵상 훈련을 받은 적이 있었다. 훈련 중 액자에 담겨 벽에 걸린 글씨 하나가 눈에 들어왔다. **'네가 어디 있느냐?'** 그것은 한경직 목사가 '1970년대 정신 혁명 전도대회'를 마치고 남한산성 자택에서 쓴 친필 휘호였다. 글씨는 왼손으로 쓴 것처럼 명필은 아니었지만 한경직 목사의 유품으로서 그를 사랑하는 사람들은 모두 걸어놓고 있었다. 명품 같은 인생을 살았기에 그의 글씨도 명품이 된 것이다.

1992년, 종교 분야의 노벨 상이라는 템플턴 상을 수상하는 자리에서 **"저는 신사참배를 했습니다. 저는 죄인입니다"**라는 뜻밖의 회개 고백을 한 사람. 그때 받은 상금 102만 달러를 그 자리에서 전액 북한 선교 기금으로 기탁해서 세상을 놀라게 한 사람. 그때를 기억하며 **"나도 1분 동안 백만장자가 되어 봤다"**라며 농담을 할 줄 알았던 사람.

이제 그의 소중한 삶의 여정을 따라가 보자.

1. 어린 시절

한경직(韓景職, 1902-2000) 목사는 1902년 12월 29일(음력)에 평안남도 평원군 공덕면 간리에서 가난한 농부 한도풍 씨와 청주 이씨 사이의 맏아들로 태어났다. 위로는 누나 한 분과 아래로 동생 두 명이 있었다. 호적에는 경직(景職)으로 올렸으나 어릴 때 이름은 '장수'였다. 범 같은 장수가 되길 바라는 마음에서 아버지가 그렇게 불렀다. 공덕면 간리는 평양에서 동북쪽으로 100여 리쯤 떨어져서 위치해 있는 작은 마을인데 한경직 목사가 태어나기 7년 전인 1895년 어느 날 마펫 선교사와 그의 동역자인 한석진 조사에 의해서 복음이 이 마을에 전파되었다. 그 후 마을 청년들에 의해 돌배밭 위에 자작교회가 세워졌다. 이때 온 동네가 예수를 믿으면서 한(韓)씨 가문도 20여 가구가 믿게 되었다.

한경직 목사의 부친은 타고난 성품이 인자하고 부지런하고 성실하였다. 그래서인지 한경직은 아버지에게 딱 한 번 책망을 받았다고 한다. 어릴 때 홍역이 유행할 때 어린 두 동생이 심하게 앓았다. 아버지는 동생을 위해서 한약을 달이셨는데 철이 없어 돌아다니던 한경직이 애써 달여 놓은 탕약 그릇을 발로 차 다 쏟고 말았다. 그때 아버지는 단단히 화가 나서 어린 한경직을 야단쳤다는 것이다. 그일 외에는 야단 맞거나 매 맞은 적이 없다고 한다. 어머니는 부지런한 분이었다. 그러나 한경직이 만으로 일곱 살 되던 해에 세상을 떠나서 어머니에 대한 많은 기억을 가지지 못했다.

2. 결혼

한경직의 부친은 어릴 때 부모를 여의고 집안을 일구느라 늦게 결혼했기에 아들들 만큼은 일찍 장가를 보내야겠다고 결심하셨다. 그래서 한경직의 나이 13세 때 김씨 문중의 15세 된 김찬빈과 결혼을 했다. 너무 이른 나이에 결혼을 해서 장가간 날이 며칠인지도 모르고 다만 추운 겨울날 정도로만 기억하였다. 하지만 부인은 어려운 살림을 잘 꾸려갔다.

당시 한경직의 집에는 시계가 없었다. 손목시계는 말할 것도 없고 벽걸이나 탁상시계도 없었다. 그런데 그의 아내는 학교에 늦지 않게 언제나 일찍 일어나 아침밥을 지어 주었다. 나중에 알고 보니 한경직의 집에서 건너다 보면 배위량(W. M. Baird, 裵緯良) 선교사 집이 있었는데 그 집의 식모가 5시 경이면 불을 켜고 일을 했다고 한다. 그의 아내는 그 집 주방에 불이 켜지면 그것을 보고 일어나 아침밥을 준비한 것이었다.

3. 소 팔아 오산학교로

한경직은 마포삼열 선교사가 세운 진광(眞光)소학교에 진학했다. 마을에 서당이 있어서 한문을 가르치기는 했지만 진광소학교는 성경, 찬송, 한국 역사 등 여러 가지 신학문을 가르쳤다. 한경직은 진광소학교에서 홍기주라는 선생을 만나서 그로부터 교육적인 영향을 받았다.

한경직의 가정은 자작농으로 겨우 양식이나 떨어지지 않고 사는 형편이라서 고등교육을 시킬 형편이 아니었다. 그런데 한경직을 지도하던 홍기주 선생과 우용진 조사가 한경직의 부친에게 **"경직이는 공부를 잘하니까 꼭 중학교에 보내야 합니다"**라고 설득을 했다. 결국 한경직의 아버지는 홍기주 선생, 우용진 조사와 고민한 끝에 고향에서 200리나 떨어진 오산학교에 아들을 진학시키기로 했다. 이 학교는 남강 이승훈 선생이 도산 안창호 선생의 영향을 받아 사업해서 번 돈으로 세운 학교였다. 한경직의 아버지는 아들 중학교 등록금을 마련하기 위해 한 마리밖에 없는 소를 팔았다.

당시 중학교는 4년제였는데 한경직은 2학년으로 입학해서 3년 만에 오산학교를 졸업했다. 한경직은 오산학교를 다니면서 설립자인 남강 이승훈 선생과 교장선생님이었던 고당 조만식 선생의 영향을 받았다.

오산학교를 다니던 한경직은 복습 시간에 공부를 하다가 졸음이 와서 기지개를 켜며 하품을 크게 했다. 그때 갑자기 문을 두드리는 소리가 나더니 조만식 선생이 들어왔다.

"방금 누가 하품을 했노?"

"제가 하품을 했습니다."

"그래, 공부하다가 하품을 할 수 있지. 하지만 지나가는 사람에게까지 들릴 정도로 큰 소리로 하품을 하는 건 무슨 버릇이냐? 그런 버릇은 고쳐야 한다."

그날 한경직은 어찌나 혼이 났는지 눈물이 쏙 빠질 정도였다. 그 후로 그는 하품할 때면 늘 조심했다.

한경직은 오산학교를 다닐 때 주일에는 오산교회에서 어린이를 가르쳤고, 공휴일에는 오산학생회에서 전도대를 조직하여 부근 농촌으로 다니며 전도했다. 오산학교 바로 뒤에는 송림(松林)이 있어 홀로 기도도 하고 친구들과 산책도 했다. 하루는 저녁 산책을 하던 학생 가운데 한 명이 담배를 꺼내 피우면서 한경직에게 피워 보라고 했다. 그래서 장난으로 한번 피웠다가 그 후 한 대씩 얻어 피웠다. 나중에는 얻어 피울 수만 없어서 조일(調日)이라는 담배를 한 갑 사서 몰래 방에 감추어 두었는데, 그때 마침 학생회 임원 선거에서 한경직이 자치과장(현재 규율부장)이 되었다. 양심에 가책을 받은 그는 숨겨둔 담배를 송림으로 가지고 가서 모두 버리고 왔다. 그리고 그 후로 담배를 피우지 않았다.

4. 세례를 받다

한경직의 나이 16세 때 3·1운동이 일어났다. 오산학교는 불타고 학교는 문이 닫혔다. 졸업식도 못하고 고향에 돌아온 한경직을 우용진 조사(자작교회)가 평양 남산모루교회에서 운영하는 학교의 교사로 추천해 주었다. 한경직은 그때까지 고향을 떠나 있어서 세례를 받지 못한 상태였다. 우용진 조사는 학교의 교사로 가려면 세례를 받는 것이 좋겠다고 하면서 마침 숙천읍의 이치수 목사가 평양 가는 길에 어파역에서 만나 세례를 받게 주선을 하였다. 한경직은 정확한 날짜는 기억하지 못하지만 어파역 근처 어파교회에서 목사님을 모시고 세례를 받았다.

5. 숭실대학에 진학하다

한경직은 평양 남산모루교회에서 운영하는 학교의 교사로 1년 정도 학생들을 가르치다가 여러 학부형과 학생들의 만류에도 불구하고 평양 숭실대학에 입학하였다. 숭실대학은 북장로교, 남장로교, 캐나다 장로교, 호주 장로교가 연합하여 세운 학교였다. 숭실의 교육은 철저하게 기독교 교육이어서 학생과 교수가 모두 예배를 드렸다. 공부하기 전에는 기도를 했으며, 주일에는 스포츠를 금하였고 금주와 금연도 철저히 지키도록 하였다. 한경직은 오산학교에서는 애국심을 배우고 숭실학교에서는 하나님 중심의 철저한 신앙을 배웠다.

당시 숭실대학에는 인문·과학·농업 등 세 과가 있었는데, 그중 한경직은 과학 분야를 선택하였다. 수학적 재능이 뛰어났고 수학을 좋아하였기 때문에 장차 과학자가 되려는 생각으로 이과를 선택한 것이다. 한경직은 과학 공부를 통해 신앙과 학문, 영성과 지성 중 하나에 치중하는 것이 아니라 둘 다 포용하고 균형을 추구하며, 나아가 이 둘을 통합하는 것의 중요성을 인식하게 된다.

한경직은 숭실대학에서 학생을 가르치면서 시골 교회를 순회하며 목회하던 방위량 목사의 비서가 되었다. 한경직은 주로 사무실에서 문서를 만들고 영어를 번역하며 각 교회에 인쇄물을 발송하는 일을 했다. 한경직은 여기서 영어도 배우고 서양 풍속도 배웠다. 훗날 방위량 목사는 한경직이 미국 유학을 가는 데 일등공신이 된다.

6. 은혜의 체험

숭실대학 3학년이던 1923년 여름, 한경직은 방위량 목사의 가족과 함께 황해도 구미포에 갔다. 구미포는 백사장이 아름다워서 여름이면 선교사들이 모여서 조용히 쉬기도 하고 공부도 했다. 한경직은 방위량 목사의 번역 작업을 돕기 위해서 따라간 것이다. 그러던 어느 날 저녁, 바닷가에서 혼자 산책을 하며 묵상을 하던 중 평생 잊을 수 없는 영적 체험을 하였다. 백사장을 걷다가 기도하고 싶어 모래밭에 꿇어앉아 기도하는데 하나님의 음성이 분명하고 똑똑히 한경직의 귀에 울렸다.

**"너는 장래에 이런 것도 저런 것도 할 수 있겠지만,
온전히 나에게 몸을 바쳐서 복음을 위해 살아라!"**

사실 한경직은 남강 이승훈 선생의 영향을 받아 현대 과학을 배우고 익혀 국가 발전에 이바지해야겠다는 생각으로 대학에서 화학을 전공했다. 그의 가슴에 교회에 대한 열정은 있었지만 목회에 대한 생각은 없었다. 그러나 그날 이후 한경직의 꿈은 완전히 달라졌다.

하나님의 부르심에 따라 모든 것을 하나씩 정돈해 나갔다. 신학을 공부하려면 역사와 철학을 공부해야 하는데 어떻게 할까 고민하다가 하나님이 도와주시면 미국에 가서 다시 대학을 다녀야겠다고 생각했

다. 그리고 그러한 문제를 방위량 목사에게 상의하자 방위량 목사가 미국 캔자스(Kansas) 주에 있는 엠포리아 대학(Emparia State University)에서 1년 과정으로 철학이나 역사를 공부할 수 있도록 주선해 주었다.

7. 평생 갚아야 할 100원

어렵게 미국행 여권은 손에 쥐었지만 돈이 문제였다. 방위량 목사는 안식년으로 미국으로 들어가고 없었다. 하는 수 없이 남강 이승훈 선생을 찾아가서 사정을 이야기하자 편지 두 장을 써 주었다. 한 통은 윤치호에게 쓴 것이었고, 다른 한 통은 이름만 대면 알 만한 유명 인사에게 쓴 것이었다. 유명인사는 편지를 읽더니 거절했다. 그러나 윤치호는 편지를 다 읽더니 몇 가지를 묻고는 100원을 주었다. 100원은 그 당시 큰 돈이었다. 한경직이 너무 감사해서 **"제가 앞으로 이것을 갚으려 합니다"**라고 하자 윤치호는 평생 잊지 못할 말을 했다.

"아니, 나에게 갚을 것 없다. 이다음에 다른 사람들한테 갚아라."

이후 한경직은 목회하면서 교육이나 복지를 위한 사업을 할 때 윤치호가 들려 준 그 말씀을 따라 받은 은혜를 다른 사람에게 갚는다는 생각으로 했다.

8. 미국 유학 시절

윤치호가 한경직에게 준 100원은 일본 요코하마에서 샌프란시스

코까지 가는 3등선 배값이 되었다. 미국에 도착한 한경직은 미국 장로교 계통의 대학인 엠포리아 대학에서 역사, 철학, 심리학을 공부함으로써 목회자로서의 기본 소양은 물론 통전적 교육자로서의 폭넓은 관점을 갖게 되었다. 1년 공부 기간 동안 학교 측의 배려로 전액 장학금을 받아 학비를 해결했으며, 아르바이트도 할 수 있었다. 드디어 1926년 엠포리아 대학에서 문학사 학위를 받고 미국의 역사적인 대학 가운데 하나인 프린스턴 신학교에 입학했다.

프린스턴 대학은 하나님의 주권을 강조한 칼빈의 사상을 철저하게 따랐던 조나단 에드워즈(J. Edwards) 목사가 설립했다. 에드워즈는 **"하나님을 믿지 않는 죄인은 하나님의 손에 잡혀 지옥 불 위에서 대롱거리는 조그만 벌레와 같으며 이 죄인은 얼마 후 지옥 불에 떨어지게 될 것이다"**라는 설교를 해서 사람들을 공포에 질리게 했다. 그는 교회가 발전하려면 좋은 목사를 양성해야 한다고 생각하고 락 칼리지(Rock College)를 세웠고, 학교가 훗날 지명(地名)을 따라 '프린스턴'으로 개명되었다.

프린스턴 신학교는 미국 장로교회의 가장 전통 있고 우수한 신학교로서 이미 백낙준 박사와 박형룡 박사가 이곳에서 공부하였고, 송창근 목사와 김재준 목사도 이 학교에서 공부하였다. 프린스턴 신학교 재학 시절 한경직 목사는 선교학을 가르쳤던 스티븐슨(J. R.

Stevenson) 교장을 비롯하여 교회사 교수 레처(T. W. Laetcher), 성서학 교수 어드만(Eardman), 희랍어 교수 메이첸(Macher.) 등의 영향을 받았다.

한경직은 프린스턴 신학교를 다닐 때 학교에서 150달러의 장학금을 받았고 북장로교 교육부에서 매년 150달러를 꾸었다. 나머지는 매년 여름 아르바이트를 해서 학비를 충당했다. 북장로교 교육부에서 빌린 돈은 신학교 졸업 후 10년간 목회 생활을 하면 자연히 탕감을 받게 되어 있었다. 그러나 목회 대신 다른 일을 하면 이 돈은 반드시 갚아야 했다. 한경직은 귀국 후 신의주에서 목회를 할 때 북장로교 교육부로부터 빌린 돈이 탕감받았다는 통지를 받았다.

프린스턴 신학교 교회사 레처(T, W. Laetcher) 박사는 교회사와 교수(教授)에 아주 능했다. 강의 때마다 수백 페이지의 책을 읽어 오라고 하고는 아무나 불러서 질문을 했다. 한번은 예정론과 자유의지론에 대해서 강의를 하는데 한 학생이 졸자 일으켜 세워 그 문제에 대해서 질문을 했다. 학생은 졸다가 당황하여 **"교수님! 제가 어제 저녁에는 알았는데 지금은 다 잊어버렸습니다"**라고 하자 레처 박사는 **"여러분, 우리 교회 역사상 큰 비극이 일어났습니다. 예정론과 자유의지론에 대해서는 교회 역사상 어떤 신학자도 깨달아 아는 사람이 없는데, 저 학생이 어제 저녁에는 알았다가 오늘 아침에 잊어버렸으니 이런 슬픈 일이 어디 있겠습니까!"**라고 재치있게 대답했다.

9. 보수와 진보의 길림길에서

19세기 자유신학의 풍조가 미국 북장로교뿐만 아니라 미국 개신교 전체를 흔들어 놓는 신학적 논쟁을 유발하였다. 역사적인 신조를 고수하려는 보수적인 복음주의 신학과 진보 성향의 자유 신학이 양립했다. 이때 한경직의 스승인 메이첸은 보수주의의 대표적인 인물이었다. 후에 프린스턴 신학교가 분열의 길을 가던 1929년 5월 한경직은 졸업을 했고, 그해 여름 메이첸을 중심으로 한 보수주의 신학자들은 프린스턴을 떠나 필라델피아에 웨스터민스터 신학교를 세웠다.

한경직은 프린스턴 신학교가 성서비평학 문제로 둘로 나뉘어 결국 웨스트민스터 신학교로 분립되어 나가는 것을 보면서, 복음적 신앙의 중요성과 함께 교회 연합을 강조하는 에큐메니컬 운동의 중요성을 절감했다. 이러한 프린스턴에서 학업과 경험은 후에 '중도 목회', '중용 목회', '복음적·에큐메니컬 목회'의 원칙을 세우는 터전이 되었다.

10. 폐결핵

한경직은 프린스턴 신학교 졸업을 앞둔 1929년, 한국에 돌아가 목회를 할 것인지, 미국에서 다른 대학원에 들어가서 공부를 계속할 것인지를 놓고 고민하였다. 그 당시는 일제 식민지 시대였기에 한국에 돌아가면 다시 나오기가 어려웠으므로 한경직은 예일 대학에 가서 교회사를 전공하여 박사 학위 공부를 계속하기로 결심했다.

그러나 대학원 입학원서를 내고 합격 소식을 기다리던 한경직은 폐결핵 진단을 받았다. 그 당시 폐결핵은 수술이 불가능하여 자연요법으로만 치료를 할 수 있었다. 그러므로 폐결핵 2기의 진단은 그에게 사형 선고나 다름이 없었다. 의사는 그에게 더 이상 소망이 없다고 통보했다.

폐병 진단을 받은 한경직이 미시간 주의 베틀 크릭(Battle Creek) 요양소에 있을 때 때마침 휴양 차 방문한 피터슨(Peterson) 미국결핵협회장의 도움으로 미국 뉴 멕시코 주 알버커키 시에 있는 알버커키 전문 결핵 요양원에 입원할 수 있었다. 이곳은 장로교 요양병원으로 장로교 학교인 프린스턴을 졸업한 한경직은 입원하기에 충분한 자격이 되었다. 피터슨의 도움으로 무료 진료 혜택까지 받고 입원을 했다. 한경직은 이곳에서 눈물로 침상을 적시며 하나님을 붙잡았다.

"하나님! 제가 남의 도움으로 17년을 공부했는데 이렇게 죽으면 어떻게 합니까? 살든지 죽든지 주를 위해 살겠으니 3년간만이라도 일할 수 있게 해주세요."

한경직은 알버커키 요양원에서 2년을 요양하고 퇴원했는데 퇴원할 때는 체중이 66kg으로 늘었고 완전히 회복되었다.

11. 귀국

1925년 윤치호 선생이 쥐어 준 100원을 들고 유학을 떠난 지 7년 만인 1932년에 한경직은 귀국했다. 귀국한 한경직의 머릿속에는 세 가지 문제가 자리 잡았다. 하나는 어떻게 하면 이 민족에게 복음을 전하여 예수 믿게 할 것인가? 두 번째는 어떻게 하면 농촌을 개발하여 이들의 생활을 향상시킬 것인가? 셋째는 일제 치하의 조국을 어떻게 해방시킬 것인가 하는 것이었다.

목사도 전도사도 아닌 청년으로 평양에 돌아온 한경직에게 조만식 선생은 숭인상업학교에서 성경과 영어를 가르치도록 했다. 그러나 일제가 한경직의 교원 인가(교사 자격증)를 취소하는 바람에 숭인상업학교 교사 생활은 길지 못했다.

12. 신의주 제2교회 담임목사로

한경직은 숭인상업학교 교사를 하면서도 주일이 되면 작은 교회의 강단을 맡아 설교를 하곤 했다. 숭인상업학교를 그만두자 방위량 선교사는 안주입석교회를 추천했고, 신의주 제2교회 김기범 장로는 직접 집까지 찾아와 담임목사로 와 줄 것을 부탁했다. 고민하던 한경직이 지인들을 찾아가서 조언을 구하자 **"평양이 한국 기독교의 중심인 만큼 평양에서 목회를 해야 전국적으로 영향을 줄 수 있다"**라고 하며 평양에 남을 것을 권고했다. 이런 생각은 예나 지금이나 비슷한 것 같다. 그러나 그 어디나 하늘나라라고 믿고 찬송한다면 내가 있는 곳이 지구의 중심이 아닐까!

한경직은 고민하며 기도하다가 예순의 김기범 장로가 겨우 서른밖에 안 된 자기를 찾아와서 **"우리 신의주교회는 3~400명 모이는 작은 교회입니다. 예배당도 없습니다. 우리 교회는 아무것도 없습니다. 오면 일만 실컷 해야 합니다. 그러나 함께 일할 청년들은 많습니다. 그 많은 젊은이들의 신앙을 지도하려면 청년 교역자가 필요합니다. 꼭 우리 교회로 와 주십시오"** 라고 겸손하면서 솔직하게 말한 신의주 제2교회가 끌렸다. 그리하여 한경직은 지인들의 만류에도 불구하고 1933년 9월 신의주 제2교회로 부임한다. 부임할 자리가 담임목사였지만 그 당시 한경직은 전도사 신분이었다.

13. 소중한 동역자 최반석 권사

목회의 경험이 없었던 한경직에게 심방을 가르쳐 준 사람이 최반석 권사이다. 최 권사는 육순의 어르신이었는데 성도들의 얼굴도, 집도 모르는 한경직을 데리고 다니며 얼굴을 익히게 해주었다. 최 권사는 심방을 하고 나올 때 절대 뒤돌아보는 법이 없었다. 한번은 한경직이 궁금해서 물었더니

"뒤돌아보면 돌아서서 이야기하고 돌아서서 이야기하고, 시간이

많이 걸립니다. 우리는 많은 집을 심방해야 하는데 한 집에 너무 오래 지체하면 곤란합니다."

한경직은 최반석 권사를 통해서 심방에 대한 노하우를 익혀 나갔다.

14. 신의주 제2교회를 건축하다

늘어나는 성도를 감당할 수 없게 되자 예배당을 건축하기로 했다. 다행히 한경직 목사의 전임 목사였던 최명준 목사가 380여 평의 땅을 준비해 두었기에 건축비만 준비하면 되었다. 예배당 건축은 2만 원(1981년의 화폐 가치로 보면 약 2억에 해당) 정도가 드는 큰 공사였지만 올해 만 원을 헌금하고 내년에 만 원을 헌금하면 2~3년이면 건축 빚을 다 갚을 수 있을 것이라 생각되어 건축하기로 한 것이었다. 그러나 올해 만 원의 건축헌금을 하려고 하니 막막했다. 그때 교인들의 작정헌금이 만 원이 되려면 김기범 장로가 2천 원은 헌금을 해줘야 한다고 주장했다. 돌아오는 주일에 제직회를 하면서 작정을 선포하려면 "김기범 장로님이 건축헌금 2천 원을 작정하셨습니다"라고 해야 하는데 과연 2천 원을 작정하실지 걱정이 많았다. 고민하던 한경직은 토요일 저녁에 김기범 장로를 찾아가서 그의 생각을 물어 보았다. 그러자 천 원을 하겠다는 것이었다. 천 원도 큰 돈이었지만 성도들이 말하는 금액은 2천 원이었으므로 욕심을 부려 말을 했다.

"장로님! 다른 사람들이 하는 말을 들어 보니, 만 원 헌금을 하려면 장로님이 2천 원을 하셔야겠다고 합니다."

평소 아버지 같은 분이라서 담대히 말씀을 드렸다. 장로님은 눈을 감고 잠시 생각을 했다. 아마 그 순간은 한경직에게 가장 긴 시간이었으리라. 눈을 뜬 김기범 장로는 **"그렇다면 내가 2천 원을 하지요"** 라고 말하는 것이 아닌가. 한경직은 얼마나 기쁜지 춤이라도 추고 싶었다.

다음날 제직회를 통해 각자 직분에 맞게 작정을 했다. 1,000원, 500원, 300원……. 그렇게 하여 1만 원이 넘었다. 한경직은 500원을 작정했다. 그때 월급이 80원이었으니 6개월치 생활비를 작정한 것인데 매월 20원씩 2년에 걸쳐서 작정한 헌금은 완납했다.

건축은 일사천리로 진행되었다. 부족한 경비를 충당하기 위해서 전문가가 해야 할 일을 빼고 모든 일을 교회 성도들이 직접 해냈다. 하루는 심방을 다녀오니 김정선 권찰이 **"젊은이들은 벽돌도, 모래도 실어 나르고 돈도 바치는데 나는 바칠 것이 없습니다. 나 같은 노인이 건축을 위해서 할 수 있는 일이 있으면 좋겠습니다"** 라고 말하는 것이 아닌가. 그때 공사장에는 둘이 필요했다. 한쪽에 펌프가 있었는데 펌프질을 해서 물탱크에 물을 채우는 일을 맡겼다. 김정선 권찰은 날마다 출근해서 물탱크가 철철 넘치도록 물을 가득 채웠다.

온 성도들의 정성과 사랑으로 1934년 11월 11일 기쁨과 감사의 입당 예배를 드렸다.

신의주 제2교회 건축 이야기를 했으니 서울 영락교회 건축에 담긴 이야기도 하자. 새에덴교회 소강석 목사의 책《교회의 영광을 회복하라》를 보면 한경직 목사가 서울 영락교회를 건축할 때의 이야기가 나온다. 그 당시 서울 영락교회는 일구어 놓은 재산을 다 북에 두고 신앙의 자유를 위해서 온 사람들이 대부분이었다. 그들이 서울 영락교회라는 공동체에서 위로를 받고 신앙생활을 하고 있었는데 당시 주일 낮 평균 성도들이 약 158명 정도 출석하고 있을 때 한경직 목사가 주일 낮에 광고를 했다.

"여러분! 이제 우리도 성전을 건축해야겠습니다. 그래서 다음 주일에는 성전 건축헌금을 작정하려 합니다. 그러니 특별히 다음 주일에는 10일 먹을 것만 남겨 놓고 모든 재산을 하나님께 드릴 수 있는 분만 교회에 나오시기 바랍니다. 여러분! 우리가 왜 북에서 남으로 왔습니까? 무엇 때문에 북에 있는 모든 것을 버리고 서울에 왔습니까? 이유는 하나, 하나님을 자유롭게 섬기기 위해서 그런 것 아닙니까? 비록 우리의 형편이 어렵더라도 교회부터 지읍시다. 그리고 하나님을 잘 섬겨 봅시다. 그러면 하나님이 우리를 반드시 책임져 주실 것입니다."

다음 주일에 152명이 나왔고, 그들 100%가 건축헌금을 드리기로 작정을 했다. 그중 40여 명은 한경직 목사의 말대로 10일 것만 남겨 놓고 가진 것 전부를 하나님께 드렸다. 그리고 그때 헌신했던 40여 명의 사업장은 1970년도에 우리나라 우수 기업 200위 안에 들어가는 복을 받았다고 한다.

15. 버려진 고아들을 위해서 보린원(保隣院)을 세우다

아버지는 폐병 3기, 어머니는 아들을 업고 집을 나갔고 복순이는 철길에서 놀다 다리가 잘렸다. 불구의 몸을 지닌 불쌍한 고아 김복순은 한경직에게 고아원을 설립하게 만드는 원인 제공자가 되었다. 김복순의 아버지가 죽자 고아가 된 어린아이를 어떻게 해야 하는가를 고민하던 한경직은 여기저기서 모금하여 5천 원을 들여서 집을 장만하고 고아원을 설립하기에 이른다. 그리고 그 이름은 **이웃끼리 서로 돕는다는 의미인 '보린원'**으로 했다. 보린원을 설립한 한경직에게는 남다른 아픔이 있었다.

한경직이 미국으로 유학을 떠난 지 몇 달 후에 부인 김찬빈이 아들을 낳았다. 그러나 그 아이는 태어난 지 1년이 되지 않아 당시 유행하던 뇌막염에 걸리고 말았다. 김찬빈은 아이를 업고 높은 산을 넘어 20리 길을 걸어 숙천읍에 있는 병원에 가서 진단을 받았는데 더 큰 병원으로 가라고 하여 평양까지 갔으나 의사가 고칠 수 없다고 했다. 김찬빈은 낙심하여 기차역으로 갔지만 기차가 끊겨 밤을 새는 동안에 아들이 죽고 말았다. 김찬빈은 죽은 아기를 업고 울며 불며 고향으로 돌아왔다. 자식을 가슴에 담은 한경직의 아픔이 고아를 불쌍히 여기는 마음이 되어 보린원을 시작하게 된 것이 아닐까!

보린원을 시작은 했지만 유지가 문제였다. 그래서 한경직은 상해까지 다니면서 모금을 했다. 보린원을 위해서 많은 사람들이 힘을 보탰다. 그러나 간혹 도울 힘이 있는데도 불구하고 거절하거나 차일피일 미루다가 돕지 않는 사람들도 만났다. 그때마다 한경직은 그들을 향해 섭섭한 마음을 갖지 않으려고 노력했다. 해방 후 이북이 공산당 천하가 되자 많은 사람들이 빈손으로 피난했다. 한경직도 서울로 피난했을 때 보린원을 도왔던 사람들을 통해서 이런 말을 들었다.

"목사님, 제가 이북에 있을 때 보린원을 위해 쓴 돈이 가장 보람 있게 쓴 돈입니다. 그때 목사님께서 제게 와서 보린원을 위해 돈을 내라고 말씀하신 것을 생각하면 지금도 얼마나 감사한지 알 수 없습니다."

그런가 하면 이런 사람도 있었다.

"목사님, 면목이 없습니다. 그때 목사님께서 고아원을 위해 조금 도우라고 간절히 부탁했을 때 제가 돕지 않았지요. 그걸 생각하면 지금도 얼마나 부끄러운지 모릅니다. 그때 도왔다면 얼마나 좋았겠습니까? 그때는 제가 눈이 어두워서 도와드리지 못했어요. 목사님, 용서하세요."

그때마다 한경직은 마태복음 6장 20절 말씀을 기억했다.
"오직 너희를 위하여 보물을 하늘에 쌓아 두라 거기는 좀이나 동록이 해하지 못하며 도둑이 구멍을 뚫지도 못하고 도둑질도 못하느니라."

물질이란 하나님께서 주실 때도 있고 거두실 때도 있으니 값지게 쓸 기회를 놓치면 평생 후회한다. 그래서 돈을 똥이라고 했나 보다. 똥은 모아두면 냄새가 나지만 흩어 뿌리면 거름이 되기 때문이다.

16. 신사참배(神士參拜)에 대한 뜨거운 논쟁

일본은 일본과 조선이 한 몸이라는 '내선일체'(內鮮一體)을 주장하면서, 조선인이 완전히 변하여 일본인이 되어야 하기에 황국신민(皇國臣民)을 선언하고 신사참배를 해야 한다고 주장했다. 낮 12시가 되면 예배를 드리는 중에도 묵념을 해야 했고, 학교에서는 매일 황국신민서사(皇國臣民誓詞)를 낭독해야 했다.

"신사참배는 우상에게 절하는 것이 아니라 한 국가의 형식이요 의식이니, 일본 국민이 된 사람은 누구나 신사참배를 해야 한다. 참배란 머리를 약간 숙이는 것이다." 일본은 이렇게 말하며 신사참배를 강요했다. 신사참배를 반대하는 학교는 거의 문을 닫았고 교회 역시 탄압을 받기 시작했다. 평북노회가 최초로 신사참배를 가결했고, 1938년 9월 9일 평양 서문밖교회에서 열린 제27회 총회에서 신사참배가 가결되었다. 각본대로 평양노회장 박응율이 신사참배를 제안하고, 평양서노회장 박임현이 동의를 하고, 안주노회장 길인섭이 재청을 하였다. 그때 블레어 선교사가 일어나 반대 발언을 하려 하였으나 일본 경찰에 의해 제지당했다. 총회장 홍택기는 신사참배가 가결되었다고 선언했다. 총회에서 신사참배 결의를 한 후, 평양기독교친목회장 심익현 목사가 즉시 신사참배를 실행하자고 발의했다. 그러나 노회장 23명만 총회를 대표하여 부회장 김길창의 인솔로 평양신사를 참배하였다. 그때 신의주 제1교회를 담임하던 윤하영 목사도 노회장으로 참석하였다.

17. 가장 부끄러운 일, 신사참배(神社參拜)

신사참배의 협박이 몰아칠 때 한경직은 두 가지를 들어 반대했다. 첫째는 신사참배가 국가의식이라고는 하지만 일본인들은 천조대신(天照大神, 일본 신화에 등장하는 태양의 신) 등이 있다고 믿어서 거기에 절하는 것이 사실이기 때문이며, 둘째는 조상 신을 섬기는 일종의 의식이라고 할 수 있기에 반대했다.

신의주 제1교회 윤하영 목사도 한경직과 생각이 같아서 신사참배를 반대했다. 그래서 한경직과 윤하영 목사 등 신사참배를 반대하는 목사와 장로들은 신의주경찰서 유치장에 20여 일간 갇혀 있었다. 20여 일 후에 나와 보니 일본 경찰이 교회에 남아 있던 제직들을 모아 놓고 신사참배에 동의하도록 가결시킨 후였다. 한경직은 고민에 빠졌다.

교회 문을 닫고 나갈 것인가, 아니면 잠시 머리를 숙이고 교회를 유지할 것인가? 주변에서도 "목사님, 교회를 유지하려면 저놈들의 요구를 거절할 수 없습니다. 일본이 곧 망할 텐데 우리가 잠시 들어 주는 척하고 교회를 유지하는 것이 좋지 않겠습니까?" 하고 권유했다. 그래서 신의주 제1교회 윤하영 목사를 비롯해서 신의주 모든 교역자들과 함께 신사참배를 허락하고 말았다. 신사참배를 허락한 후 한경직은 마음이 상하고 죄스러워서 잠을 잘 수가 없었다. 그런 중 혼자서 길을 가는데 피곤하여 넘어지면 그때마다 사람 손보다 열 배나 큰 손이 와서 붙잡아 주는 환상을 보고 나서 한경직은 하나님 아버지의 손이 자신을 붙잡고 있음을 확신하고 힘을 얻었다.

그 후 신사참배는 한경직의 마음에 새겨진 주홍글씨가 되었다. 그때의 아픔이 얼마나 컸으면 1992년, 종교 분야의 노벨 상이라는 템플턴 상을 수상하는 자리에서 **"저는 신사참배를 했습니다. 저는 죄인입니다"** 라는 뜻밖의 고백을 했을까!

그 후 한경직은 일제의 강요에 의해서 1942년 신의주 제2교회를 사임하고 해방이 될 때까지 3년 동안 남신의주 보린원에서 원장으로 있으면서 아이들과 함께 농사를 지으며 생활을 했다. 그러던 어느 날 환상을 보았다. 백두산에서 한라산까지 삼천리 강산이 펼쳐지더니 부락마다 흰 돌로 지은 예배당이 보였다. 그리고 사방에서 종소리가 들렸다. 지금은 악의 세력이 기승을 부리지만 언젠가는 조국이 해방되고 방방곡곡에 흰 돌로 지은 예배당에서 하나님을 예배하는 시대가 올 것임을 확신했다. 그 후 가난한 피난민들을 모아 서울영락교회를 지을 때 그날의 환상을 기억하고 돌로 건물을 지었다. 피난 시절에 지은 부산 영락교회, 제주 영락교회도 모두 돌로 지었다.

18. 조국 해방

한경직은 남신의주 보린원의 원장으로 있으면서 8·15해방을 맞이했다. 그런데 해방 후 얼마 안 되어 평북지사를 맡았던 일본인이 찾아와서 일본인들이 무사히 본국으로 돌아갈 수 있도록 한경직 목사가 치안을 맡아 달라고 했다. 한경직 목사는 일본인의 딱한 처지를 이해하고 일본인의 요청을 수락하여 평안북도 치안의 책임자가 되었다. 그 후로도 한경직 목사는 누구의 요청도 거절하지 못하는 연약한 사람, 또는 선량한 사람으로 한평생을 살게 된다. 영락교회 최창근 원로장로가 한경직 목사의 유일한 약점은 '어떤 사람의 요청도 거절하지 못하는 것'이라고 지적했는데 한경직 목사는 평생 이와 같은

'약점'을 지니고 살게 된다.

19. 남(南)으로 피난

한경직 목사가 평안북도 치안 책임의 소임과 '기독교사회민주당' 조직의 소임을 다하고 있을 무렵 소련군이 신의주로 진주하여 공산당원들이 신의주를 장악했다. 소련군과 공산당원들은 한경직 목사와 '기독교사회민주당'에 압력을 가하며 폭력을 행사하기 시작했다. 생명에 위협을 느낀 한경직 목사와 윤하영 목사는 월남을 결심한다. 그리고 1945년 10월 초순, 두 사람은 청년 김치선의 경호를 받으며 트럭과 기차와 달구지를 번갈아 타고 때로는 걷기도 하면서 남쪽을 향했다. 양 떼를 남겨두고 남쪽으로 떠나는 한경직 목사의 마음은 처절했다.

20. 베다니 전도교회(영락교회의 전신)를 창립하다

한경직은 1945년 12월 2일 미군정청에서 인계해 준 옛 천리교 경성 분소에서 27명의 피난민들과 함께 교회 창립예배를 드렸다. 누가복음 10장에 나오는 베다니 마리아 여인처럼 향유 옥합을 깨어 예수님께 드리자는 의미에서 '**베다니 전도교회**'라고 지었다. 베다니 전도교회는 1년 후 경기노회에 가입하는 과정에서 교회 이름을 영락(永樂)교회로 바꾸었다. 그 당시 교회 이름을 지을 때 지역 명칭을 따라 짓는 것이 관례여서 베다니 전도교회가 있던 동리가 영락정(永樂町)이었기에 영락교회로 바뀐 것이었다.

21. 영락교회 성전 봉헌과 6·25전쟁, 피난

27명의 피난민으로 시작한 영락교회는 2년 만에 2천여 명으로 성장하여 밀려오는 성도들을 감당할 수 없었다. 그리하여 성전 건축을 시작하였는데 부족한 헌금을 위해서 한국 최초로 '교회 채권'이라는 것이 발행되기도 하였다. 드디어 1950년 6월 4일 주일, 350평의 화강암으로 된 석조 예배당 입당예배를 드렸다.

한경직 목사는 1950년 6월 영락교회당을 건축하고 12일부터 이대영 목사를 초청하여 준공 감사 부흥사경회를 개최했다. 이산의 아픔과 함께 위로와 기쁨을 나누는 은혜의 사경회였다. 그러나 사경회가 끝난 6월 25일 주일 아침, 북한 인민군이 탱크를 앞세우고 남침을 감행했다는 소식이 주일 예배를 드리고 있던 교인들에게 전해졌다. 한경직 목사는 담담하게 예배를 인도하며 닥쳐올 시련에 대비할 것을 강조했다. 28일 아침 서울 거리에는 태극기 대신 인공기가 올랐다. 한경직 목사는 처음에 피할 생각이 없었다. 그래서 모든 것을 하나님께 맡기고 교회당에 들어가서 기도했다.

그러나 한경직 목사는 김치복 집사와 이창로 장로의 강요로 청파동에 피신했다가 이튿날 아침 한강을 건너기 위해 마포까지 갔다. 마포 나루터는 도강(渡江)하려는 사람들로 인산인해를 이루고 있었다. 도강을 포기하고 다시 교회로 돌아가려는 순간, 어느 사공이 손을 흔들면서 한경직 목사를 불렀다. 가끔 영락교회에 출석하던 사람이라고 말하면서 배를 타라는 것이었다. 그의 말을 듣고 있던 한경직 목사는 그 젊은 사공의 얼굴을 더 이상 쳐다볼 수가 없었다. 영락교회를 두고 도피하는 자신이 너무 초라하게 느껴지는 순간이었다. "하나님, 죄송합니다. 교회를 지켜야 하는데 또 이렇게 되었습니다. 저의 잘못을 용서해 주십시오. 저의 믿음 없음을 용서해 주십시오."

벌써 두 번째가 아니던가! 해방 후 신의주 제2교회 시절, 생명의 위협으로 인해 양 떼를 두고 월남한 일이 늘 마음에 걸리던 그였다. 그런데 또다시 교회를 버리고 피난 길에 오르게 될 줄이야.

22. 김응락 장로의 순교

영락교회 뜰에 비석이 하나 서 있다.

"무거운 발길을 옮겨 골고다로 향하신 피 어린 주님 발자국 따라 생을 다하고 의의 길 택하시오며 모진 붉은 돌에 쓰러지시올 때 스데반의 미소 또한 그 광채 만면에 사무치고 마지막 한 방울 피 흘리시도록 영락의 제단 부둥켜 안으사 숨을 거두셨으니 베다니 뜰에 첫 번 맺은 순교의 원공은 장하시다."

김응락 장로의 순교 비문이다.

김응락 장로는 평북 의주군 고관면에 있는, 그 고을에서 알아주는 부호의 집에서 출생하였다. 그의 나이 15세가 되던 해에 세례를 받고 그의 성실한 성품이 교회의 인정을 받아 19세에 소년 집사가 되었다.

처음 섬기던 용천 덕흥교회에서 신의주로 이사하여 신의주 제1교회에서 12년간을 집사로 헌신 봉직하였다. 일찍이 상업에 손을 대어 포목상을 경영하여 큰 돈을 벌었다. 성공한 후에도 고아원과 양로원을 도와 사회사업을 대대적으로 펼쳤으며 언제나 교회 봉사의 선두에 있었다. 1930년대 당시의 교계의 기관지인 〈기독공보〉가 운영난에 빠져 중단해야 할 위기에 봉착했는데 이를 인수하여 사재를 털어 바쳐 아까운 줄 모르고 기독교 문서 선교의 명맥을 이어갔던 것도 그의 크나큰 공이 아닐 수가 없었다.

그는 월남하여 안동교회를 섬겼는데 1944년에 벌써 장로가 되어 있었다. 김응락 장로 주위로 사람들이 몰려들다 보니 월남 교인을 중심으로 한 교회를 설립하자는 간청이 날로 더해갔다. 처음으로 교회설립위원으로 추대되어 '베다니 전도교회'라는 작은 간판을 걸고 1945년 12월에 한경직 목사를 모시고 첫 예배를 드림으로 시작된 이래 북으로부터 피난해 온 교인들이 구름 떼처럼 교회로 몰려왔다.

한경직 목사의 기도의 열과 사랑의 실천과 말씀을 통한 위로는 길 잃은 양 떼들에게 소망을 불러일으켰으며, 여기에 피난민 구호를 위한 김응락 장로의 수고의 열정으로 교회는 하루가 다르게 일취월장 부흥 성장해 가고 있었다. 불길처럼 치솟는 교회는 1950년에 이르러 기도와 정성으로 피와 땀의 결정체인 350평의 석조 건물로 역사에 남길 만한 예배당을 완공하고 그해, 6월 4일 온 성도의 감사와 감격으로 입당 감사예배를 드렸다.

그리고 3주 후 주일 새벽에 6·25전쟁이 일어났다. 7월 2일, 6·25전쟁 후 첫 주일에 그토록 주일성수를 강조하던 서울 시내 교회들은 거의 문들이 굳게 닫혔다. 그러나 서울 영락교회는 여전히 문이 열려 있었다. 그날 새벽 유년부장이었던 박동엽 장로가 "**주일날 예배당 문을 닫아 두다니 말도 안 됩니다. 활짝 엽시다. 죽어도 열어 놓고 죽읍시다**" 하며 문을 연 것이었다. 그러나 영락교회 성도들이 피와 눈물로 지은 성전은 인민군 군대 무기고로 빼앗기고 말았다. 김응락 장로는 몰래 심방을 다니며 교인들을 격려했다. 9월 24일 김응락 장로는 교회 근방에 있는 교인을 심방 가려다가 예배당을 그냥 지나칠 수가 없어 예배당의 상황을 살피다가 인민군에게 발각되고 만다.

"너는 누구냐?"
"나는 이 교회 장로다."

김응락은 인민군에 체포되어 중부경찰서로 연행되어 모진 고문을 당했다. 취조가 끝나자 인민군은 김응락에게 수갑을 채워 다시 교회로 끌고 왔다. 본당 남쪽 빈터로 데리고 가서 총살하려는 것이었다. 김응락 장로는 인민군에게 마지막 5분의 시간을 얻어 기도를 마치고 현재 순교비가 세워진 자리에서 영광의 순교를 하였다.

23. 사회사업가, 교육사업가 한경직

한경직 목사는 1945년 12월 월남한 성도들을 위한 베다니 전도교회(영락교회)를 설립하여 세계 최대의 장로교회로 성장시켰다. 또한 김성호, 김치복, 박학전, 백영엽, 이인식 등과 함께 기독교계 학교인 대광학교를 설립했으며, 1949년에는 십자군 전도대를 조직하여 전국 순회 전도를 벌이기도 했다. 1954년 숭실대학교 학장에 취임했고, 1955년 대한예수교장로회 총회장, 1956년 한국기독교연합회(KNCC) 회장을 역임했다. 영락보린원, 영락중학교, 영락상업고등학교 등 각종 사회사업기관과 교육기관을 설립했으며, 전국 200여 개소의 개척 교회 설립에 관여했다. 또한 해외선교를 비롯한 각종 복음 전도에 앞장서 한국 기독교계의 대표적 인물로 전 세계에 알려지게 되었다.

1973년부터 영락교회 원로목사로 있으면서 여러 세계 전도대회에 참석하는 한편, 1982년 한국 기독교 100주년 기념사업협의회 총재로서 초교파적인 기념사업을 지휘하기도 했다. 1996년 그의 복음주의 신앙을 계승·발전시켜 세계 복음화에 이바지할 것을 목적으로 하는 추양선교재단이 설립되었으며, 1998년 그의 업적을 기리기 위해 숭실대학교에 한경직 기념관이 개관했다.

24. 나라를 위한 조찬기도회

한경직은 사랑과 청빈을 몸소 실천하고 '민족 복음화'와 '세계 복음화'를 위해 헌신한 복음주의 지도자로서는 크게 존경받았으나, 일제강점기 때 신사참배를 한 데 이어 5·16군사 쿠데타 직후 정일권, 김활란, 최두선 등과 함께 민간 사절단으로 미국에 건너가 군사정권에 대한 지지를 호소했다. 1980년에는 12·12쿠데타(1979)로 정권을 장악한 전두환 장군을 위해 조찬기도회를 집전하는 등의 행위로 기독교계 안팎으로부터 거센 비판을 받았다.

한경직은 1971년 5월 1일 박정희가 참석한 대통령 조찬기도회에 참석하여 국가와 대통령을 위해서 기도하고 설교하며 기독교 신앙만이 인간의 존엄, 자유, 평등을 신장하므로 기독교 신앙을 받아들일 것을 호소했다. 혹자는 그것을 그의 '약함'이라고 평할 수도 있지만 그것은 그의 평소의 나라 사랑과 반공주의와 복음 전파의 소신과 입장에서 비롯한 것이었다. 그는 이렇게 회고하며 자신의 입장을 밝혔다.

"유신헌법 만들 때 교회에서도 떠들고 청년들이 데모도 하고 우리 영락교회 청년들도 데모하려 했거든요. 나는 막았단 말이요. 절대로 못한다고 했시오. '잘못하는 것은 잘못한다고 말을 해라. 진정서를 보내든지 온건한 방법으로 해야지, 사회 불안을 조성하여 공산당에게 기회를 주는 일은 절대 하지 마라' 했시오. 그때 한 가지 더 생각했시오. 내가 제일 원하는 것은 민족 복음화가 아니갔소. 그때가 군인 전도할 때인데, 내가 이거 서명운동하고 내 이름을 먼저 써 놓으면 군인 전도의 길이 막히거든(한 목사님은 군복음화선교회 회장으로 오랫동안 봉직하셨다). 그러니 이거 전도해야 할 목사로서 제1계명 되는 사명을 버리고까지 정치운동이나 사회운동에는 가담하지 않는다는 그 원칙이 서 있었시오."

그는 전두환 정권 때도 비슷한 약한 입장을 취했다. 1980년 신군부가 등장한 후 8월 6일 롯데호텔에서 '나라를 위한 조찬기도회'가 열렸는데 한경직 목사는 김윤식, 조향록, 정진경, 김창인 등 23명의 목사 등과 함께 참석하여 "하나님이 구하시는 것"이라는 제목으로 설교함으로 전두환의 등장을 인정하고 협조했다.

이만열 교수는 "이 때문에 참석자들은 독재정권의 출현에 협조했다는 비난을 면치 못하게 되었다"라고 평했다. 그러나 《영락교회 50년사》는 다음과 같이 기술했다.

"이 같은 태도는 보기에 따라 매우 애매하고도 소극적인 태도로 비치기도 하였다. 이 같은 비판의 소리 속에서도 한경직 목사의 궁극적 관심과 태도는 정치 사회적 모든 문제를 '성서적 기본원리'라는 자신의 목회 신조이자 목회철학의 틀에서 벗어나지 않으려는 원칙을 고수했던 것이다. 이 점이 세상으로부터 비판의 대상이 된다 해도 그는 이 원칙을 지켜 나갔으니, 이 점이 한경직 목사와 영락교회의 장점이자 또한 한계였다 할 것이다."

25. 영락교회를 은퇴하고

한경직 목사는 1973년 1월 2일 오후 2시에 본당에서 은퇴식을 가졌다. 당회에서는 은퇴나 이임 같은 단어는 사용하지 않고 '한경직 목사 성역 40주년 기념 및 원로목사 추대식'이라는 용어를 사용했다. 그러나 한경직 목사는 감사 인사를 하면서 의도적으로 은퇴라는 용어를 자주 사용했으며 6가지 감사 제목을 말했는데 처음 3가지는 영락교회와 관련된 것들이었고, 나머지 3가지는 개인의 은퇴와 관련된 것들이었다.

"**넷째**, 정년 은퇴라는 시간상의 인생 고갯길을 올라 파란만장했던 지나온 길을 돌아보고 앞으로 갈 길을 가다듬으면서 아직도 갈 길을 많이 남겨 주신 것. **다섯째**, 축복, 감사, 간구, 정성, 고뇌, 눈물, 긴장의 기도로써 은퇴에 이르렀으나 오히려 은퇴로 말미암아 더 자유로운 심정을 가지게 됨으로 기도의 폭이 넓어지고 기도의 시간이 길어진 것. **여섯째**, 은퇴란 필연적으로 고독을 동반하게 마련이지만, 그러나 수많은 신앙의 친구들이 주위에 있어 고독을 몰아낼 수 있는 것에 감사드립니다."

26. 김찬빈 사모

한경직의 나이 13세, 김찬빈은 15세 때 결혼을 했다. 1974년 마지막 날, 60여 년을 함께 살아온 아내 김찬빈 사모가 일흔여섯의 나이로 사망했다. 한경직은 아내가 중풍으로 쓰러져 투병을 하는 몇 년 동안 극진히 간호하였다. 미국 유학 시절 병원에 입원해 있으면서 간호사들의 어깨 너머로 환자 목욕법을 배운 것이 아내를 간호하는 데 크게 도움이 되었다. 딸이나 손녀가 아내를 씻어 주려고 해도 한경직이 허락하지 않고 자신이 직접 아내의 몸을 정성스레 씻어 주었다. 아내가 영락동산에서 땅에 묻힐 때 장례식 내내 아무 말이 없던 경직이 딱 한 마디 말을 아내에게 건넸다. "잘 가요."

김찬빈 사모의 묘비에는 마태복음 25장 21절 말씀이 새겨져 있다. **"잘하였도다 착하고 충성된 종아 네가 작은 일에 충성하였으매 내가 많은 것으로 네게 맡기리니 네 주인의 즐거움에 참예할지어다"**(개역한글).

정말 이 말씀대로 김찬빈 사모는 작은 일에 충성함으로써 크고 많은 일들을 해낸 여자였다. 그녀는 한경직이 미국으로 유학을 떠난 사이 아들을 낳았다. 그러나 1년도 되지 않아 그 당시 유행하던 뇌막염에 걸려 죽고 말았다. 젊은 여인이 남편도 없이 홀로 당한 엄청난 시련을 맨몸으로 이겨냈다. 무엇보다 그녀는 한경직의 건강을 지키는 파수꾼으로서 충성하였다.

유달리 병약했던 한경직을 위해서 아침마다 사과즙을 내어주며 남편의 건강을 지켰던 여인. 남편의 성격은 어떤 사람이 와도 만나 주기 때문에 남편을 위해서 먼저 면담을 하고 돌려보낼 사람은 돌려보내고 만나게 할 사람은 만나게 하여 남편의 건강을 챙겼던 여인. 테러의 위험 속에 있는 남편을 보호하기 위해서 차를 타고 외출하려는 남편에 앞서 먼저 차를 점검한 다음 남편이 타도록 했던 여인. 추위를 잘 탔던 남편을 위해서 언제나 따뜻한 숭늉을 준비하여 남편의 설교준비를 도왔던 여인. 남편의 건강만 챙겨 주는 데 마음을 쓰다가 자신의 건강이 나빠지는 것은 눈치도 채지 못하고 그렇게 먼저 천국으로 간 것이었다.

정말 한경직에게 김찬빈 사모는 **아랫목 이불 같은 여자**였다. 한경직은 일생 동안 늘 차가운 얼음판을 맨발로 걸어 다니는 아이와도 같았다. 두 발이 다 얼어 돌아오면 사모는 항상 따뜻하게 한경직의 언 발을 덮어 주었다. 사모가 곁을 떠나가자, 한경직은 다시금 얼음판 위에 맨발로 외롭게 서 있는 아이가 된 기분이었다. 사위와 딸이 옆

집으로 이사 와 한경직을 챙겨준다고 하였지만, 아내가 없는 공백은 그 무엇으로도 채울 수가 없었다.

27. 템플턴 상 수상

템플턴 상은 석유 재벌이요 월스트리트 신탁 전문가였던 억만장자 존 템플턴 장로가 노벨 상에 종교상이 없는 것을 아쉬워하여 1972년 제정한 것으로, 매년 종교 분야에서 인류를 위해 지대한 공을 세운 인물에게 주어진다. 상금은 노벨 상을 포함하여 이 세상의 모든 상들 중에서 가장 액수가 많다.

첫 수상자는 인도의 테레사 수녀였다. 그 외 떼제 공동체의 로저 수사, 빌리 그레이엄 목사, 솔제니친 등이 그 상을 받았다. 일본의 불교 지도자 니코 니와노, 파키스탄의 회교 지도자 이나물라 칸도 수상하는 등 종교와 교파를 초월하여 운영되는 상이었다. 한경직은 1992년 5월 7일 영국 런던 버킹엄 궁에서 엘리자베스 여왕의 부군인 필립 공으로부터 템플턴 상 상금을 전달받았다. 상금은 정확하게 102만 2,637달러였다. 경직은 이 상금을 영락교회에서 관리하도록 하여 특히 북한 교회 재건에 도움이 되게 할 작정이었다.

28. 나는 죄인입니다

1992년 6월 14일 주일 오후 6시, 영락교회에서 템플턴 상 수상 감사 예배를 드렸다. 그리고 18일에는 여의도 63빌딩 코스모스 룸에서 교계 지도자들이 한경직 목사를 초청하여 수상 축하 예배를 드렸는데 그 자리에서 한경직은 "**먼저 나는 죄인임을 고백합니다. 나는 신사참배를 하였습니다. 나는 이 상을 받을 수 없는 사람입니다. 이 상은 결코 나 개인에게 준 상이라고 생각하지 않습니다. 영락교회에 준 상이고, 한국 교회에 준 상이라고 생각합니다**"라고 말했다.

아마도 신사참배는 한경직의 일생에서 가슴에 올려져 있었던 무거운 돌이었는지도 모른다. 그래서 최고의 영광의 자리에서 가장 숨기고 싶었지만 용서받고 싶었던 신사참배에 대한 이야기를 했을 것이다. 한경직은 공식석상에서 참회의 고백으로 이제 무거운 돌을 내려놓고 십자가로 날아가는 한 마리의 비둘기가 된 것은 아닐까.

29. 받은 은혜를 갚아야지

한경직은 잊을 수 없는 은혜가 있었다. 평양 숭실전문대학을 졸업하고 방위량 선교사의 도움으로 엠포리아 대학에 진학할 수 있었지만 학비는 고사하고 미국으로 갈 차비도 없었다. 앞서 말한 것처럼 그때 윤치호가 100원을 주어서 미국까지 갈 수 있었다. 한경직은 그 고마움을 평생 가슴에 담고 살았다.

그로부터 약 45년 정도가 흐른 1970년대 초, 한경직은 아내와 윤치호에게 받은 은혜의 100원을 어떻게 갚을 것인가를 이야기했다. 윤치호 선생은 이미 오래전에 사망했지만 그 아들 윤영선이 미국 오하이오 주립대학 농대를 나와서 6·25 전쟁 기간에 농림부 장관을 지내다가 그 당시 적십자사 일을 하고 송도학원 이사장으로 있었다. 윤치호에게 받은 100원을 1970년대 초에는 약 100만 원 정도로 생각하고는 그 아들을 찾아갔다.

그리고 자초지종을 설명하고 돈을 내놓자 윤영선은 **"내가 왜 이 돈을 받습니까? 오히려 내가 목사님 교회에 헌금을 드려야 하는데"** 하며 한사코 거절을 했다.

"제가 50년 가까이 이 돈은 꼭 갚아야 한다고 생각해 왔습니다. 그때 그 돈이 없었더라면 미국에 갈 수도 없었고 지금의 내가 있을 수도 없었을 것입니다. 나도 은혜를 좀 갚도록 해주십시오."

한경직의 간곡한 부탁에 윤영선은 거절하지 못하고 그 돈을 받았다. 한경직은 받은 은혜를 이렇게 갚아야만 하는 사람이었다.

30. 아낌없이 주는 나무 한경직

한경직 목사가 템플턴 상을 수상하기 위해서 공항으로 갈 시각이 가까울 무렵, 남한산성 거처 응접실에서는 동행할 사람들이 한경직이 안방에서 옷을 차려입고 나오기를 기다리고 있었다. 그런데 자꾸

만 시간이 지체되자 기다리던 사람이 안방 문을 열고 들어가 보니 한경직은 윗도리는 어디 두고 바지와 와이셔츠만 입고 있었다. 사람들이 옷장 문을 열어 보니 정장으로 입을 만한 마땅한 윗도리가 없었다. 입을 만한 윗도리가 하나 있었는데 그것을 또 누군가에게 준 것이 분명하였다. 한경직은 교인들이 아무리 비싼 옷을 선물해 줘도 예의상 한두 번 입어 보고는 어려운 사람들에게 주기 일쑤였다. 한경직이 입을 양복이 없는 것을 뒤늦게 알게 된 사람들이 한경직을 차에 태워 백화점으로 달려가서 양복 한 벌을 구입하여 입히고 부랴부랴 공항으로 향하였다.

템플턴 상을 수상하기 위해서 공항으로 가면서 한경직은 일행들에게 비행기 좌석에 대해 또 확인을 하였다. "분명히 1등석이 아니지요?" 3등석을 고집하는 한경직을 건강상 이유로 겨우 설득해서 2등석으로 하겠다고 한 것이었다. 그런데 사실 한경직의 좌석은 2등석으로 위장된 1등석이었다. 영락교회에서 여행사에 특별히 부탁하여 한경직을 1등석 맨 뒷자리에 앉도록 함으로써 2등석으로 착각하도록 했던 것이었다.

한번은 어느 권사가 추운 날 기도할 때 입으시라고 한경직 목사에게 오리털 파카를 선물했다. 몇 주 후 그 권사는 주일예배를 마치고 영락교회를 나와 백병원 쪽으로 가다가 깜짝 놀라고 말았다. 백병원

앞에서 구걸하고 있는 시각장애인이 바로 그 오리털 파카를 입고 있는 것이 아닌가. 그 권사는 자기가 잘못 보았나 하고 그 사람에게 다가가 확인해 보았으나 역시 그 오리털 파카였다.

한번은 사업을 하는 분이 찾아와서 선교를 위해 써 달라며 돈 봉투를 놓고 갔다. 마침 어렵게 전도하고 있는 개척 교회 목사가 찾아와 어려운 사정 이야기를 하자 한경직 목사는 받았던 봉투를 그대로 전했다. 놀랍게도 그 봉투 안에는 개척교회 목사로는 한 번도 듣지도 보지도 못했던 거액이 들어 있었다고 한다.

31. 청빈(淸貧)의 목자 한경직

한경직 목사가 청빈한 삶을 살았다는 것은 널리 알려진 사실이다. 그의 이름으로 땅 한 평, 집 한 채 사 본 적이 없으며 평생 자신의 이름으로 된 저금통장 하나가 없었다. 영락교회를 은퇴하고 사택을 나왔을 때 마땅히 거처할 곳조차 없을 정도로 그의 재산은 없었다. 한경직 목사는 별세하기 얼마 전까지 교회가 마련해 준 남한산성 내 사택에 머물렀다. 영락교회에서 27년을 섬기다가 원로목사로 추대된 그를 위해서 영락교회는 70평짜리 집을 마련했다. 그러나 한경직 목사는 **"내가 쉴 수 있는 조그만 방 한 칸만 있으면 된다"**라고 하며 한사코 거절했다. 결국 한경직의 뜻대로 교회는 서둘러 작은 사택을 마련해야 했다.

신의주 제2교회 시절에도 먹을 것이 생기기만 하면 나눠주는 것이 보통이어서 집의 쌀통은 늘 비어 있었다. 목회자는 가난해야 사욕 없이 복음에 전념할 수 있다는 그의 철학을 평소 실천하며 산 것이었다. 그러나 한경직의 이런 삶으로 가장 고통을 받은 사람은 바로 아내 김찬빈 사모였다. 김찬빈 사모는 평생 남편의 월급을 제대로 받아 보지 못했다. 그의 손에 쥐어진 것은 빈 월급봉투뿐이었고 사모 대신 한경직 목사의 월급을 받은 사람은 보린원, 경로원, 모자원에 있는 가난한 사람들이었다.

한경직은 자신을 대접하는 손길에도 철저하게 자제를 부탁했다. 음식을 접대하려는 사람에게는 반드시 "어느 음식점이냐"라고 물었으며 냉면이나 된장찌개 같은 조촐한 음식이 아닐 경우에는 절대로 초대에 응하지 않았다. 이런 청빈한 한경직 목사의 삶은 기독 실업인들 사이에 소리 없이 번지는 '유산 안 남기기 운동'으로 이어지는 결과를 낳았다.

32. 아들 한혜원 목사

한경직의 아들 한혜원은 누나 한순희와 스무 살이나 터울이 있었다. 한혜원은 한경직 목사가 신사참배 문제로 경찰서에 갇히고 장로교 총회에서 신사참배를 결의하던 그 어수선한 시기에 태어났다. 결혼한 지 24년 만에 아들을 낳은 것이다. 미국 유학생활 7년을 제하더라도 부부생활 17년 만에 얻은 소중한 아들이었다. 한경직은 미국에서 앓은 폐결핵 때문에 자녀 생산 능력이 없어진 줄 알았다. 그런데 김찬빈 사모가 나이 마흔에 임산부가 된 것이었다.

한경직은 늦게 얻은 아들이라고 특별하게 대하지 않았다. 아들 혜원은 네 살부터 일곱 살까지 보린원에서 다른 고아들과 함께 자랐다. 6·25전쟁이 터져 한경직 혼자 피난을 갔을 때도 혜원은 식구들과 함께 보린원에서 지내면서 인민군의 눈을 피하기 위해 고아로 변장하고 있어야 했다.

한혜원은 6·25전쟁 후 대광고등학교를 졸업하고 숭실대학에 다니다가 미국으로 유학을 떠났다. 전쟁의 후유증이 극심하던 그 어려운 시기에 아들을 미국으로 유학 보낸 사실에 대하여 주변에서 말들이 많았다. 특히 일생 동안 가난하게 살기로 작정했다는 한경직 목사가 무슨 돈이 있어 아들을 유학까지 보냈느냐며 이런저런 말들이 많았다.

미국으로 유학을 떠난 한혜원은 아버지와는 달리 공부에 별 취미가 없었다. 그러나 미국에서는 한국의 대표적인 교회인 영락교회 목사의 아들이라는 굴레에서 벗어나 새로운 활기를 찾았다. 그러다 그만 병에 걸려 병원에서 치료를 받을 때 스위스에서 온 여학생의 극진한 간호를 받더니 둘 사이에 사랑이 싹텄다. 그렇게 약 1년 후 한혜원은 그 스위스 여학생과 결혼을 하겠다고 편지를 보냈다. 외국 생활을 거의 해 보지 않은 한경직의 아내로서는 스위스 여자를 며느리로 들인다는 것은 상상도 해 보지 못한 일이었다. 김찬빈 사모는 아들에 대한 배신감과 당혹감을 감추지 못했다.

자식 이기는 부모 없다고 결국 한경직 목사 부부는 아들의 결혼을 허락해 주었다. 그러나 김찬빈 사모는 **"내가 아들 키워서 남 줬어. 남 줬어"** 하며 서운한 마음을 토로하곤 했다.

교회에서 마땅한 후임자를 구하지 못하여 고심하고 있을 때 당회에서 미국에서 신학을 공부하고 목사가 된 한혜원 목사를 후임자로 모셔 오자는 움직임이 있기도 하였다. 그러나 한경직은 그런 이야기를 입 밖에도 꺼내지 못하도록 단단히 못을 박아 두었다.

미국 같은 나라에서는 아들이 아버지를 이어 교회를 담임하는 것을 미덕으로 여겨 몇 대에 걸쳐 계승되는 경우도 있다. 하지만 그것은 미국 사회에서 아들이라는 존재가 아버지와 혈연관계로 끈끈하게 맺어져 있다는 선입견이 없기 때문에 가능한 일이다. 그러나 아직 한국 사회에서는 아들이라는 존재가 아버지와 독립적인 개체로 여겨지는 것은 시기상조라고 생각한 것이다.

33. 은퇴 이후의 발자취

한경직 목사는 신의주에서 13년, 영락교회에서 27년, 모두 40년의 목회 사역을 마치고 1973년 1월 2일 서울 영락교회 원로목사로 추대되었다. 은퇴한 후 한경직 목사는 군 복음화 운동에 투신하였다. 그리스도인으로서 애국하는 길 중에 가장 적절한 애국의 길이 전군 복음화 운동에 동참하는 것이라고 생각한 것이다. 정확한 통계는 어렵지만 군대에 있는 군인 교회 중 약 40%가 영락교회를 통해서 세워졌음을 볼 때 한경직이 주도한 군 복음화 운동이 얼마나 큰 결실을 맺었는가를 알 수 있다.

은퇴한 후에도 그가 계속 관심을 가지고 진행한 두 번째 사업은 미국의 밥 피어스 목사의 도움으로 시작한 아세아교회진흥원 사업이었다. 한경직은 민족 복음화를 추구하면서 아시아 복음화에 대한 관심을 잃지 않았다. 동남아 국가는 거의 회교국이나 불교국이다. 이러한 나라에 개 교회가 선교사를 파송하는 것도 중요하지만 아세아교회진흥원을 통하여 보다 근본적이고 폭넓은 과감한 사업을 구상하고 실천하기를 원했다. 이 일은 아세아연합신학대학원 설립으로 구체화되었다.

세 번째는 한국 기독교 100주년 기념사업이다. 한국 기독교 100주년 기념사업은 20개 교단과 26개 기독교 기관 및 단체들로 이루어진

협의체의 사업이었는데, 한경직 목사는 그의 신앙과 인격, 덕망, 포용력으로 총재의 임무를 훌륭히 수행하였다. 그 외에도 한국기독교총연합회 대표, 사랑의 쌀 나누기 운동 명예회장 등의 섬김으로 예수 사랑 나라 사랑, 예수 사랑 이웃 사랑을 실천했다. 이러한 섬김이 알려져 1992년에 인류 영성에 공헌한 인물에게 해마다 수여되는 종교계의 노벨 상이라는 템플턴 상을 받게 된 것이다.

34. 하늘 가는 밝은 길이

일평생 청빈과 사랑으로 살아온 한경직 목사의 마지막 모습은 어떠했을까? 그의 마지막 모습에 대해서는 잘 알려지지 않았다. 그런데 조성기 목사가 《한경직 평전》이라는 책을 썼다. 이 책은 지금까지 언급되지 않은 90세 이후 한경직 목사의 삶을 바로 곁에서 보살폈던 백운경 장로의 증언을 바탕으로 작가의 상상력을 가미해 내면세계를 엮은 책이다. 조성기 목사는 한경직의 마지막을 이렇게 정리하고 있다.

2000년 2월 14일 경직은 서울중앙병원에서 퇴원하여 남한산성으로 가지 않고 영락교회 안에 있는 이전 사택 건물(한경직 목사 기념관)로 들어가게 되었다. 또 무슨 위급한 상황이 벌어질지 몰라 백운경 장로가 백병원 근처의 교회 사택으로 경직을 옮긴 것이었다. 4월 19일 수요일 오전 예배 때 예수 그리스도의 고난을 기념하는 성찬식이 있었다. 경직은 교회 예배에는 참석하지 못하고 사택의 침상에 기대어 앉아 성찬에 참예

하였다. 옆에서 건네주는 떡 한 조각을 입에 넣고 작은 잔에 담긴 포도주를 마셨다. 백운경 장로가 잠시 나갔다가 들어오자 경직의 주위에 있던 사람들이 방을 나갔다. 서로 점심을 먹기 위해 교대하는 모양이었다. 방 안에는 경직과 백운경 장로만 남아 있었다.

경직이 십자가에 달린 예수님처럼 목이 타는지 괴로워해서 백운경 장로가 물을 떠서 숫가락으로 한 모금 경직의 입 속에 넣어 주었다. 이제 경직이 눈을 감으면 다시는 뜨지 못할 것이었다. 백운경도 마지막을 의식한 듯 눈물 젖은 눈으로 가만히 경직을 바라보고 있었다. 벽시계는 오후 1시 15분을 가리키고 있었다.

"백운경 장로님, 나 때문에 수고가 많았소. 이제 나는 가오."
"후욱."
경직의 기도(氣道) 저 깊은 곳에서 숨이 터져 나왔다. 경직은 정말이지 그동안 이런 깊은 숨을 한 번이라도 쉬고 싶었다. 그런데 한 번이 아니라 세 번이나 깊은 숨이 터져 나왔다.
이제 더 이상 나올 숨은 없었다.
그야말로 영원한 안식이었다.
말할 수 없는 향기가 경직을 감싸기 시작했다.

오, 생명의 주여, 이 죄인의 영혼을 받아 주옵소서.

35. 글을 마치면서

소매 끝이 닳아빠진 옷을 입고 버스 타기를 고집했으며, 자기 명의의 예금통장도 없이 산꼭대기 20평짜리 국민주택에서 살다 간 청빈의 대명사 한경직 목사. 그는 그렇게 살다 갔다. 한경직 목사의 일생을 한마디로 정리한다면 2010년 4월 〈국민일보〉에 실린 아래의 기사일 것이다.

"한경직 목사님 10주기 추모 유품전을 준비하면서 영락교회 등으로부터 인계된 목사님의 유품을 보고 매우 당혹스러웠습니다." 지난 4월 21일부터 5월 20일까지 숭실대(김대근 총장) 한국기독교박물관에서 열리는 '한경직 목사 소천 10주기 추모 유품전'을 앞두고 4월 19일 열린 간담회에서 최병현 박물관장이 한 말이다. 그는 "내세울 만한 유품조차 없어 어떻게 전시회를 꾸밀까 걱정했는데, 바로 이것이 자신의 이름으로 된 집 한 채, 통장 하나 소유하지 않았던 한 목사님의 진면목이었다"라고 하며 "그분이 세상에 남긴 건 오직 참사랑의 정의였다"라고 설명했다.

한경직 목사가 생전에 보던 성경에는 이런 기도문이 적혀 있다.
"서울 영락교회는 진리의 등대, 생명의 원천으로서 영원히 민족 복음화의 중심, 자유 민주주의의 보루, 사회 정화의 원천이 되게 하소서."

한국을 바꾼 위대한 그리스도인 16인

1판 1쇄 인쇄 _ 2016년 8월 20일
1판 1쇄 발행 _ 2016년 8월 30일

지은이 _ 최정원
펴낸이 _ 이형규
펴낸곳 _ 쿰란출판사

주소 _ 서울특별시 종로구 이화장길 6
편집부 _ 745-1007, 745-1301~2, 747-1212, 743-1300
영업부 _ 747-1004, FAX 745-8490
본사평생전화번호 _ 0502-756-1004
홈페이지 _ http://www.qumran.co.kr
E-mail _ qrbooks@gmail.com / qrbooks@daum.net
한글인터넷주소 _ 쿰란, 쿰란출판사
등록 _ 제1-670호(1988. 2. 27)
책임교열 _ 최진희·이화정

ⓒ 최정원 2016   ISBN 978-89-6562-920-7 93230

책값은 뒤표지에 있습니다.
이 출판물은 저작권법에 의해 보호를 받는 저작물이므로 무단 복제할 수 없습니다.
파본(破本)은 구입처에서 교환해 드립니다.